Hesse/Schrader

BEWERBUNG mit
HANDICAP

- Stärken betonen
- Selbstbewusst auftreten
- Traumjob erobern

STARK

Die Autoren

Jürgen Hesse, Jahrgang 1951, Diplom-Psychologe
und geschäftsführender Gesellschafter
im *Büro für Berufsstrategie*, Berlin.
Hans Christian Schrader, Jahrgang 1952, Diplom-Psychologe
in Baden-Württemberg.

Anschrift der Autoren

Hesse / Schrader
Büro für Berufsstrategie
Oranienburger Straße 4–5
10178 Berlin
Tel. 030 288857-0
Fax 030 288857-36
www.berufsstrategie.de

Weitere Materialien, Tipps und Downloads unter:

www.berufsstrategie-plus.de
Der Zugangscode lautet: handicap12

Foto im hinteren Klappenteil: © gio-lowe.com

ISBN 978-3-86668-596-3

© 2012 by Stark Verlagsgesellschaft mbH & Co. KG
www.berufundkarriere.de

Inhalt

Fast Reader

Sie tun sich schwer auf dem Arbeitsmarkt? Sie haben das unangenehme Gefühl, sämtliche Arbeitgeber hätten sich gegen Sie verschworen? Ihre Chancen, einen Arbeitsplatz zu erobern, schätzen Sie als verdammt schlecht ein? Oder noch schlimmer: Sie haben bereits sehr, sehr schlechte Erfahrungen gemacht ...

Dieses Buch wird Ihnen zeigen, wie Sie es anstellen, eingestellt zu werden! Egal aus welchen Gründen Sie auf dem Arbeitsmarkt schlechte Chancen haben, es kommt jetzt zunächst einmal darauf an, Ihre Strategie ordentlich zu planen. Wir zeigen Ihnen, wie Sie die geheimen Spielregeln der Mitarbeiterauswahl verstehen und sich ganz gezielt vorbereiten können auf Ihre erfolgreiche Bewerbung um einen Arbeitsplatz, der Ihren Vorstellungen entspricht. Wir haben fast 30 Jahre Erfahrung auf dem Gebiet Bewerbung und Berufsstrategie und bieten Ihnen ein profundes Praxiswissen, damit Sie erkennen, welche Vorgehensweise für Sie die richtige ist.

Probleme, gesundheitliche Einschränkungen, Handicaps, Behinderungen kennen und haben wir fast alle. Graduell bestehen aber doch schon gewaltige Unterschiede, ob jemand ...

> unter enormer Prüfungsangst leidet und deshalb keinen Führerschein machen kann,

> immer wieder Migräneanfälle bekommt, die ihn über Stunden schachmatt setzen,

> regelmäßig mit heftigen Magen-Darm-Problemen zu kämpfen hat,

> stark seh- oder hörbehindert ist,

> durch einen Unfall einen Arm oder ein Bein verloren hat,
> im Rollstuhl sitzt,
> häufig niedergeschlagen, traurig oder sogar schwer depressiv ist.

Es spielt dabei zunächst keine Rolle, ob Ihr Handicap seit Geburt besteht oder später durch einen Unfall oder eine Krankheit entstanden ist. Die Ursachen und Folgen für Sie können vielfältig sein und es ist für Sie sicher auch relevant, ob Ihre Behinderung nach dem Schwerbehindertenrecht staatlich anerkannt ist oder nicht.

Lesen Sie, wie Sie sich innerhalb der Vielzahl der Bewerber auf dem Arbeitsmarkt positionieren können, wie Sie zunächst einen groben Plan und schließlich eine ausgefeilte Bewerbungsstrategie entwickeln, sehr positiv auffallende schriftliche Bewerbungsunterlagen erstellen und im Vorstellungsgespräch überzeugen. Dabei berücksichtigen wir stets die Art Ihres Handicaps und erläutern, wie Sie sich am besten verhalten, um Ihr Ziel zu erreichen: einen Arbeitsplatz, der wirklich zu Ihnen passt.

Wenn Sie sich schon sicher sind, bei wem Sie sich für welche Position bewerben möchten und Sie nur rasch Unterstützung erwarten, wie man eine professionelle und überzeugende Bewerbungsmappe erstellt oder Bewerbungsunterlagen anfertigt, die per E-Mail verschickt werden können, umso besser. Ab Seite 67 finden Sie klar und logisch vermittelt, wie Sie dabei vorgehen sollten.

Eine weitere wichtige Hürde ist das Vorstellungsgespräch, bei dem Sie sich von Ihrer besten Seite zeigen müssen. Mit welchen Fragen Sie im Gespräch mit dem potenziellen Arbeitgeber rechnen müssen, erfahren Sie ab Seite 161.

> Erstaunliche Alternativen
> Das richtige Bewusstsein ...
> ... und ein guter Plan!
> Die entscheidenden Weichensteller
> Selbstmarketing und der richtige Zeitpunkt

Chancen

Wie Sie es anstellen, eingestellt zu werden

Werfen wir einen Blick auf Ihre Ausgangslage: Sie haben ein Problem mit Ihrer beruflichen Situation und haben zudem ein Handicap, das Sie mehr oder weniger beeinträchtigt. Sie suchen eine neue berufliche Tätigkeit – und wir helfen Ihnen dabei. Wir verfügen über sehr viel Erfahrung bei der Lösung von Problemen beruflicher Art. Da wir seit 30 Jahren Menschen mit unterschiedlichstem Hintergrund beraten, haben wir Kompetenz im Umgang mit außergewöhnlichen Problemlagen. Der millionenfache Verkauf unserer Bücher sowie unsere erfolgreiche Beratertätigkeit lassen die Aussage zu, dass unsere Strategien richtig sind. Auch in Ihrem speziellen Fall werden wir Sie unterstützen können!

Unser Angebot

Wir bieten Ihnen Orientierung, Hilfe und außerdem einen neuen Blick auf die Dinge. Denn es geht uns um Ihre Einstellung, und damit ist nicht nur Ihr (Selbst-)Bewusstsein gemeint. Wir erklären Ihnen die Spielregeln des Arbeitsmarktes (auf die wir leider keinen Einfluss haben!) und zeigen Ihnen Wege auf, wie Sie Ihr Ziel durch planvolles und geschicktes Vorgehen erreichen.

Bewerben mit Handicap ist ganz anders ...

... und setzt vor allem genaue Überlegung voraus! Einen Arbeitsplatz zu bekommen, ist für jeden eine Herausforderung. Aber wenn man ein Handicap hat, wenn man behindert ist und einräumen muss, etwas (oder sogar stark) eingeschränkt zu sein, wenn man nicht dafür garantieren kann, angesichts hoher Anforderungen jederzeit sein Bestes geben zu können – wie will man da überzeugen? Hinzu kommen auf Arbeitgeberseite noch viele Vorurteile und völlig irreale Befürchtungen wie: Ein behinderter Mitarbeiter sei nahezu unkündbar, würde jede Menge Sondervergünstigungen beanspruchen etc. Als Bewerber mit Handicap kann man sich in einer verzweifelten Situation befinden, aber es gibt Lösungen für den Ausweg aus diesem Dilemma.

Im Prinzip ist es doch so: Sie haben ein gesundheitliches Problem, eine Beeinträchtigung bzw. eine Behinderung. Diese ist physischer und/oder psychischer Natur, sie ist mehr oder weniger augenfällig und auf Anhieb wahrnehmbar oder auch nicht. Vielleicht fühlen Sie sich in Ihrer Leistungsfähigkeit eingeschränkt – und sind es möglicherweise auch. Früher oder später, unter Umständen auch gar nicht, wird Ihr Arbeitgeber Ihr Handicap bemerken.

Vielleicht haben Sie einen Ausweis mit einer prozentualen Einstufung. Vielleicht wollten Sie dieses amtliche Stück Papier auch gar nicht haben oder – im Gegenteil – man hat es Ihnen sogar vorenthalten.

Was ist Ihre Ausgangssituation? Und daraus abgeleitet: Wie ist Ihr Auftreten und Verhalten als Bewerber bezogen auf Ihren Wunsch, einen Job zu finden? Prinzipiell haben Sie die Wahl:

1. **Sie legen Ihre Beeinträchtigung offen, sofort oder später.**
2. **Sie verschweigen Ihr Handicap.**
3. **Sie spielen Ihr Problem herunter.**
4. **Sie gehen einen ganz anderen Weg.**
5. **Sie geben auf.**

1. Sie legen Ihre Beeinträchtigung offen

Entweder Sie sagen sofort, welches Handicap Sie haben, inwieweit es Sie einschränkt und legen der Bewerbung gleich eine Kopie Ihres Behindertenausweises bei. Das wäre sehr offen und direkt. Oder Sie tarnen alles sehr geschickt, und erst bevor es zur Unterschrift unter den Arbeitsvertrag kommt, vielleicht auch erst am Ende der Probezeit, rücken Sie mit gewissen Informationen heraus. Sie wählen bewusst den für Sie günstigsten Moment!

Übrigens: Wenn Sie in Ihrer Bewerbung einen deutlichen Hinweis geben, dass Sie behindert sind, bekommen Sie in der Regel umgehend eine Einladung zum Vorstellungsgespräch! Das wussten Sie nicht? Aber ja!

Das kann in manchen Fällen folgenden Grund haben: Ein potenzieller Arbeitgeber, der einen erkennbar „behinderten Bewerber" nicht einlädt, läuft nämlich Gefahr, gegen das Allgemeine Gleichstellungsgesetz (AGG) zu verstoßen. Würde er wegen Missachtung einer solchen Bewerbung verklagt werden, riskiert er eine empfindliche Bußgeldzahlung (1 bis 3 Monatsgehälter) plus Verfahrenskosten etc. Es sei denn, er kann nachweisen, dass der Bewerber für den Arbeitsplatz von vornherein vollkommen ungeeignet gewesen wäre. Der Gesetzgeber hat diese Regelung 2006 eingeführt, weil Arbeitgeber behinderte Bewerber bis dahin sehr häufig ohne jede Begründung abgelehnt hatten. Das ist heute nicht mehr zulässig. Nach dem Vorstellungsgespräch muss der Stellenanbieter sehr sorgfältig argumentieren, warum gerade der behinderte Bewerber nicht ausreichend qualifiziert ist. Allerdings wissen immer mehr Arbeitgeber, wie man behinderte Bewerber geschickt ablehnt, versichern sich juristischer Unterstützung und machen sich nahezu unangreifbar. Damit hebeln sie die Vorgaben des Gesetzgebers aus. Vorher aber muss ein persönliches Treffen stattgefunden haben – deshalb die „freundliche" Einladung!

2. Sie verschweigen Ihr Handicap

Sollte Ihre Einschränkung, Beeinträchtigung nicht ganz so offensichtlich sein, könnten Sie Ihr Handicap verschweigen. Das erfordert ein planvolles Vorgehen.

Wenn Sie Ihre Fähigkeiten erst einmal unter Beweis gestellt haben, dürfen Sie Ihre Tätigkeit wahrscheinlich weiter ausüben, selbst wenn Ihr Handicap bekannt werden sollte. Der Arbeitgeber kann Ihnen in den meisten Fällen dann nicht mehr aufgrund Ihrer Behinderung kündigen.

Generell gilt natürlich, dass Sie bei Verschweigen Ihrer Behinderung keine Vergünstigungen (z. B. kürzere Arbeitszeit, Kündigungsschutz, Zusatzurlaub) erhalten, die Ihnen bei Vorlage Ihres Behindertenausweises gewährt würden.

3. Sie verharmlosen und spielen Ihr Problem herunter

Eine weitere Variante wäre diese: Sie erzählen eher beiläufig, evtl. während der Probezeit, dass Sie „ein kleines Geheimnis haben", eine winzige Einschränkung, und dass es vorkommen könnte, dass Sie nicht immer ganz hundertprozentig funktionieren. Dies kann natürlich nur bei Beeinträchtigungen gelten, die nicht unmittelbar sichtbar werden. Dies wäre mutig, aber selbst wenn dadurch Ihr Arbeitsverhältnis zur Diskussion stünde, müsste man sich mit Ihnen ganz anders auseinandersetzen. Denn man hat Sie ja bereits kennen- und hoffentlich auch schätzen gelernt und sich quasi selbst davon überzeugen können, dass das Handicap Ihre Arbeitsleistung nicht wesentlich schmälert.

4. Ein ganz anderer Weg

Sie können sich auch selbstständig machen, Ihr eigenes Unternehmen gründen und für die Dinge, die Ihnen besonders schwer fallen, entsprechende Unterstützung suchen. Den meisten Unternehmern geht es übrigens so, und deshalb stellen sie ziemlich rasch Mitarbeiter ein, sei es für die Buchhaltung oder für spezielle schwere körperliche Arbeiten.

Es ist ohnehin so, dass Sie letztlich als Unternehmer handeln, der seine Arbeitskraft anbietet, egal, ob Sie sich um eine ausgeschriebene Stelle bewerben oder ob Sie Ihre Leistung und Ihr Fachwissen im Rahmen Ihrer eigenen Firma auf dem Markt anbieten.

5. Sie können auch aufgeben, die Stellensuche einfach sein lassen

Wir müssen bei allem Optimismus auch feststellen: In unserer Arbeitsgesellschaft ist die Bereitschaft, jemanden einzustellen, der eine deutliche Behinderung hat, der gesundheitlich stark beeinträchtigt ist, nicht besonders ausgeprägt. Wir kennen nicht Ihre Situation, aber es könnte durchaus so sein: Bei 9 von 10, wenn nicht sogar bei 19 von 20 Bewerbungen werden Sie möglicherweise ein **Nein** zu hören bekommen, eine Absage kassieren. Aber in einem Fall eben doch auch ein **Ja**. Das Entscheidende für Sie ist, bis zu diesem **Ja** durchzuhalten. Leichter gesagt als getan! Das kann in drei Wochen sein oder erst in einem dreiviertel Jahr, nach der 12. Bewerbung oder erst nach der 48. Sollten Sie trotz aller Bemühungen und allen Durchhaltewillens vorerst keine feste Stelle finden, so gibt es eine weitere Möglichkeit: Wenden Sie sich dem Ehrenamt zu! Wer mit offenen Augen durch sein Stadtviertel geht, wird viele Möglichkeiten finden, anderen Menschen hilfreich zu sein und etwas Nützliches zu leisten. Diese ehrenamtliche Tätigkeit wird Ihnen helfen, die Zeit der Arbeitslosigkeit sinnvoll zu überbrücken und neue berufliche Kompetenzen zu erwerben, die Ihnen bei späteren Bewerbungsvorhaben Pluspunkte bringen werden.

Kehren wir erneut zu Ihren Möglichkeiten zurück

Vorbereitung ist bei der Stellensuche also enorm wichtig. Dazu gehört auch, dass Sie sich nicht länger als einfacher Arbeitnehmer verstehen. **Sie** sind Unternehmer, Unternehmerin, auch wenn Sie nicht vorhaben, ein eigenes Unternehmen zu gründen, sondern sich um eine Stelle bewerben. Sie gehen jetzt auf Kundensuche. Also: Wer hat ein Problem, das Sie lösen können? Wo finden Sie Kunden (Abnehmer, Arbeitsplatzanbieter), die dringend Ihre Hilfe brauchen?

Was bieten Sie an? Wovon sprechen wir? Wie sieht Ihr Problemlösungs-Know-how aus? Wenn Sie sich darüber Gedanken machen, sind Sie auf dem richtigen Weg. Sie haben das Bewusstsein, etwas Besonderes anbieten zu können, und wahrscheinlich bereits eine Vorstellung von Ihrem Klientel ... Warten Sie also nicht länger ab, werden Sie initiativ – wir unterstützen Sie dabei!

Tipp! Sie bekommen einen Job, eine Problemlösungsaufgabe, nicht weil Sie eine Behinderung haben oder gesundheitlich eingeschränkt sind, sondern weil Sie eine spezifische Fachkompetenz zur Lösung des Problems bieten können.

Bewerben mit Handicap ist gar nicht so anders ...

... denn Sie gehen mit den gleichen Voraussetzungen ins Rennen wie Bewerber ohne Handicap. Die wirklichen Weichensteller auf dem Weg zum gewünschten Job sind folgende drei entscheidende Faktoren:

> *K*ompetenz

> *L*eistungsmotivation

> *P*ersönlichkeit

  also – **KLP!**

Dies gilt für jeden, der sich erfolgreich bewerben will. Auf Ihre Einstellung kommt es ganz besonders an! Das Wichtigste dabei haben Sie bereits in Angriff genommen: Sie wollen nicht abwarten, sondern aktiv handeln. Mit diesem Buch können Sie Schritt für Schritt nachvollziehen, wie Sie am besten Ihr Vorhaben angehen und Ihr Ziel erreichen. Doch vor den Erfolg haben die Götter den Schweiß gesetzt: Ohne intensive Vorbereitung keine überzeugenden Bewerbungsunterlagen, kein Vorstellungsgespräch und kein neuer Arbeitsplatz, der zu Ihnen passt. Daher brauchen Sie für den Start das richtige Bewusstsein, um sich mit Ihrem Bewerbungsprojekt mental intensiv auseinanderzusetzen. Glauben Sie uns, es hilft!

Nur wenn Sie sich genau mit Ihren Stärken und Schwächen auseinandergesetzt haben, können Sie Ihre besonderen Kompetenzen herausarbeiten, die Sie von anderen Bewerbern unterscheiden. Und auch erst dann können Sie das Besondere, das Sie anzubieten haben, erfolgreich vermitteln.

Worauf es also ankommt, ist das Selbstmarketing. Ansprechend gestaltete Bewerbungsunterlagen und angemessene Kleidung zum Vorstellungsgespräch sind dabei nur die Grundlagen. Denn weder die sorgfältig vorbereiteten Unterlagen noch die selbst inszenierte Kontaktaufnahme sind der Schlüssel zum Erfolg. Entscheidend ist der rundum professionelle Gesamtauftritt. Die wirkliche Grundlage ist dabei die Reflexion Ihrer eigenen Fähigkeiten und das Erkennen des besonderen Nutzens, den es dem „Arbeitsplatzanbieter" (Sie sagen: Arbeitgeber) zu vermitteln gilt, wenn er sich für Sie als neuen Mitarbeiter entscheiden soll.

Sie sehen also: Bewerben mit Handicap ist gar nicht so viel anders. Wie Sie im Bewerbungsprozess mit Ihrem Handicap umgehen, erfordert eine gut durchdachte Strategie. Dabei werden wir Ihnen helfen! Ansonsten ist jedoch das Prozedere der Jobsuche praktisch das gleiche: Ihre Stärken müssen Sie dabei genauso herausarbeiten und erfolgreich vermitteln wie jeder andere Bewerber auch. Und auch dafür bekommen Sie in diesem Buch unsere Unterstützung!

Vorbereitungen

So finden Sie einen Job, der zu Ihnen passt

Pessimismus ist ganz einfach

Viele Bewerber – auch die, die kein Handicap haben – sind mutlos und meinen, sie hätten keine Chance, einen entsprechenden Job zu finden, und geben auf. Wenn Sie jedoch erst einmal verstanden haben, wie der Arbeitsmarkt funktioniert, werden auch Sie zu der Gewissheit gelangen: Ich finde einen angemessenen Arbeitsplatz, der mir gefällt. Denn freie Stellen werden permanent durch „natürliche Fluktuation" geschaffen, ob durch Beförderungen, Kündigungen, Krankheiten, Umzüge, Erreichung des Rentenalters oder Ähnliches.

Und wer weiß, wo er suchen muss, wer die notwendigen Qualifikationen mitbringt, und in der Bewerbungsphase überzeugt, hat gute Aussichten auf einen dieser Jobs. Sie sollten allerdings realistisch sein: Unter Umständen müssen Sie sich – zumindest vorübergehend – für eine Beschäftigung entscheiden, die nicht ganz Ihren Wunschvorstellungen entspricht. Für den Einstieg reicht es heute in vielen Bereichen nicht mehr aus, hoch qualifiziert und motiviert zu sein. So gibt es derzeit z. B. mehr Juristen als freie Arbeitsplätze bei staatlichen oder privaten Institutionen. In solch einer Situation sollten Sie zu Kompromissen bereit sein und eine etwas längere Zeit für Ihre berufliche Zielerreichung einplanen.

Da sich die Anforderungen in jedem Beruf schnell verändern, sollten Sie Ihre berufliche Tätigkeit stets auch als Lernerfahrung betrachten. Flexibilität und die Bereitschaft, ständig dazuzulernen, sind in der heutigen Arbeitswelt unabdingbar.

Ihre Rahmenbedingungen

Was ist Ihnen im beruflichen Umfeld wichtig? Können Sie in Ihrem Berufsfeld Selbstbestätigung durch inhaltliche Erfolge erlangen oder gibt Ihnen die Arbeit als solche Befriedigung? Bauen Sie dabei nicht auf Motivation von außen – in der heutigen Arbeitswelt ist Lob und Anerkennung eher spärlich gesät. Nehmen Sie sich Zeit für diese **Selbstanalyse** (siehe Seite 23 ff.) – es ist vielleicht der wichtigste Schritt zu einem erfüllten Arbeitsleben.

Nachdem Sie ermittelt haben, welche Tätigkeiten Sie grundsätzlich gern ausüben möchten, kommt der „Praxistest“. Sprechen Sie mit Personen, die in den von Ihnen gewünschten Tätigkeitsfeldern arbeiten, und bringen Sie in Erfahrung, ob diese mit ihrer Arbeit zufrieden sind und wie sie ihre Arbeitsstelle gefunden haben. So erhalten Sie eine realistische Vorstellung von Ihrem Wunscharbeitsplatz und dem weiteren Vorgehen. Denn auch als Grafiker sind Sie nicht nur kreativ tätig und selbst Controller müssen sich sehr wohl mit Menschen und nicht nur mit Zahlen auseinandersetzen. Anschließend orientieren Sie sich an den Menschen, die bereits in Ihrem gewünschten Tätigkeitsfeld erfolgreich arbeiten, und übertragen Sie deren Erfolgsmethode auf Ihre spezifische Situation.

Im Anschluss wählen Sie alle Arbeitgeber aus, für die Sie gerne arbeiten möchten, und nicht nur die, von denen Sie wissen, dass es dort freie Stellen gibt. Überlegen Sie dabei, in welchem Umfeld Sie gern tätig wären – eher in einem großen Unternehmen mit vielen Hierarchien, oft langwierigen Entscheidungsprozessen, aber vielleicht angenehmeren Rahmenbedingungen? Oder liegt Ihnen eher ein mittelständisches Unternehmen mit der Möglichkeit, mehr Verantwortung zu übernehmen? Informieren Sie sich anschließend gründlich über die von Ihnen ausgewählten Unternehmen, bevor Sie Kontakt aufnehmen. Erkundigen Sie sich, wer über Neueinstellungen entscheidet. Nutzen Sie, wenn möglich, Ihr persönliches Netzwerk, um die Personalverantwortlichen direkt zu kontaktieren.

Falls Sie nicht Single sind, sollten Sie gemeinsam mit Ihrer Familie überlegen, welche Auswirkungen ein Arbeitsplatz- oder Berufswechsel haben kann. Wie denkt Ihre Familie über Ihre Pläne? Sind Ihre gemeinsamen Ersparnisse aufgebraucht? Wird sich der Lebensstandard ändern? Sind alle Betroffenen zu Opfern, wie z. B. einem Umzug, bereit?

Definitionen

Berufliche Orientierung auf der Grundlage Ihrer Interessen und Fähigkeiten – ok, das versteht jeder, aber was ist eigentlich mit Neigungen und Fertigkeiten gemeint und wie verhält es sich mit den Kompetenz- und Fähigkeitsmerkmalen?

Hier lohnt es sich, ein bisschen Ordnung und Überblick in die Begriffsvielfalt zu bringen, ohne gleich ein Lexikon zu bemühen. Was ist also gemeint, wenn man von ... spricht:

Begabung: eine Fähigkeit (z. B. Musikalität), die weniger antrainiert als vererbt erscheint und evtl. dann erkannt und weiter geformt bzw. trainiert wird. Ganz wichtig ist es, seine Begabungen zu erkennen und weiterzuentwickeln.

Befähigung: siehe *Eigenschaften*, *Fähigkeiten* und *Fertigkeiten* sowie *Kompetenz* und *Qualifikationsmerkmal*

Eigenschaften: persönliche und / oder berufliche Unterscheidungsmerkmale (z. B. Offenheit), die sich im Laufe unserer Entwicklung (vom Kind zum Erwachsenen) herauskristallisiert haben und die als Teil unserer Gesamtpersönlichkeit positiv oder negativ in der Ausprägung uns von anderen unterscheiden.

Eignung: der nicht immer leicht zu erbringende Nachweis, jemand sei besonders gut in der Lage (oder auch geeignet), etwas zu tun (z. B. ein hervorragender Autofahrer). Deshalb wird häufig eine Eignungsuntersuchung bzw. Eignungsprüfung angesetzt (z. B. ob jemand das Autofahren beherrscht, bei der Führerscheinprüfung).

Fähigkeiten: hier hauptsächlich gebraucht in beruflicher Hinsicht, handelt es sich um ein mehr oder weniger bewusst vorhandenes und weniger erworbenes als vererbtes und weiterentwickeltes Verhaltensmerkmal (z. B. eine scharfe Beobachtungsgabe oder z. B. die Fähigkeit, gut mit Geld umgehen zu können). Wird häufig mit Fertigkeiten verwechselt.

Fertigkeiten: im Gegensatz zu allgemeinen Fähigkeiten ein deutlich antrainiertes und weiterentwickeltes Verhaltensmerkmal (z. B. lesen können, insbesondere Fastreading, oder erfolgreiches Verhandeln). Wird häufig mit Fähigkeiten verwechselt.

Interessen: Tätigkeiten (z. B. lesen) oder Objekte (z. B. Autos), die unsere volle und positiv-wertschätzende Aufmerksamkeit haben (z. B. Briefmarken sammeln, Gartenarbeit).

Kenntnisse: erworbenes, angeeignetes, antrainiertes Wissen, auch im Sinne von „how to do it" (z. B. ein großer Zitatenschatz oder viele Fremdwörter richtig einzusetzen wissen).

Kompetenz/-merkmale, Kompetenzen oder auch Kernkompetenzen: besondere Fähigkeiten und Fertigkeiten, die jemanden qualifizieren, bestimmte Tätigkeiten auszuüben (z. B. große, schwere Lastwagen zu fahren oder ein Unternehmen zu leiten).

Können: hier im Sinne von vorhandenen Kompetenzmerkmalen, die zum Einsatz kommen (z. B. gutes Kopfrechnen).

Neigungen: eigentlich ein Synonym zum Begriff Interessen, etwas stärker den emotionalen Hintergrund betonend (z. B. leidenschaftliches Kochen bzw. alles, was mit Essen zu tun hat, gerne machen).

Persönlichkeitsmerkmale: Kennzeichnen uns (z. B. Ehrgeiz, Durchhaltevermögen) und können bei beruflichem Erfolg – neben den Fähigkeits- und Fertigkeitsmerkmalen – eine wesentliche Rolle spielen.

Stärken: etwas, was wir besonders gut beherrschen oder können (z. B. uns zu begeistern für etwas oder andere für etwas zu begeistern etc.) und das uns positiv von anderen auszeichnet.

Talente: sind eher ein Bündel von Fähigkeitsmerkmalen, die uns – in den meisten Fällen – positiv von anderen unterscheiden (z. B. unser Talent, mehrere Musikinstrumente gut spielen zu können oder Fremdsprachen zu sprechen etc.)

Potenzial: Gegenstand dieses Buches! Persönlichkeitsmerkmale, Fähigkeiten und Fertigkeiten sowie Interessen, die einer Person (dem Träger) noch nicht ganz sicher bewusst sind und die es zu entdecken und zu fördern gilt (z. B. die Möglichkeit, seine Fremdsprachkenntnisse auszubauen und zukünftig beruflich einzusetzen).

Qualifikationsmerkmal: der deutliche Nachweis darüber, dass jemand über etwas verfügt, etwas kann (z. B. gute Konzentration, schnelles Reaktionsvermögen etc.), das ihn befähigt, etwas Bestimmtes zu tun (z. B. ein Flugzeug fliegen zu können, Pilotenschein). Der Begriff wird meist in beruflicher Hinsicht gebraucht.

Fazit

Wenn Sie erst einmal Ihre Potenziale kennen, Ihre wahren Talente entdeckt haben, wird es Ihnen viel leichter gelingen, Ihre besonderen Persönlichkeitsmerkmale, Eigenschaften, Fähigkeiten und Fertigkeiten, Ihre Stärken und Ihr spezielles Können sowie Ihre Interessen und Neigungen mit Ihren Wertevorstellungen und Zielen so zusammenzubringen, dass Sie mühelos in der Arbeitswelt reüssieren. Dieses Buch hilft Ihnen dabei. Garantiert!

Eine realistische Einschätzung ist das A und O

Die gründliche Vorbereitung ist dabei *der* Grundstein für den Erfolg, so wie ein solides Fundament die Basis für einen stabilen Hausbau ist. Wir sagten es schon zu Beginn, aber es ist so wichtig, dass es hier nochmals ausführlich besprochen werden sollte.

Häufig bereiten sich Bewerber nicht intensiv oder sogar auch noch falsch vor, da das Thema Bewerbung negative Assoziationen aus der eigenen Vergangenheit weckt. Man fürchtet oder hat es mehrfach erlebt, „abgelehnt" zu werden, und diese unangeneh-me, risikoreiche Situation möchten viele (verständlich!) vermei-den. Erfolgreich werden Sie jedoch nur sein, wenn Sie sich der Herausforderung stellen und sich intensiv damit beschäftigen, worum es geht und was auf Sie zukommt.

Vorbereitung ist also enorm wichtig, bei dem, was Sie vorha-ben. Dazu gehört auch, dass Sie sich als Unternehmer verstehen, und schon sind wir wieder bei Ihrem **Bewusstsein**.

Zum wiederholten Mal eine ganz wichtige Erklärung: Bitte sehen Sie es so: Sie sind eigentlich „der Arbeitgeber", besser Unterneh-mer, Unternehmerin. Sie bieten Ihre Arbeitskraft an, Ihr Know-how, Ihre Problemlösungskompetenz, eine Dienstleistung.

Ein Bäcker tut es, indem er für frische Brötchen sorgt, eine Frisö-rin, indem sie Haare schneidet, ein Rechtsanwalt dadurch, dass er seine speziellen Kenntnisse in den Dienst seines Mandanten stellt. Keiner der hier aufgeführten Berufsvertreter würde sich als Bewer-ber oder gar noch schlimmer als Bittsteller fühlen! Gleichwohl hat nicht jeder Unternehmer den Erfolg bei seinen Kunden, den er sich wünscht. Dem schlechten Bäcker bleiben die Kunden weg, den teu-reren Frisör besuchen die Kunden nicht so oft und einem Rechts-anwalt, dem man sich offenbart und der einen mit Vorwürfen über-schüttet (*Wie konnten Sie nur ...*), wird man kaum mehr Vertrauen entgegenbringen ...

Ihre persönliche Situation als klassischer Bewerber, hier besser als Arbeitskraftanbieter, als Problemlöser, ist durchaus vergleich-bar mit denen, die wir eben beschrieben haben. Der Einkäufer fri-scher Brötchen backt diese eben nicht selbst, sondern sucht die nächste Bäckerei auf, der Kunde mit einem Frisurproblem sucht den Dienstleister / Handwerker, sprich Frisör, der Angeklagte braucht vor Gericht den sachkundigen Beistand eines Anwalts etc. Und weil alle diese Personen ein Problem haben, suchen sie Hilfe und Unterstützung bei der Problembewältigung. Und kom-men wieder, wenn der Appetit da ist, die Haare gewachsen sind ...

Dem Auftraggeber, dem „Probleminhaber", Kunden, geht es nicht darum, wie der **A**rzt, der **B**äcker, der **Z**irkusclown (um hier mal das Alphabet zu bemühen), der Dachdecker, die Einzelhandelskauffrau, die Frisörin, der Gärtner ... Sekretärin, Tierpflegerin, ... Zoofachverkäuferin ihre/seine Brötchen verdienen und die Miete zahlen. Ihn, der ein Problem hat, interessiert nur die (möglichst) schnelle/dauerhafte/nachhaltige Lösung seines Problems. Und er ist dafür bereit zu zahlen, Ihnen den Auftrag (Job!) zu geben!

Nicht anders in Ihrem Fall: **Sie sind Unternehmer** und gehen jetzt von sich aus auf Kundensuche. Bravo! Das zeichnet Sie schon mal sehr positiv aus. Sie haben das Bewusstsein (oder entwickeln es gleich hier mit uns gemeinsam), etwas Besonderes anbieten zu können und wahrscheinlich auch schon eine Vorstellung von Ihrem Klientel (also Kunden, Abnehmer, Arbeitsplatzanbieter etc.).

Wunderbar, Sie sind auf dem richtigen Weg, Sie werden initiativ, warten nicht länger ab ... Und wir unterstützen Sie dabei, was Sie ja schon längst bemerkt haben dürften!

Im Laufe unserer langen Erfahrung in Forschung und Beratung zur Thematik „Bewerbung" haben sich als Quintessenz drei entscheidende Faktoren ergeben, auf die es beim Bewerbungsprozess ankommt und die wir Ihnen bereits vorgestellt haben:

Kompetenz, Leistungsmotivation und *Persönlichkeit (KLP).*

Das bedeutet konkret:

1. Verfügt der/die Bewerber/in über die erforderlichen generellen und fachlichen Qualifikationsmerkmale? Also: *K* wie Kompetenz. Oder Fachwissen, Erfahrung, Know-how in Sachen Problembeseitigung.

2. Was bewegt den Bewerber, was sind seine Motive für Arbeitsplatz- und Aufgabenwahl und ist er motiviert, Außerordentliches zur Verwirklichung von Unternehmenszielen zu leisten? Also: *L* wie Leistungsmotivation. Nennen Sie es Fleiß, Engagement, den Wunsch, etwas zu bewegen, etwas voranzubringen ...

3. Mobilisiert der Bewerber Sympathiegefühle, kann man sich mit ihm „wohlfühlen" und passt er zum Team? Neudeutsch formuliert: Stimmt die persönliche „Chemie", mag man Sie? Kann man Ihnen vertrauen und auch etwas zutrauen? Also: *P* wie Persönlichkeit. Ihre Charaktermerkmale, Ihre Wesensart.

Während Sympathie (wie auch Antipathie) spontan spürbar ist, werden die Schlüsselmerkmale Leistungsmotivation und Kompetenz kognitiv zugeschrieben. Es sind Merkmale, die sich nicht unmittelbar mitteilen. Doch auch bei der Leistung und dem Können geht es um Zutrauen in Ihre Potenziale und damit um Vertrauen in Ihre Person. Wenn Sie in der Lage sind, Sympathien zu wecken, werden Sie als kompetenter und motivierter angesehen und haben so eher eine Chance auf (Bewerbungs-)Erfolg!

Tipp!

Hauptziel Ihres Bewerbungsvorhabens sollte daher sein, die entscheidenden drei Weichensteller so prägnant zu vermitteln, dass sie beim potenziellen Arbeitgeber gut ankommen. Das gilt für die Erstellung der schriftlichen Unterlagen ebenso wie für das persönliche Auftreten im Vorstellungsgespräch. Dafür ist eine gründliche Selbstanalyse unabdingbar; wie diese funktioniert, erläutern wir Ihnen auf den folgenden Seiten.

Ihre persönlichen Standorte

Dieser Abschnitt wird Ihnen helfen, sich selbst besser einzuschätzen und Ihren persönlichen Standort zu bestimmen. Dabei geht es jetzt nicht um Ihren gesundheitlichen Zustand, sondern darum, wie Sie am Arbeitsleben teilnehmen wollen, wo Sie sich sehen, was Ihre Ziele sind und was Sie anbieten wollen. Nehmen Sie sich etwas Zeit und führen Sie die Übungen sorgfältig durch. Zunächst geht es um die elementaren Fragen:

1. Was für Werte habe ich?
2. Was für ein Mensch bin ich?
3. Was kann ich?
4. Was sind meine Stärken?
5. Was tue ich gern?
6. Was will ich?
7. Was ist möglich?

Durch die Beantwortung dieser Fragen erlangen Sie wichtige Erkenntnisse zu Ihrer *Persönlichkeit*, Ihrer *Leistungsmotivation*, Ihrer *Kompetenz*, den Zielvorstellungen und Chancen. Dieses Wissen wird Sie dabei unterstützen, den Arbeitsplatz zu finden, der zu Ihnen passt und der sich in Ihre Lebenszielplanung optimal integriert.

1. Was für Werte habe ich?

Hier geht es um Ihre grundlegende Einstellung zum Leben, um Ihre Wertvorstellungen und Motive.
Notieren Sie,

> was für Sie im Leben wichtig ist,

> was für Werte und Ziele Sie haben,

> was Sie antreibt, was Ihre persönlichen Motive sind, die Sie mit Ihrer Arbeit verbinden,

> worin Sie den speziellen Sinn Ihres (Berufs-)Lebens sehen.

 Wählen Sie aus diesen Kriterien alle die Punkte aus, die Ihnen für Ihren zukünftigen Arbeitsplatz und für Ihren möglichen „Kunden" (also Arbeitgeber, siehe Seite 47) wichtig oder sogar unverzichtbar erscheinen.

2. Was für ein Mensch bin ich?

Hier geht es darum, Ihre Persönlichkeit, Ihren Charakter und damit verbundene Eigenschaften aber auch Fähigkeiten, die für Ihren Beitrag in der Arbeitswelt von Bedeutung sein könnten, näher zu bestimmen. Benennen Sie zum Einstieg in diesen Fragenkomplex innerhalb einer Minute spontan drei Adjektive, die wichtige Merkmale Ihrer Persönlichkeit zutreffend charakterisieren. Bitte ergänzen Sie jetzt hier:

Ich bin:

1. _____

2. _____

3. _____

Beschreiben diese Adjektive wirklich zentrale Eigenschaften Ihrer Persönlichkeit? Und können Sie sich einer anderen Person mit dieser spontanen Auswahl insbesondere unter arbeitstechnischen Gesichtspunkten stimmig präsentieren?

Für eine detaillierte Selbsteinschätzung haben wir für Sie eine umfangreiche Liste von Persönlichkeitsmerkmalen zusammengestellt. Sie finden diese unter *www.berufsstrategie-plus.de*. Hier im Buch finden Sie eine Kurzversion. Wenn Sie sich über die Frage „Was für ein Mensch bin ich?" Gedanken machen, werden Sie merken, dass sich Ihre psychische Ausgangsposition festigt und Sie besser wissen, was beruflich zu Ihnen passt und was nicht. Denken Sie daran: Sie müssen bei dieser Selbstbeurteilungsliste nicht gut abschneiden und sich niemandem gegenüber rechtfertigen. Es geht allein um Ihre persönliche Einschätzung.

www.

In einem zweiten Schritt können Sie eine (oder mehrere) Person(en) Ihres Vertrauens bitten, die (zuvor kopierte) Seite ebenfalls auszufüllen, mit der Einschätzung, die diese Person von Ihnen hat. Der Vergleich beider Ergebnisse liefert Ihnen interessante Aufschlüsse über mögliche Differenzen von Selbst- und Fremdwahrnehmung.

Vielleicht wirken Sie viel furchtloser, als Sie es sind. Oder Sie wähnen sich als nicht besonders ordentlich, werden aber als gut organisiert wahrgenommen – sicherlich erleben Sie kleine Überraschungen. Für eine realistische Einschätzung bilden Sie hinterher einen Mittelwert.

Zu Ihrer Selbstbeurteilung: Um die Ausprägung einzelner Eigenschaften besser einschätzen zu können, gibt es für jedes Adjektiv eine Skala von 0 (überhaupt nicht vorhanden) bis 6 (sehr stark ausgeprägt).

Wie schätzen Sie sich ein? Kreuzen Sie bei jeder Eigenschaft an, wie ausgeprägt diese Ihrer Meinung nach bei Ihnen ist:

0 = überhaupt nicht vorhanden
1 = nur sehr schwach vorhanden
2 = schwach vorhanden
3 = durchschnittlich ausgeprägt

4 = deutlich ausgeprägt
5 = sehr stark ausgeprägt
6 = extrem stark ausgeprägt

sympathisch	0	1	2	3	4	5	6
vertrauenswürdig	0	1	2	3	4	5	6
vorsichtig	0	1	2	3	4	5	6
lernbereit	0	1	2	3	4	5	6
lernfähig	0	1	2	3	4	5	6
vertrauensvoll	0	1	2	3	4	5	6
leistungsorientiert	0	1	2	3	4	5	6
sorgfältig	0	1	2	3	4	5	6
aufgeschlossen	0	1	2	3	4	5	6
belastbar	0	1	2	3	4	5	6
ausdauernd	0	1	2	3	4	5	6
zufrieden	0	1	2	3	4	5	6
aggressiv	0	1	2	3	4	5	6
konformistisch	0	1	2	3	4	5	6
dominant	0	1	2	3	4	5	6
gerecht	0	1	2	3	4	5	6
verlässlich	0	1	2	3	4	5	6
wankelmütig	0	1	2	3	4	5	6
zielstrebig	0	1	2	3	4	5	6
geduldig	0	1	2	3	4	5	6
gehemmt	0	1	2	3	4	5	6
vital	0	1	2	3	4	5	6
zweifelnd	0	1	2	3	4	5	6
kompetent	0	1	2	3	4	5	6
flexibel	0	1	2	3	4	5	6
aktiv	0	1	2	3	4	5	6

wagemutig	0	1	2	3	4	5	6
gefühlsbetont	0	1	2	3	4	5	6
anspruchsvoll	0	1	2	3	4	5	6
passiv	0	1	2	3	4	5	6
liebenswürdig	0	1	2	3	4	5	6
gefühlsorientiert	0	1	2	3	4	5	6
impulsiv	0	1	2	3	4	5	6
durchsetzungsfähig	0	1	2	3	4	5	6
ängstlich	0	1	2	3	4	5	6
sachorientiert	0	1	2	3	4	5	6
fordernd	0	1	2	3	4	5	6
höflich	0	1	2	3	4	5	6
autoritär	0	1	2	3	4	5	6
pflichtbewusst	0	1	2	3	4	5	6
zuverlässig	0	1	2	3	4	5	6
freundlich	0	1	2	3	4	5	6
glücklich	0	1	2	3	4	5	6
nervös	0	1	2	3	4	5	6
rechthaberisch	0	1	2	3	4	5	6
ordnungsliebend	0	1	2	3	4	5	6
ehrlich	0	1	2	3	4	5	6

In dieser Liste sind positive und negative Eigenschaften aufgeführt. Sympathisch und aktiv möchte jeder sein; rechthaberisch und aggressiv niemand. Bei anderen Adjektiven ist die Beurteilung schwieriger. Für einen Leuchtturmwärter ist „sehr stark zurückgezogen" kein Berufshindernis, ein Journalist dagegen würde mit der gleichen Eigenschaft bei seiner Bewerbung eher erfolglos sein.

Bedenken Sie: Welche Eigenschaften sind für den Arbeitsplatz und die Aufgabenstellung, um die Sie sich bewerben, wichtig? Wonach werden Firmenchefs Sie fragen, welche Eigenschaften sind aus deren Sicht für diese Position wünschenswert? Falls Sie noch keine klare Vorstellung davon haben, was für einen Arbeitsplatz Sie anstreben, dann entscheiden Sie spontan, wie Sie sich selbst einschätzen.

3. Was kann ich?

Nun geht es um die Klärung Ihrer vorhandenen Zutaten, Ihrer beruflichen und außerberuflichen Fähigkeiten und Fertigkeiten. Es könnte schon sein, dass Sie aufgrund Ihrer Behinderung und den daraus resultierenden Lebensumständen jetzt zunächst im Kopf haben, was Sie leider alles nicht (mehr) perfekt können. Das zählt *hier und jetzt* nicht! Trauen Sie sich etwas zu! Jetzt geht es um ein Angebot, dass Sie einem Arbeitsplatzanbieter machen werden. Da sind Selbstzweifel und Verunsicherung fehl am Platz:

> Welches sind Ihre wichtigsten Fähigkeiten für die Position, die Sie anstreben?

> Was können Sie richtig gut, wo liegen Ihre besonderen Stärken?

> Auf welchen Gebieten vermuten Sie fachliche und persönliche Defizite und warum?

> Durch welche besonderen Aktivitäten zeichnen Sie sich in Ihrer Freizeit aus?

> Auf welchen Gebieten möchten Sie sich verbessern oder stärker engagieren?

Unterscheiden Sie bei der Beantwortung dieser Fragen berufliche und außerberufliche Fähigkeiten.

Zu den beruflichen Fähigkeiten zählen beispielsweise Ausbildung, Spezialkenntnisse, Berufserfahrung, bisherige berufliche Aufgabengebiete, berufliche Kenntnisse und Interessen, darüber hinausgehende Weiterbildungsmaßnahmen, Projekte und bisherige Erfolge.

Zu den außerberuflichen Fähigkeiten zählen pädagogische Fähigkeiten, Sprachkenntnisse, soziale Kompetenz und soziales Engagement, politische Tätigkeiten, handwerkliches Talent, technisches Verständnis, künstlerisch-musische Begabung sowie sportliches Können.

4. Was sind meine Stärken?

Sie gewinnen am leichtesten einen Überblick über Ihre Möglichkeiten, wenn Sie Ihre beruflichen und außerberuflichen Fähigkeitsmerkmale getrennt analysieren. Dennoch gehören beide Bereiche zusammen. So weist eine Vorliebe für das Schachspielen auf Ihren logisch-analytischen Verstand hin und prädestiniert Sie für eine entsprechende Tätigkeit.

Wir haben für Sie wiederum eine Tabelle entworfen, die Sie bitte zuerst selbst ausfüllen und später evtl. anderen Personen vorlegen, damit diese Sie beurteilen. Hier wieder nur eine Kurzversion, eine ausführliche finden Sie unter *www.berufsstrategie-plus.de*.

Wie schätzen Sie sich ein? Kreuzen Sie bei jedem Merkmal an, wie ausgeprägt dieses Ihrer Meinung nach bei Ihnen ist:

0 = überhaupt nicht vorhanden
1 = nur sehr schwach vorhanden
2 = schwach vorhanden
3 = durchschnittlich ausgeprägt

4 = deutlich ausgeprägt
5 = sehr stark ausgeprägt
6 = extrem stark ausgeprägt

Merkmalgruppe 1

Kommunikationsfähigkeit	0	1	2	3	4	5	6
Fähigkeit, zuzuhören	0	1	2	3	4	5	6
Kontaktfähigkeit	0	1	2	3	4	5	6
Aufgeschlossenheit	0	1	2	3	4	5	6
Teamorientierung	0	1	2	3	4	5	6
Kooperationsfähigkeit	0	1	2	3	4	5	6
Anpassungsfähigkeit	0	1	2	3	4	5	6
Kompromissbereitschaft	0	1	2	3	4	5	6
Diplomatie	0	1	2	3	4	5	6

Merkmalgruppe 2

Zielstrebigkeit	0	1	2	3	4	5	6
Selbstbewusstsein	0	1	2	3	4	5	6
Verantwortungsbewusstsein	0	1	2	3	4	5	6
Kritikfähigkeit	0	1	2	3	4	5	6
Selbstbeherrschung	0	1	2	3	4	5	6

Merkmalgruppe 3

Risikobereitschaft	0	1	2	3	4	5	6
Entscheidungsfähigkeit	0	1	2	3	4	5	6
Belastbarkeit	0	1	2	3	4	5	6
Stresstoleranz	0	1	2	3	4	5	6
Flexibilität	0	1	2	3	4	5	6

Merkmalgruppe 4

Arbeitsmotivation/-wille	0	1	2	3	4	5	6
Eigeninitiative	0	1	2	3	4	5	6
Durchsetzungsvermögen	0	1	2	3	4	5	6
Selbstvertrauen	0	1	2	3	4	5	6
Zielstrebigkeit	0	1	2	3	4	5	6

Merkmalgruppe 5

Selbstständigkeit	0	1	2	3	4	5	6
Verantwortungsbewusstsein	0	1	2	3	4	5	6
Zuverlässigkeit	0	1	2	3	4	5	6
Selbstdisziplin	0	1	2	3	4	5	6
Ausdauer	0	1	2	3	4	5	6

Merkmalgruppe 6

analytisches Denken	o	1	2	3	4	5	6
planvolles Vorgehen	o	1	2	3	4	5	6
kombinatorisches Denken	o	1	2	3	4	5	6
effiziente Arbeitsorganisation	o	1	2	3	4	5	6
Entscheidungsvermögen	o	1	2	3	4	5	6

Merkmalgruppe 7

Kosten/Nutzen-Bewusstsein	o	1	2	3	4	5	6
Zieldefinitionsfähigkeit	o	1	2	3	4	5	6
Arbeitseffizienz	o	1	2	3	4	5	6
physische Fitness	o	1	2	3	4	5	6
Selbstkontrollfähigkeiten	o	1	2	3	4	5	6

Auch hier sollten Sie, wie bei den Eigenschaften aus dem Abschnitt „Was für ein Mensch bin ich?", die Ihrer Meinung nach für das von Ihnen angestrebte Aufgabengebiet wichtigsten Merkmale ankreuzen. Falls Sie das aber noch nicht kennen, dann kreuzen Sie so an, wie Sie sich einschätzen! Überlegen Sie, bei welchen Gelegenheiten Sie diese Fähigkeiten schon unter Beweis gestellt haben. Die Bearbeitung dieser Liste führt zu einem besseren Selbstbewusstsein.

5. Was tue ich gern?

Bei diesem Punkt geht es um die Frage, mit welchen vorhandenen Zutaten Sie am liebsten kochen, d. h. welche Ihrer Fähigkeiten Sie gern einsetzen. Sie werden auf Dauer nicht glücklich, wenn Sie einen Job ausüben, den Sie zwar gut beherrschen, der Ihnen jedoch keine Freude bringt. Wenn Sie sich beruflich neu orientieren, sollten Sie stets Ihre Interessen und Neigungen berücksichtigen, sonst wird es Ihnen an Engagement und Enthusiasmus fehlen. Fragen Sie sich deshalb also bei allen Fähigkeiten und Eigenschaften, die Sie sich selbst zuschreiben, ob Sie diese auch gern anwenden. Sie erzielen gute Verhandlungserfolge, fühlen sich jedoch von der Situation gestresst und anschließend ausgepowert? Und Sie mögen es nicht, im Privatleben um jeden Preis zu feilschen? Ein Zeichen dafür, dass Sie nicht auf Dauer diese Tätigkeit in Ihrem Job ausüben sollten.

6. Was will ich?

Klare Ziele zu haben, setzt enorme Kräfte in Ihrer Psyche frei, beflügelt Ihre Phantasie und hilft Ihnen durchzuhalten. Wenn Sie ein Ziel vor Augen haben, werden Sie sich automatisch in diese Richtung bewegen. Daher widmen Sie dieser Frage entsprechend viel Aufmerksamkeit und Zeit und beantworten Sie diese wieder getrennt nach persönlichem und beruflichem Bereich.

Fragen zur persönlichen Situation

> Was haben Sie bisher in Ihrem Leben erreicht?

> Was haben Sie bisher trotz guter Vorsätze nicht erreicht und warum?

> Was missfällt Ihnen an Ihrer jetzigen persönlichen Situation?

> Was möchten Sie an dieser am schnellsten ändern, und was kann noch warten?

> Wie sieht Ihre Partnerschaft bzw. familiäre Situation aus, und gibt es da größere Probleme?

> Wer fördert bzw. behindert Sie in Ihrer persönlichen Entwicklung?

> Welchen Einfluss auf Ihre persönlichen Zielvorstellungen und Entscheidungen haben Ihr / -e Partner / -in, Ihre Kinder, Freunde und andere Bezugspersonen?

> Welche Ihrer persönlichen Eigenschaften und Fähigkeiten sind für Ihre Mitmenschen besonders wertvoll bzw. wichtig?

> Welchen Einfluss hat Ihre angestrebte Berufstätigkeit vermutlich auf Ihr Privatleben, und umgekehrt: Welchen Einfluss hat Ihr Privatleben auf Ihren Beruf?

> Welche gesundheitlichen Auswirkungen könnte dies alles mit sich bringen?

> Welche persönlichen Gründe sprechen gegen einen Arbeitsplatz-, Branchen- und / oder Berufswechsel?

> Welche persönlichen Gründe sprechen gegen einen Ortswechsel?

> Welche persönlichen Schwierigkeiten sehen Sie in der Zukunft für sich?

> Fühlen Sie sich einer deutlichen Veränderung des Arbeitsplatzes und des Berufs- und Lebensumfeldes gewachsen? Auch gesundheitlich?

Fragen zur beruflichen Situation

> Was haben Sie bisher beruflich / ausbildungsmäßig erreicht?

> Was haben Sie bisher trotz Ihrer Vorsätze beruflich nicht erreicht und warum?

> Was lässt bei Ihnen sowohl generell als auch konkret berufliche Zufriedenheit bzw. Unzufriedenheit entstehen?

> Was missfällt Ihnen an Ihrer jetzigen beruflichen Situation?

> Was möchten Sie an Ihrer jetzigen beruflichen Situation am schnellsten ändern, und was kann noch warten?

> Welche Ihrer beruflichen Kenntnisse und Fähigkeiten sind für Ihren zukünftigen Arbeitgeber und Ihre Kollegen besonders wertvoll bzw. wichtig?

> Fühlen Sie sich in beruflicher Hinsicht zurzeit eher über- oder unterfordert, und worin ist dies begründet?

> Wie kommen Sie mit Ihren Vorgesetzten bzw. Kollegen aus?

> Welche beruflichen Förderer und „Steine-in-den-Weg-Werfer" haben Sie?

> Und wer könnte das in Zukunft sein?

> Wie sehen Ihre beruflichen Ziele aus, bezogen auf Position und Verdienst?

> Welche Chancen für Entwicklung und Aufstieg haben Sie an Ihrem jetzigen Arbeitsplatz?

> Wie sind die generellen Zukunftsaussichten an Ihrem Arbeitsplatz (in Ihrer Branche, in Ihrem Beruf)?

> Welche beruflichen Schwierigkeiten sehen Sie in der Zukunft für sich?

> Sind Sie mit den Leistungen (Bezahlung, Sozialleistungen, Extras etc.) Ihres jetzigen Arbeitgebers zufrieden?

> Welchen Einfluss auf Ihre beruflichen Zielvorstellungen und Entscheidungen haben Ihr/-e Partner/-in, Ihre Kinder, Freunde und andere Bezugspersonen?

> Welche Gründe sprechen für einen beruflich begründeten Ortswechsel? Sind Sie diesbezüglich flexibel?

> Trauen Sie sich zu, eine völlig neue berufliche Aufgabe zu übernehmen? Auch gesundheitlich?

Versuchen Sie, aus der schriftlichen Beantwortung jeder einzelnen Frage Schlüsselwörter zu entwickeln, die Ihr Ziel kurz und prägnant beschreiben. Abstrahieren, verkürzen und vereinfachen Sie ggf., und bringen Sie die für Sie ganz persönlich wichtigen Dinge „auf den Punkt".

Erstellen Sie eine Rangfolge Ihrer Zielvorstellungen; sie ermöglicht Ihnen, Prioritäten zu erkennen und Schwerpunkte zu bilden. Diese persönliche und berufliche Situationsanalyse verschafft Ihnen Klarheit und hilft bei der Abwägung von Gründen für oder gegen einen Arbeitsplatz.

Wichtig dabei ist die neu gewonnene Ausdrucksfähigkeit bezüglich der Frage „Was will ich, was ist wichtig für mich?".

7. Was ist möglich?

Nichts ist unmöglich wissen wir, seit Werbestrategen uns diesen Spruch in unserem Bewusstsein verankert haben, und bei näherer Betrachtung dieser unserer Welt kann diese These tatsächlich im positiven wie negativen Sinne zutreffen.

Vom Tellerwäscher zum Millionär, vom Schauspieler zum Präsidenten – vom verarmten Hartz-IV-Empfänger mit beinahe null Selbstbewusstsein zum ordentlich bezahlten Mitarbeiter eines

Unternehmens, der sogar Personalverantwortung trägt ... Nichts ist unmöglich. Wer gegen seine Wünsche und Vorstellungen vorschnell die Schere im Kopf ansetzt, erreicht weniger, als für ihn möglich wäre. Wer andererseits mit seinen Träumen und Erwartungen zu hoch hinaus will, wird sich meist in seinen Wunschvorstellungen verheddern. Versuchen Sie, sich zwischen den Extremen zu bewegen. Und berücksichtigen Sie dabei auch Ihre besondere Ausgangssituation, die durch mögliche gesundheitliche Einschränkungen geprägt sein kann. Aber lassen Sie nicht zu, dass man Sie aufgrund einer Behinderung, die keine oder nur eine marginale Beeinflussung hat auf das, was Sie beruflich tun bzw. tun wollen und auch leisten können, aus der Arbeitswelt heraushält.

Jeder Mensch neigt dazu, in einer persönlichen und beruflichen Übergangs- bzw. Krisensituation seinen Handlungsspielraum und seine Gestaltungsmöglichkeiten zu unterschätzen. Wir selbst hemmen uns in einer solchen Situation unnötigerweise in unseren Aktivitäten. Dabei geht es um so Wichtiges wie die Verwirklichung der individuellen beruflichen Identität.

Bringen Sie die Erkenntnisse aus den vorangegangenen Situationsanalysen auf den Punkt. Nehmen Sie nicht nur Ihren eigenen Realitätssinn zum Maßstab, sondern beziehen Sie auch andere Personen (Lebenspartner, Freunde, Bekannte, Fachberater z.B. von der Arbeitsagentur oder dem Integrationsdienst) in Ihre Überlegungen ein. Der Blick von außen kann sehr hilfreich sein.

Vielleicht ist ja der richtige (Neu- / Wiedereinstiegs-)Start für Sie (zunächst) mit einem Teilzeitjob verbunden. Vielleicht arbeiten Sie nur einen Tag in der Woche, bieten eher ganz früh oder sehr spät Ihre Mithilfe an, beispielsweise wenn andere lieber (noch / wieder) zu Hause sind. Kann sein, dass das für den ersten Moment gar nicht verlockend klingt, Sie viel lieber einen ganz normalen „Nine to five"-Job hätten. Aber viele Wege führen zum Ziel und wer sich flexibel zeigt und ein durchdachtes Mitarbeitsangebot macht, erhöht seine Chancen. Dabei kann auch der Weg zu einem Arbeitsverhältnis durch eine Zeitarbeitsfirma führen und sogar glücklich enden, Sie ans Ziel bringen, indem Sie als fester Mitarbeiter übernommen werden. Einen Versuch ist es immer wert ...

Standpunkte und Rechts(un)sicherheiten
Schlüsselbegriff Selbstvertrauen
Wie Sie Ihr eigenes Profil schärfen
Wie Sie Ihr Mitarbeitsangebot auf den Punkt bringen ...
... und sicherstellen, dass es auch wirklich verstanden wird

Bewerbungsstrategien

Un-behindert bewerben auch mit Behinderung

Die Gretchenfrage: Was darf von Ihnen im Bewerbungsgespräch verschwiegen werden, was nicht?

Was darf Sie der potenzielle Arbeitgeber fragen und was nicht? Und wo dürfen Sie beschönigen, abschwächen, ggf. auch zu einer Notlüge greifen? Zu diesen Fragen präsentieren wir Ihnen hier die aktuelle Meinungs- und Einschätzungslage.

Bestimmte Fragen und Themen dürfen im Bewerbungsverfahren gar nicht erst behandelt werden. Es sind grundsätzlich nur solche Fragen erlaubt, die „arbeitsbezogen" sind, d. h. mit dem zu besetzenden Arbeitsplatz in direktem Zusammenhang stehen. Werden unzulässige Fragen doch gestellt, so existiert für das Bundesarbeitsgericht der Sachverhalt der Notlüge. Darunter ist zu verstehen, dass solche Fragen im Vorstellungsgespräch nicht wahrheitsgemäß beantwortet werden müssen, wenn der Bewerber davon ausgehen kann, dass von einer bestimmten Antwort die Vergabe des Arbeitsplatzes abhängt.

Unzulässig ist beispielsweise die Ausforschung der politischen Meinung ebenso wie Fragen nach (auch früherem!) gewerkschaftlichem Engagement oder dem Privatleben in punkto Lebensplanung wie Heirat, Familienplanung, Freizeitgestaltung und Hobbys. Frühere Krankheiten und die Frage nach einer Schwangerschaft sind genauso tabu wie die Frage nach den Berufen von Eltern, Geschwistern und manchmal auch noch Freunden sowie nach den privaten Vermögensverhältnissen (evtl. Schulden). Auch die Frage nach Vorstrafen und Gefängnisaufenthalten ist nicht zulässig.

Wenn ein Bewerber eine unzulässige Frage unehrlich beantwortet und damit sein Recht auf Notlüge nutzt, können ihm daraus keine negativen Konsequenzen entstehen. Durch das eingeschränkte Fragerecht des Arbeitgebers ist der Arbeitsvertrag trotzdem wirksam. Zwar hätte der Bewerber auch das Recht, eine unzulässige Frage nicht zu beantworten; das könnte sich aber für ihn ungünstig auswirken, weil der Arbeitgeber daraus negative Rückschlüsse zieht. Das Gleiche gilt für den Lebenslauf, den der Bewerber entsprechend verändern kann.[1]

Im Alltag stellt nahezu jeder Arbeitgeber im Vorstellungsgespräch unzulässige Fragen an die Bewerber. Eine abwehrende, unfreundliche Reaktion wird Ihnen keinen Pluspunkt einbringen; besser Sie entscheiden selbst, wie viel Sie über sich preisgeben! Nicht jede Frage ist dabei kritisch gemeint; viele sollen einfach dem besseren Kennenlernen dienen.

Tipp!

Natürlich gibt es wie bei jeder Regel auch Ausnahmen: Wenn z. B. jemand für die katholische Kirche arbeiten will, ist die Frage des kirchlichen Arbeitgebers nach der Religionszugehörigkeit durchaus zulässig. Dies gilt auch für die Frage nach früheren Krankheiten bei Piloten oder Zugführern; bei Banken ist es üblich, nach dem polizeilichen Führungszeugnis zu fragen.

Und es gibt einen kleinen, aber feinen Unterschied: nämlich ein *Auskunftsrecht* bzw. eine *Auskunftspflicht* sowie ein *Informationsrecht* bzw. eine *Informationspflicht*.

Wichtig ist, den Unterschied zu kennen – z. B. besteht bei ansteckenden Krankheiten wie Tuberkulose etc. eine Informations**pflicht** des Arbeitnehmers bei der Bewerbung.

Diese *Auskunfts-* und *Informationspflicht* besteht auch, wenn z. B. der Führerschein, der für bestimmte Tätigkeiten unabdingbar ist (denken Sie mal an einen angestellten Taxifahrer!), zeitweise oder für länger entzogen wurde etc.

Eine kleine Übersicht verdeutlicht dies:

Thema	Offenbarungspflicht Das muss der Bewerber von sich aus erzählen	Auskunftspflicht Das muss der Bewerber wahrheitsgemäß beantworten
Erkrankung/ Krankheit	Nur bei Ansteckungsgefahr für Kollegen und Kunden und falls wegen der Krankheit dauerhaft die Arbeitsleistung nicht erbracht werden kann	Nur auf die direkte Frage: Gibt es eine Krankheit, die Ihre ganz konkrete Arbeitsleistung für speziell diese Stelle beeinträchtigt?
Behinderung	Nur wenn ein Bewerber wegen einer Behinderung seine Arbeitsleistung überhaupt nicht erbringen kann	Nur wenn sich die Behinderung des Bewerbers negativ auf die konkrete Stelle auswirken kann
Schwerbehinderung	Nur wenn ein Bewerber wegen seiner Schwerbehinderung seine Arbeitsleistung überhaupt nicht erbringen kann	Hier besteht aktuell eine gewisse Rechtsunsicherheit, sehr wahrscheinlich aber wegen des AGG eher nicht!
Vorstrafe/ Gefängnisaufenthalt	Nur wenn diese für die konkrete Stelle relevant ist (z. B. ein verurteilter, ehemaliger Bankräuber im Dienst bei der Sparkasse)	Nur wenn diese für die konkrete Stelle relevant ist (z. B. nicht für einen ehemaligen Bankräuber, der sich als Pförtner bewirbt)
Schwangerschaft Familienplanung/ Kinderwunsch	Nein	Nein

Standpunkte zum Ver-Schweigerecht

Im nachfolgenden Text haben wir die Fragen und Antworten zusammengetragen, die Sie auch im Internet bei einschlägigen Foren finden können. Auf der Homepage zum Buch *www.berufsstrategieplus.de* finden Sie außerdem ein Interview mit dem Fachanwalt Dr. Axel Görg zu entsprechenden Rechtsfragen.[2]

Ein Handicap muss nicht angegeben werden

Frage Ein Bewerber mit einer Behinderung von 80 Prozent bewirbt sich beim Unternehmen XYZ. Seine Behinderung ist nicht offensichtlich (da Herzfehler), kann also deshalb von einem Vertreter des Unternehmens beim Bewerbungsprozess ohne Nachfragen oder Ähnliches nicht festgestellt werden.

1. Muss der Bewerber seine Behinderung im Laufe des Bewerbungsprozesses von sich aus angeben? Und falls ja, wo bzw. wann? Schon bei der schriftlichen Bewerbung, oder erst im Vorstellungsgespräch oder erst dann, wenn er den Job auch antritt ...?

2. Und wie sieht es aus, wenn der Vertreter des Unternehmens XYZ den Bewerber direkt fragt. Muss der Bewerber dann wahrheitsgemäß Auskunft geben?

Antwort

Zur 1. Frage: klar NEIN!

Zur 2. Frage: Hier ist die Rechtslage unsicher. Man kann aber sagen, dass nach der Novelle des SGB IX solche Fragen grundsätzlich nicht wahrheitsgemäß beantwortet werden müssen. Eine Frage zu bestimmten Behinderungen dürfte nur dann zulässig sein, wenn eine bestimmte körperliche Funktion, geistige Fähigkeit oder seelische Gesundheit wesentliche und entscheidende berufliche Anforderung für die auszuübende Tätigkeit ist. Das bedeutet: Die Frage nach einer bestimmten Behinderung ist nur erlaubt, wenn diese Behinderung die Ausübung der anvisierten Tätigkeit unmöglich macht oder zumindest doch ganz wesentlich erschwert.

Frage Man hört immer wieder, dass Behinderungen über 50 Prozent bei Nachfragen grundsätzlich wahrheitsgemäß angegeben werden müssen. Wie sieht das aus, wenn ich es nicht erwähne und der Arbeitgeber es irgendwann herausfindet, nachdem ich eingestellt wurde, und muss er dann den Mehrurlaub usw. geben, da ihn das Gesetz dazu verpflichtet?

Antwort Erst ab 50 Prozent ist man überhaupt schwerbehindert (§ 2 Abs. 2 SGB IX)! Der hier vorgestellte Grundsatz gibt die Rechtsprechung des BAG für die Zeit vor Einführung des § 81 Abs. 2 SGB IX im Jahre 2002 wieder! Seit dieser Zeit ist nur ein Urteil des BAG ergangen (Urteil vom 07.07.2011 – 2 AZR 396/10). In diesem Urteil hat das BAG entschieden, dass die Falschbeantwortung der Frage nach der Schwerbehinderung jedenfalls dann weder zur Anfechtung des Arbeitsverhältnisses noch zur Kündigung berechtigt, wenn dies nicht kausal für die Einstellung gewesen ist. Nach der überwiegend vertretenen Auffassung werden solche Fragen unter der Geltung des § 81 Abs. 2 SGB IX für unzulässig erachtet, da durch diese Norm ein ausdrückliches Diskriminierungsverbot eingeführt wurde. Mit dem gleichen Argument, wie der Arbeitgeber nicht nach einer bestehenden Schwangerschaft – trotz erheblicher Folgen für ihn – fragen darf (Stichwort Diskriminierung), darf er auch nicht allgemein nach der Schwerbehinderteneigenschaft fragen.

Frage Was aber, wenn das einstellende Unternehmen eine ärztliche Untersuchung fordert und den Arzt fragt (den sich der Bewerber zwar selbst aussuchen kann), ob der Bewerber für den Job geeignet ist. Wenn für den Job kein Leistungssportler gebraucht wird, dürfte der Arzt doch eigentlich nichts bezüglich der Behinderung/Erkrankung mitteilen, oder?

Andererseits: Vorher ist er ja auch von seiner Schweigepflicht befreit worden ...

Antwort Der Arzt darf nur feststellen, ob der Bewerber für den konkreten Arbeitsplatz gesundheitlich geeignet ist. Weitere Aussagen zu einer möglichen Schwerbehinderung sind nicht zulässig. Insbesondere ist das Verschweigen einer Behinderung kein Kündigungsgrund.

Frage Wenn man beim Vorstellungsgespräch nicht gefragt wird, ob man schwerbehindert ist, und es auch nicht von sich aus erwähnt, ist das dann – wenn es später festgestellt wird – ein Kündigungsgrund?

Antwort Grundsätzlich ist bei dieser Frage zwischen Körperbehinderung und Schwerbehinderteneigenschaft zu unterscheiden. Hinsichtlich der Körperbehinderung steht dem Arbeitgeber nur insoweit ein Fragerecht zu, als die Frage auf eine durch die Körperbehinderung mögliche Beeinträchtigung der zu verrichtenden Arbeit gerichtet ist.

Die Frage nach der Schwerbehinderteneigenschaft war nach der bisherigen Rechtsprechung des Bundesarbeitsgerichts (BAG) zum Schwerbehindertenrecht zulässig und deren Falschbeantwortung hätte zu einem Anfechtungsrecht des Arbeitgebers nach §123 Abs. 1 BGB führen können. Der Arbeitgeber habe ein berechtigtes Interesse daran, zu wissen, ob der Arbeitnehmer als schwerbehinderter Mensch anerkannt ist, da sich daran für den Arbeitgeber während der gesamten Dauer des Arbeitsverhältnisses zahlreiche gesetzliche Pflichten knüpfen.

Diese Rechtsansicht ist *nun* nicht mehr haltbar, da es nicht Sinn und Zweck des Schwerbehindertengesetzes sei, die Einstellung eines schwerbehinderten Menschen abzulehnen, um den Belastungen des Gesetzes zu entgehen. Es ist jetzt mehr als fraglich, ob diese Rechtsprechung nach der Änderung im Bereich des Schwerbehindertenrechts seit Mitte 2001 aufrechterhalten werden kann.

In §81 Abs. 2 Nr. 1 SGB IX ist als arbeitsrechtlicher Grundsatz eingeführt worden, dass Arbeitgeber schwerbehinderte Beschäftigte nicht wegen ihrer Behinderung benachteiligen dürfen. Damit ist ein rechtliches Diskriminierungsverbot eingeführt worden, das sich eindeutig an das bereits in §611 a BGB normierte Verbot geschlechtsbezogener Benachteiligung anlehnt. Die Rechtsprechung des BAG kann somit wohl nicht mehr damit begründet werden, dass ein solches Diskriminierungsverbot bei der Begründung von Arbeitsverhältnissen mit Behinderten fehle.

Neue Rechtslage

Zudem wurde durch die Änderung des Schwerbehindertenrechts durch das SGB IX auch ein Schadensersatzanspruch für den Behinderten als Sanktionsnorm bei einer Diskriminierung eingeführt. Gemäß § 81 Abs. 2 Nr. 1 SGB IX kann ein schwerbehinderter Bewerber eine angemessene Entschädigung in Geld verlangen, wenn der Arbeitgeber bei der Begründung eines Arbeitsverhältnisses gegen das in § 81 Abs. 2 Nr. 1 SGB IX normierte Benachteiligungsverbot verstößt.

Somit führt nach neuer Rechtslage das Schweigen des Arbeitnehmers hinsichtlich seiner Schwerbehinderung nicht zu einem möglichen späteren Anfechtungsgrund des Arbeitsvertrages durch den Arbeitgeber.

Fragt ein potenzieller Arbeitgeber den Bewerber nach der Schwerbehinderteneigenschaft, so riskiert er, dass er zu einer Entschädigungszahlung verurteilt wird, wenn er nicht den Gegenbeweis führen kann, dass die Ablehnung des Bewerbers tatsächlich auf sachlichen (das bedeutet vor allem fachlichen) Gründen beruht.

Offenbarungspflicht über Krankheiten gilt nicht pauschal

Ein Kraftfahrer muss eine Alkoholerkrankung angeben – ein therapierter Sozialarbeiter nach Meinung der Experten nicht:

Frage Ein therapierter alkoholkranker Sozialarbeiter (seit drei Jahren trocken) betreut beruflich psychisch Kranke. Sein Arbeitgeber weiß nicht, dass er, der Sozialarbeiter, Alkoholiker ist. Muss dieser mit Kündigung rechnen, weil er seinem Arbeitgeber die Krankheit verschwiegen hat?

Antwort Entscheidend ist, ob im Vorstellungsgespräch nach der Alkoholkrankheit gefragt wurde. Fragen nach Erkrankungen sind jedoch nur beschränkt zulässig, denn sie bedeuten einen erheblichen Eingriff in die Persönlichkeitsrechte des Bewerbers.

Sie sind daher nur insoweit zulässig, als sie für den vorgesehenen Arbeitsplatz für die dort zu leistende Arbeit von Bedeutung sind. Hier könnte also der Arbeitgeber die zulässige Frage gestellt haben, ob eine Erkrankung bzw. Beeinträchtigung des Gesundheitszustandes vorliegt, durch die die Eignung für die vorgesehene Tätigkeit auf Dauer oder in periodisch wiederkehrenden Abständen eingeschränkt ist.

Sofern die Frage bei der Einstellung vor zwei Jahren wahrheitswidrig beantwortet wurde, seitdem aber keinerlei auf die Alkoholkrankheit zurückzuführende Beeinträchtigungen der Arbeitsleistungen bekannt geworden sind, kann man die Auffassung vertreten, dass der Arbeitgeberseite kein außerordentlicher Kündigungsgrund zusteht (siehe auch Seite 44).

Neben der Verpflichtung des Arbeitnehmers, auf zulässig gestellte Fragen des Arbeitgebers wahrheitsgemäß zu antworten, besteht unter bestimmten Voraussetzungen sogar die Verpflichtung des Bewerbers, auch ungefragt auf für das Arbeitsverhältnis bedeutsame Umstände hinzuweisen. Schulbeispiel ist hier die schwangere Tänzerin, die für eine Saison eingestellt werden soll und genau weiß, dass sie das Engagement nicht realisieren kann.

Der Arbeitnehmer muss ohne eine entsprechende Frage des Arbeitgebers bei Einstellungsverhandlungen von sich aus allerdings nur auf solche Tatsachen hinweisen, deren Mitteilung der Arbeitgeber nach Treu und Glaube erwarten darf. Eine solche Offenbarungspflicht des Arbeitnehmers ist an die Voraussetzung gebunden, dass sie unter Umständen dem Arbeitnehmer die Erfüllung der arbeitsvertraglichen Leistungspflicht unmöglich machen oder sonst für den in Betracht kommenden Arbeitsplatz von ausschlaggebender Bedeutung sind. Die Offenbarungspflicht des Bewerbers ist also enger als das Fragegericht des Arbeitgebers.

Abschließend ist somit festzustellen, dass ein an einer Krankheit leidender Bewerber verpflichtet ist, den Arbeitgeber ungefragt zu informieren, wenn er erkennt, dass er aufgrund seiner Krankheit die vorgesehenen Arbeiten nicht erbringen kann oder seine Leistungsfähigkeit dadurch erheblich beeinträchtigt ist. Ob sich ein Blinder also als Stadt- oder Museumsführer anbieten kann, ist damit relativ klar beantwortet. Er kann, wenn er es sich zutraut und sein Gegenüber es gar nicht bemerkt ... Für einen alkoholabhängigen Kraftfahrer ist diese Offenbarungspflicht bejaht worden. Wenn er aber seit geraumer Zeit „trocken" ist, vielleicht sogar auch noch erfolgreich eine Therapie nachweisen kann, dann ... sieht alles anders aus! Soweit zum Thema und zur Klarheit!

Im Fall des Sozialarbeiters kann man die Auffassung vertreten, dass eine erfolgreich therapierte Alkoholkrankheit nicht zwingend eine Beeinträchtigung der vom Arbeitnehmer geschuldeten arbeitsvertraglichen Verpflichtungen darstellt. Dies gilt insbesondere nach über zwei Jahren der Beschäftigung ohne jegliche Beanstandungen, da für diesen Fall allein ein Gefährdungstatbestand nicht mehr zu Lasten des Arbeitnehmers festzustellen ist. Ergo: keine Gefahr bzw. Erfolgsaussicht einer arbeitgeberseitigen Kündigung, sollte bei weiterhin einwandfreier Arbeitsleistung bekannt werden, dass es sich beim Arbeitnehmer um einen erfolgreich therapierten Alkoholkranken handelt.

Zusammenfassend kann man bei aller (Rechts-)Unsicherheit getrost festhalten:

Am Arbeitsmarkt sind die Erwartungen an Bewerber nach wie vor enorm hoch. Andererseits sind Grundkenntnisse über das *Wie* beim Bewerben eher nicht gut entwickelt. Für Bewerber mit einer Behinderung ist es noch einmal schwieriger, die Verunsicherung noch stärker. Und die Informationen und Aussagen auch juristischer Experten widersprechen sich zum Teil.

Fazit Über eine Behinderung muss man *nicht* von sich aus informieren. Fragen diesbezüglich sind von Arbeitsplatzanbieterseite nicht wirklich zulässig. Hinzu kommt die unsichere Rechtslage. Wenn man als Betroffener darüber Auskunft gibt (frei- oder unfreiwillig), dann kommt es entscheidend auf das *Wie* an. Überlegen Sie genau: Was der Empfänger von Ihnen zunächst wissen möchte, ist doch, was Sie für ihn und die Problembeseitigung tun können und nicht, was Sie nicht können bzw. nur stark eingeschränkt ...

Für den Fall einer konkreten Nachfrage sollte man also vorher sich gut überlegt und ausprobiert haben, wie man antworten will, was man sagt und erklärt. Und ... in der Regel ist weniger mehr!

Problematisierung

Wie stehen (sitzen) Sie da? Wie souverän sind Sie, welche Souveränität können Sie sich leisten. Sicherlich führt eine spätere „Entdeckung" oder Offenlegung zu einer gewissen Vertrauenskrise, und die muss von Ihnen gemanagt werden können. Was trauen Sie sich zu? Wie leistungsstark können Sie sein, mental, aber auch physisch?

Das Ergebnis aus Ihrer Sicht könnte so lauten:

Ich suche einen Job, jemand hat ein Problem und sucht jemanden, der ihm hilft, das Problem zu lösen. Zunächst muss ich überzeugen, dass ich der beste Problemlöser bin. Wenn mir geglaubt und die Chance eingeräumt wird, dies auch zu beweisen ... dann kann ich später evtl. auch noch über mein Handicap informieren.

Ergo: Die „Aufklärung" ganz zum Schluss, je später desto besser ... am besten evtl. sogar überhaupt nicht ... wenn ich es mir leisten und vertreten kann. Das muss jedoch gut überlegt werden!

Denn: Gleich zu Anfang im ersten Telefonat und Brief mitgeteilt, muss mich der Arbeitsplatzanbieter einladen, ansonsten riskiert er eine Klage von „mir", dem Behinderten, aufgrund des AGG ...

Wenn ich dann aber eingeladen werde, unter diesen Umständen doch eher pro forma ...

Also wieder keine Chancen!

Überlegung: Will ich den Job, weil ich behindert bin ... oder weil ich daran glaube, wirklich etwas leisten zu können? ... Damit ist klar: Zuerst kommt mein Leistungsangebot ...

Übung

Überlegen Sie sich Gelegenheiten und Momente, wo Sie, an welcher Stelle Sie über Ihr Handicap informieren können: Vorab ... im Anschreiben, Lebenslauf, auf einer Extraseite, im Vorstellungsgespräch. In einem Telefonat oder erst nach der Entscheidung, in der Probezeit, danach ... Schreiben Sie auf, wo und wie Sie sich vorstellen können, über Ihr Handicap sinnvoll zu informieren, und blättern Sie erst dann um.

Also von

    A. Am Anfang, noch bevor man schreibt, vorab telefonisch:
       „Ich bin, muss ich Ihnen leider aber noch mitteilen ...."
    bis
    Z. nach erfolgreicher Beendigung der Probezeit:
       „Auch übrigens, was ich Ihnen noch sagen wollte ..."

Wann und wo schreibe bzw. sage ich also, dass ich ein Handicap habe?

Antworten

1. vorab, bevor man schreibt, z.B. durch Telefonat/direkten Besuch
2. im Anschreiben: Start – Mitte – Ende
3. beim Lebenslauf/beruflichen Werdegang: dito
4. auf einer Sonderseite
5. in den Anlagen (mehr oder weniger versteckt)
6. vor der Einladung, wenn diese erfolgt
7. im Vorstellungsgespräch: gleich nach Gesprächseröffnung – währenddessen – am Ende
8. nach dem Vorstellungsgespräch
9. nach Zusage zum 2. Gespräch, dann wieder wie bei Punkt 6 – 8
10. wie unter Punkt 7 im 2. Vorstellungsgespräch nach Gesprächseröffnung gleich, dabei, am Ende
11. wie unter Punkt 8, nur eben nach 2. Vorstellungsgespräch
12. nach Zusage
13. vor wirklichem Start
14. am Anfang
15. dabei
16. am Ende der Probezeit
17. erst nach bestandener Probezeit

18. erst nach etwa einem Jahr
19. wenn man besonders gelobt wird oder eine Gehaltserhöhung bekommt
20. nie

Sie sehen: Es gibt eine Menge Gelegenheiten, sein Handicap offen-zulegen, sofern Sie nicht von vornherein beschließen, es niemals zu erwähnen. Welcher Zeitpunkt für Sie am besten ist, müssen Sie ent-scheiden. Es hängt sicher ab von der Art ihres Handicaps, aber auch Ihrer persönlichen Einstellung und dem, was Sie sich zutrauen: Wie viel Risiko möchten Sie eingehen im Falle des Verschweigens bzw. des Offenlegens? Diese Frage können nur Sie beantworten. Wir werden Ihnen aber im Kapitel zu Fragen im Vorstellungsgespräch (siehe Seite 161 ff.) weitere Hilfestellung geben.

Schritt für Schritt zur Bewerbung als „Problemlöser"

Gäbe es keine Probleme bei der einstellenden Firma, warum soll-te man Sie mit Aufgaben betrauen (einstellen)? Wichtig ist es nun, sich genau zu überlegen, wie Sie Ihre Fähigkeiten im Lösen von Problemen Ihrem möglichen „Kunden und Auftraggeber" vermit-teln. Und da spielt es eine untergeordnete Rolle, ob Sie trotz Ih-res Handicaps dennoch handwerklich geschickt arbeiten können oder ob Sie trotz Rückenschmerzen komplexe Probleme schrift-lich gut auf den Punkt bringen und anderen dadurch schnell er-klären und verdeutlichen können, worauf es wirklich ankommt. Das ist jetzt unsere Herausforderung, und urteilen Sie selbst, wie uns das gelungen ist:

Wir empfehlen Ihnen das folgende Vorgehen: Zunächst gilt es, ein *Kommunikationsziel zu definieren* – dann *Botschaften zu formulie-ren* – um daraus *Argumente zusammenzustellen*:

1. Schritt: Was wollen Sie Ihrem Gegenüber, z. B. dem Personalentscheider vermitteln? Was ist Ihr Anliegen, Ihr Ziel? Dies ist der wichtigste und leider auch schwierigste Baustein.

2. Schritt: Wie formulieren Sie, abgeleitet aus Ihrem Kommunikationsziel, schnell begreifbare, überzeugende Botschaften? Hier kommt es auf Ihre Fähigkeit an, etwas klar und verständlich auszudrücken.

3. Schritt: Wie untermauern Sie diese sorgfältig ausgewählten Botschaften, um deren Glaubwürdigkeit und Überzeugungskraft ebenso zu stärken, wie deren Erinnerungsgehalt?

Zu Schritt 1, Ihrem Kommunikationsziel

Viele Bewerber geben an, sie seien der Beste für bestimmte Aufgaben, sie hätten die meiste Erfahrung, den erfolgreichsten beruflichen Werdegang oder Ähnliches. Ein Kommunikationsziel mit schwacher Argumentationskette und kein Grund, sich für diese Bewerber zu entscheiden!

Doch wie können Sie es besser machen?

Entwickeln Sie ein besonderes, auf Sie persönlich abgestimmtes Kommunikationsziel. Dafür müssen Sie sich genau überlegen,

> was für ein Mensch Sie sind (*Persönlichkeit*),

> was für besondere Fähigkeiten Sie haben (*Kompetenz*) und

> was Sie damit anfangen wollen (*Leistungsmotivation*).

Ziemlich ungeschickt wäre es, hier auf die Idee zu kommen, über Ihre Behinderung, über Einschränkungen zu informieren. Das ist mit Sicherheit der falsche Platz!

Ein anschauliches Beispiel zur Verdeutlichung: Mein Kommunikationsziel ist es ...

... den Lesern meiner Bewerbungsunterlagen zu vermitteln, dass ich ein Mensch bin, der über außergewöhnliche kommunikative Begabungen verfügt. Darunter ist zu verstehen: Ich bin sehr gut in der Kontaktaufnahme zu anderen, kann mich schnell und gewandt ausdrücken und mit jedem Menschen leicht ins Gespräch

kommen. *Andere vertrauen mir auffällig schnell. Ich wirke auf vie-*
le Personen ermutigend und bin ein sehr guter und aufmerksamer
Zuhörer. Trotz meiner Freude an Unterhaltungen und auch an ge-
zielten Gesprächen bin ich jemand, der sehr diskret sein kann und
bei dem ein Geheimnis sicher aufgehoben ist.

Zu Schritt 2, Ihren Botschaften

Formulieren Sie aus Ihrem Kommunikationsziel abgeleitete, leicht
verständliche Botschaften.

Bleiben wir beim obigen Beispiel: Meine drei wichtigsten Botschaften lauten ...

1. *Ich bin ein kommunikativ begabter Mensch, der mit anderen*
   mühelos ins Gespräch kommt.

2. *Ich gewinne schnell das Vertrauen anderer Menschen.*

3. *Ich bin ein guter und aufmerksamer Zuhörer*

Zu Schritt 3, Ihrer Argumentation

„Die Botschaft hör ich wohl, allein mir fehlt der Glaube" – so ein
bekanntes Goethe-Zitat. Wichtig ist es in diesem Schritt, die Argumente zu finden, die Ihre Botschaften glaubwürdig untermauern.

Welche Situationen, welche Begebenheiten in Ihrem (Berufs-)
Leben verdeutlichen, was Ihre Botschaften transportieren sollen?
Wie können Ihre Argumente die Glaubwürdigkeit Ihrer Botschaf-
ten untermauern?

Als Beispiel für die Botschaft Nr. 1: Meine Argumente, warum
ich ein kommunikativ begabter Mensch bin, lauten ...

1. *Ich kenne von vielen Kollegen und Geschäftspartnern Dinge, die*
   über das rein berufliche weit hinausgehen.

2. *Obwohl ich in einer Großstadt wohne, kennen mich alle Verkäu-*
   fer in der Umgebung und ich darf auch mal „anschreiben", wenn
   ich mein Geld vergessen habe.

3. *Ich werde auf Veranstaltungen oft gebeten, mich um Gäste zu*
   kümmern, die alleine kommen, damit diese sich nicht isoliert
   fühlen.

Kommunikationsziel, Botschaften und Argumentation ergeben in einem idealen Dreiklang die Grundlage, auf der sich ein Arbeitsplatzanbieter für Sie als Kandidaten entscheiden kann. Stellen Sie in Ihren Unterlagen zusätzlich heraus, was Sie Besonderes gerade für dieses Unternehmen und in dieser Position leisten werden. So können Sie Aufmerksamkeit erzeugen, Interesse wecken und beim Leser den Wunsch auslösen, Sie zum Vorstellungsgespräch einzuladen. Bedenken Sie ferner: Neben den inhaltlichen Aspekten ist auch die formalästhetische Gestaltung Ihrer Unterlagen entscheidend; Ihre Unterlagen wirken immer in ihrer Gesamtheit!

www.

Wir werden uns dieser Herausforderung noch einmal sehr intensiv und mit einigen Beispielen zuwenden. Zur weiteren mentalen Vorbereitung auf Ihr Vorstellungsgespräch finden Sie unter *www. berufsstrategie-plus.de* unter dem Titel „Selbstbewusstsein" weitere Hilfestellungen.

Kommunikation und Medien
Klassisch und digital
Mutig und selbstbewusst
Alle Beziehungen nutzen
Recherchieren und Kontaktieren

Job – Suchstrategien

Wie Sie besser recherchieren, informieren, argumentieren

Bevor Sie sich bewerben, gilt es, genau zu analysieren, in welchem Tätigkeitsfeld Sie aktiv werden wollen, in welcher Branche, für welche Position mit welchen Hauptaufgaben. Dabei hilft Ihnen die im vorherigen Kapitel beschriebene Selbstanalyse. Machen Sie sich klar, wie Ihr Wunschunternehmen aussieht, vielleicht sogar unter dem Aspekt Ihrer gesundheitlichen und/oder körperlichen Beeinträchtigungen: ein Mittelständler mit kurzen Entscheidungswegen und breit angelegtem Aufgabenfeld, ein internationaler Konzern, bei dem Sie mehr Aufstiegsmöglichkeiten haben? Sind Sie flexibel, was den Arbeitsort betrifft, oder kommt nur eine Firma an Ihrem Wohnort infrage? Wenn Sie Führungskraft werden wollen, gibt es dazu im Unternehmen die Möglichkeit? Wollen Sie in Ihrem bisherigen Aufgabengebiet tätig bleiben oder reizt Sie etwas Neues? Möchten Sie in einem kreativen, jungen Umfeld arbeiten oder bevorzugen Sie ein klassisch-strukturiertes? Streben Sie einen Branchenwechsel an oder möchten Sie zu einem Wettbewerbsunternehmen? Viele Fragen, die Sie zunächst klären sollten, bevor Sie mit dem eigentlichen Bewerbungsprozess starten.

Ob für Sie unter gesundheitlichen Aspekten eher ein Großunternehmen oder besser ein kleiner familiengeführter Betrieb infrage kommt, kann nicht pauschal entschieden werden. Es lohnt sich aber, darüber nachzudenken. Jede Firmenstruktur hat ihre Vor- und Nachteile, wichtig ist Ihre Auseinandersetzung damit und Ihre subjektive Abwägung.

Tipp! Analysieren Sie intensiv Stellenanzeigen, im Internet ebenso wie in den Printmedien. Hier wird oft präzise formuliert, um welche Art von Tätigkeit und Umfeld es sich handelt. Dabei können Sie in sich horchen und feststellen, was Sie anspricht und warum. Die Kriterien, die Sie für sich als wichtig erachten, schreiben Sie auf. So finden Sie nach und nach heraus, was Sie wollen, und welche Arbeitgeber für Sie und Ihre Bedürfnisse und Vorstellungen infrage kommen.

Haben Sie ermittelt, welche Aufgaben, welche Position Sie anstreben, gibt es verschiedene Wege, um mit geeigneten Arbeitgebern in Kontakt zu treten. Sie können ...

> Ihr Netzwerk, Freunde und Bekannte kontaktieren und kommunizieren, was Sie suchen,

> auf Stellenangebote in Zeitungen / Zeitschriften antworten,

> eigene Stellengesuche aufgeben,

> im Internet auf Stellenanzeigen z. B. bei Jobbörsen antworten,

> eigene Stellengesuche oder Profile bei Jobbörsen hinterlegen,

> sich initiativ bei Unternehmen Ihrer Wahl bewerben,

> Ihre Unterlagen bei Personalberatern platzieren.

Kontaktstark: Beziehungen nutzen

Kontakte sind das Vitamin B (B=Beziehungen) in der Arbeitswelt. Mehr als 30 Prozent der deutschen Arbeitnehmer finden einen neuen Job durch die Vermittlung von Bekannten und Freunden. Sie verfügen nicht über die richtigen Beziehungen? Dann sorgen Sie dafür, dass diese entstehen – z. B. durch Freunde, Verwandte,

Nachbarn, Ex-Kollegen, Bekannte etc. Der sicherste Weg zum Vorstellungsgespräch führt über Bekannte, oder über Bekannte von Bekannten, die Ihren Wunsch-Arbeitgeber kennen.

Überlegen Sie, wen Sie gezielt ansprechen könnten. Stellen Sie eine Liste zusammen – am besten sofort! Bestimmt eine Person auf dieser Liste weiß, wo Leute mit Ihren Fähigkeiten eingestellt werden, oder kennt Firmen- oder Personalchefs, mit denen Sie sprechen könnten! Formulieren Sie möglichst genau, wobei Sie Hilfe benötigen, und beschäftigen Sie Ihre Freunde und Bekannten nicht mit ungenauen Fragen wie: „Thomas, ich bin arbeitslos. Wenn du irgendetwas hörst, sag mir bitte Bescheid." Damit kann niemand etwas anfangen. Finden Sie heraus, welcher Job Sie genau interessiert, und geben Sie gezielte Informationen, wie etwa „Ich bin arbeitslos und würde gern wieder in der Versicherungsbranche als Außendienstmitarbeiter anfangen, möglichst hier in München. Wenn du etwas hörst, sag doch bitte gleich Bescheid. Ich könnte sofort starten."

Wenn Sie andere um Hilfe bei der Jobsuche bitten, sollten Sie zum Schluss immer erklären: „Und wenn ich etwas für dich tun kann, sag mir bitte Bescheid." Überlegen Sie aktiv, wie Sie Ihrem Netzwerk nutzen, und womit/wodurch Sie sich revanchieren könnten – auch außerhalb der Arbeitswelt. Suchen Sie in regelmäßigen Abständen den Kontakt und melden Sie sich nicht nur, wenn Sie Hilfe brauchen. Informieren Sie Ihre Freunde möglichst regelmäßig über Fortschritte bei Ihren Bewerbungsaktivitäten.

Klassisch: Stellenangebote in Tageszeitungen

Früher, vor den Zeiten des Internets, war dies der Markt, wo Sie am ehesten etwas Adäquates finden konnten. Etwa 80 Prozent aller Angebote fanden sich hier. Heute müssen Sie davon ausgehen, dass nicht einmal 30 Prozent der Stellenangebote in den Printmedien bekannt gegeben werden. Überhaupt: Höchstens die Hälfte aller zu besetzenden Arbeitsplätze wird allgemein ausgeschrieben (Internet, Printmedien, Institutionen). Und dennoch, schauen Sie auch in Ihre Zeitung oder Fachzeitschrift!

Sie finden Stellenangebote in fast allen deutschen Tageszeitungen. Während die überregionalen Medien, allen voran die *Frankfurter Allgemeine Zeitung* und die *Süddeutsche Zeitung*, sich besonders als Markt für Fach- und Führungskräfte etabliert haben, suchen kleine und mittelständische Unternehmen überwiegend in regionalen Zeitungen neue Mitarbeiter. Schauen Sie unbedingt auch in branchenspezifische Fachblätter. Gerade diese werden gerne zur Neugewinnung von Mitarbeitern genutzt.

Es existieren drei Varianten von Stellenanzeigen:

1. Anzeigen, die eine direkte Kontaktaufnahme mit dem potenziellen Arbeitgeber ermöglichen. Mehr dazu auf Seite 65.

2. Anzeigen, bei denen eine Personalberatungsfirma zwischengeschaltet ist, die im Auftrag des Arbeitgebers die Bewerberauswahl übernimmt.

3. Anzeigen, deren Auftraggeber inkognito bleibt und nur über Chiffrezuschrift an die Zeitung erreicht werden kann.

Inhaltlich gliedern sich Stellenanzeigen in ...

eine Firmenpräsentation	wer sucht?
das konkrete Stellenangebot	für welche Tätigkeit?
die Anforderungen	wen, mit welchen Qualifikationen / Fähigkeiten?
evtl. Hinweise auf Vergütung, Einstellungsdatum, Aufstiegschancen, Arbeitszeiten etc.	zu welchen Bedingungen?
die Art der gewünschten Kontaktaufnahme	vollständige Bewerbungsunterlagen, E-Mail-Bewerbung etc.

Entscheidend für Sie als Bewerberin oder Bewerber ist die Frage: Passe ich mit meinem Profil auf die ausgeschriebene Position und zu dem Unternehmen?

Grundsätzlich fordern die meisten Unternehmen neben den sogenannten Hard Skills auch Soft Skills. Zu den harten Fakten zählen z. B. Aus- und Weiterbildungsabschlüsse (Tischler, Buchhalterin, Diplom-Ingenieur, Betriebswirt, Mediziner etc.) und/oder eine entsprechende Berufserfahrung. Zu den weichen Kriterien gehören soziale Kompetenzen wie Kommunikationsfähigkeit oder Teamorientierung.

Zu den **Hard Skills** (harte Fakten) gehören z. B.:

> spezielles Fachwissen

> eine besondere Berufserfahrung

> Mitarbeiterführungsverantwortung

> Computerkenntnisse

> Fremdsprachen

> Auslandserfahrung

Zu den **Soft Skills** (weiche Fakten) gehören z. B.:

> soziale Kompetenz

> selbstständiges Arbeiten

> Kundenorientierung

> Team- und Projektarbeit

> Belastbarkeit, Kritikfähigkeit

> Lernfähigkeit

Die Anforderungen lassen sich dabei in Muss- und Soll-Kriterien unterteilen. Formuliert das Stellenangebot für die harten Fakten ausdrücklich „Voraussetzung ist …" oder „Erwartet wird …", sollte das Profil des Bewerbers nicht allzu weit vom Geforderten abweichen. „Haben Sie außerdem noch …" signalisiert deutlich: „Wir bevorzugen Bewerber, die dieses Kriterium erfüllen".

Faustregel: Ob Tageszeitung, Fachjournal oder Online-Jobbörse – ein Angebot kommt dann für Sie infrage, wenn Sie mindestens 60 Prozent der gestellten Anforderungen erfüllen.

So analysieren Sie Stellenanzeigen und -angebote richtig

Mit einer Stellenanzeige, egal ob in den Printmedien oder im Internet, wirbt ein Unternehmen um Aufmerksamkeit und um Mitarbeit. Manche Unternehmen bringen in ihrer Anzeige präzise zum Ausdruck, was sie suchen und anzubieten haben, andere texten nebulös oder unrealistisch. Lassen Sie sich also weder von den guten noch von den schlechten Anzeigen zu sehr in die eine oder andere Richtung (zu optimistisch, zu pessimistisch) beeinflussen. Jetzt sind Sie zunächst in der Position, zu beurteilen und auszuwählen.

Nach diesen Kriterien können Sie Ihren Analyse- und Auswahlprozess steuern:

> Wie wirkt die Anzeige auf Sie (Format, Gestaltung, Text)?
> Um was für ein Unternehmen handelt es sich (Kleinbetrieb, Mittelständler, Konzern, Öffentlicher Dienst)?
> Wie stellt sich das Unternehmen dar (modern, international, konservativ)?
> Was wird zu den Produkten oder Dienstleistungen ausgesagt?
> Ist eine Unternehmensphilosophie erkennbar?
> Können Sie mit der Aufgabenbeschreibung, dem zukünftigen Tätigkeitsfeld etwas anfangen?
> Sind die beruflichen und persönlichen Anforderungen an den Bewerber klar zu identifizieren?
> Wird nach Muss-, Soll- und Kann-Anforderungen unterschieden?
> Werden berufliche Spezialkenntnisse verlangt?
> Werden besondere Persönlichkeitsmerkmale angesprochen?
> Welche Anforderungen (fachlich wie persönlich) erfüllen Sie?
> Welche Anforderungen werden Sie in naher Zukunft erfüllen können?
> Welche Anforderungen erfüllen Sie nicht und warum nicht?
> Was wird dem zukünftigen Mitarbeiter geboten?
> Wie sind diese Kriterien geregelt: Erfahrung, Mindest- oder Höchstalter, Arbeitszeit, Mobilität, Entwicklungschancen?

> Und diese: Bewerbungsfrist, Bezahlung, Eintrittstermin, Einarbeitung?
> Können Sie sich eine Mitarbeit in diesem Unternehmen vorstellen?
> Können Sie sich eine Bewerbung für diese Stelle / Position vorstellen?
> Was könnten Sie dem Unternehmen in fachlicher als auch in persönlicher Hinsicht anbieten?
> Was wissen Sie bereits über das Unternehmen und wo können Sie weitere Information erhalten?
> Sind in der Anzeige Ansprechpartner, Adresse, Telefon, Homepage benannt?
> Verspüren Sie Lust und macht es Sinn, sich mit der Anzeige und weiteren Recherchen dazu zu beschäftigen? Warum ja, warum nein?

Lassen Sie sich als Anfänger und Einsteiger weder blenden noch zu schnell von Anzeigenformaten und ausführlichen Anforderungen entmutigen. Hier gilt das Gleiche wie für Sie als Bewerber: Ein schlechter Text bedeutet nicht automatisch eine schlechte Firma bzw. „doofe" Aufgabe und umgekehrt, ein guter Text ist keine Garantie, dass die Arbeitsrealität auch wirklich so toll ist.

Digital: Recherchieren und Kontaktieren im Internet

Immer mehr Unternehmen nutzen das Internet, um neue Mitarbeiter anzuwerben. Über 98 Prozent der 1 000 größten deutschen Unternehmen veröffentlichen ihre Stellenausschreibungen (auch) auf der eigenen Homepage. Über 70 Prozent der Unternehmen nutzen regelmäßig die kommerziellen Jobbörsen im Internet. Und wer den potenziellen Arbeitgeber bereits kennt, findet auf der firmeneigenen Homepage neben aktuellen Jobangeboten auch interessante Informationen zu neuen Projekten, zur Firmenphilosophie oder zu Mitarbeiterzahlen.

Für jede Werbeagentur ist klar: Je mehr diese über ihren Kunden und dessen Vorstellungen und Wünsche weiß, desto besser kann sie ihn zufriedenstellen. Der Kunde muss den Eindruck gewinnen, dass man für genau seine Bedürfnisse eine passende Lösung parat hat.

Stellen Sie sich vor, Sie selbst sind eine Werbeagentur: Sie wollen Ihren Kunden überzeugen, dass gerade Sie und nur Sie seine Bedürfnisse richtig erkannt haben und voll befriedigen können. Sie wissen, was er von Ihnen erwartet. Versuchen Sie, optimal ins Firmenprofil zu passen! Das bedeutet, so viel wie möglich über Ihren Kunden, Ihren künftigen Auftraggeber, herauszufinden.

www.

Informationen über den zukünftigen Arbeitgeber finden Sie, zusätzlich zu der ab der folgenden Seite beschriebenen Recherche im Internet, in speziellen Nachschlagewerken (z. B. Hoppenstedt: *www. hoppenstedt.de*), in der Fachliteratur und in Zeitschriften, und lassen Sie sich – evtl. unter dem Namen eines Freundes – Informationsmaterial zusenden, oder bitten Sie telefonisch um Auskünfte, bei größeren Unternehmen um Geschäftsberichte, Presseinformationen oder Organigramme (Darstellungen der Struktur einer Firma).

Auch alle Arten von Messen sind gute berufliche Informations- und Kontaktbörsen.

Nutzen Sie ferner die Hilfe von Experten, nehmen Sie Angebote von Personalberatungen oder Bewerbungsberatern wahr. Denken Sie auch an die Kammern von Industrie, Handel und Handwerk bis hin zu besonderen Interessenvertretungen.

Und: Hören Sie sich auch in Ihrem Bekanntenkreis um, vielleicht arbeitet jemand bei Ihrem Wunschunternehmen. Vielleicht kennt jemand jemanden, der in Ihrem Wunschberuf oder -unternehmen arbeitet. Dabei spielt es keine Rolle, ob Ihr Informant erfolgreich ist oder nicht, zufrieden oder schlecht auf das Unternehmen zu sprechen ist – in jedem Fall können Sie für sich Wissenswertes herausfiltern.

Fünf Situationen, in denen Sie das Internet für Ihre Bewerbung gezielt nutzen können

1. die Suche nach Informationen über Arbeitgeber
2. die Suche nach Stellenangeboten aus Zeitungen / Zeitschriften
3. die Suche nach Stellenangeboten auf den Seiten der Firmen
4. die Suche und eigene Platzierung auf virtuellen Arbeitsmärkten
5. und, zunehmend wichtiger: die elektronische Kontaktaufnahme (mehr dazu auf Seite 62)

1. Recherchieren von Arbeitgeber-Informationen

Egal ob Sie sich bei einem Unternehmen bewerben wollen oder bereits zum Vorstellungsgespräch eingeladen sind – das Internet bietet hervorragende Informationsmöglichkeiten. Falls Sie die Internet-Anschrift des Unternehmens nicht kennen, suchen Sie am besten mithilfe einer Suchmaschine (z. B. *www.google.de*, *www.yahoo.de*, *www.altavista.de*).

Checkliste: Die wichtigsten Recherchefragen

- ○ Wie groß, wie alt ist das Unternehmen?
- ○ Welche Standorte gibt es, was wird dort gemacht?
- ○ Sind Umsatzzahlen bekannt?
- ○ Wie viele Mitarbeiter gibt es?
- ○ Wird eine Firmenphilosophie dargestellt?
- ○ Wie werden Kunden angesprochen?
- ○ Ist die Homepage technisch auf dem neuesten Stand und ansprechend gestaltet?
- ○ Werden aktuelle Informationen angeboten oder sind diese veraltet?
- ○ Welche Mitbewerber / Konkurrenten gibt es auf dem Markt und wie steht es da?

○ Welchen Ruf genießt das Unternehmen, seine Produkte / Dienstleistungen / ggf. die Aktien?

○ Was wurde bisher über das Unternehmen berichtet? (Hier nicht nur auf der unternehmenseigenen Seite recherchieren, sondern auch auf Berichte (ehemaliger) Mitarbeiter achten, z. B. *www.kununu.com!*)

○ Was gibt es an aktuellen Ereignissen, Entwicklungen, die für diese Unternehmen relevant sind?

2. Stellenangebote in den Jobbörsen der Zeitungen

Die meisten Zeitungen stellen ihre Stellenanzeigen auch online zur Verfügung, wenn auch mit etwas Zeitverzögerung. Achten Sie also darauf, dass diese aktuell sind! Hier einige Beispiele:

Süddeutsche Zeitung	http://stellenmarkt.sueddeutsche.de
Frankfurter Allgemeine Zeitung	http://fazjob.net
Die Zeit	http://jobs.zeit.de
Der Tagesspiegel	http://anzeigen.tagesspiegel.de/ stellenindex.php
Handelsblatt	http://www.handelsblatt.com/
Financial Times Deutschland	http://www.ftd.de/karriere-management
Frankfurter Rundschau	http://www.fr-online.de/karriere
Hannoversche Allgemeine Zeitung	http://job.haz.de/
Leipziger Volkszeitung	http://anzeigen.lvz-online.de/ stellenmarkt.html

3. Stellenangebote bei Firmen

Viele Firmen haben eigene Job-Seiten auf ihren Homepages. Viele sind aktuell und seriös platziert, einige jedoch gibt es nur aus Imagegründen nach dem Motto: „Uns geht es wirtschaftlich so gut, dass wir jederzeit neue Leute einstellen können."

Immer häufiger finden Sie dort Bewerbungsformulare, die Sie direkt per Computer ausfüllen können. Die erste Vorauswahl trifft dann ein Computer. Wenn Sie postwendend die Mitteilung erhalten, dass man Sie nicht einladen und näher kennenlernen möchte, Sie aber sicher sind, für die Position geeignet zu sein, sollten Sie den persönlichen telefonischen Kontakt versuchen oder eine schriftliche Kurzbewerbung per Post verschicken (siehe Seite 112). Kontaktadresse/Telefonnummer des Ansprechpartners finden Sie oft auf der entsprechenden Homepage oder Sie können diese durch einen Telefonanruf ermitteln.

Die laut entsprechender Homepage 100 innovativsten Unternehmen im Mittelstand in Deutschland finden Sie unter *www.top100.de*.

4. Arbeitsmärkte im Internet

Inzwischen gibt es weit über 500 Adressen, unter denen Unternehmen und Institutionen Stellen anbieten. Meistens geben Sie hier die Branche ein, in der Sie arbeiten wollen, und den Ort. So können Sie die Angebote herausfiltern, die für Sie infrage kommen. Viele dieser Anbieter haben sich auf einen bestimmten Bereich spezialisiert.

Manche der Jobbörsen bieten den Bewerbern (evtl. gegen eine Gebühr) an, ihre *„Lebensläufe"* abzubilden, sodass auch Arbeitsplatzanbieter die Profile der einzelnen Bewerber einsehen können.

Die wichtigsten Arbeitsmarkt-Adressen

 www.

www.arbeitsagentur.de
www.cesar.de
www.jobware.de
www.stellenmarkt.de
www.jobs.zeit.de
www.jobrobot.de

www.stellenanzeigen.de
www.jobpilot.de
www.job-office.de
www.monster.de
www.jobscout24.de
www.stepstone.de

Zeitarbeitsfirmen

www.manpower.de

www.randstad.de

Metasuchmaschinen

www.cesar.de
www.evita.de
www.jobkicks.de
www.kimeta.de

www.careerjet.de
www.jobdirectory.de
www.jobs.de
www.opportuno.de

Europäische Stellenmärkte

www.cadresonline.com (Frankreich)
www.jobmonitor.com (Österreich)

www.jobserve.com (UK)
www.job-consult.com
(Europa)

5. Elektronische Kontaktaufnahme

Per E-Mail können Sie sehr schnell Kontakt mit einem zuständigen Fach- oder Personalabteilungsmitarbeiter eines Ihrer Wunsch-Arbeitgeber aufnehmen oder direkt Ihre Online-Bewerbung versenden.

Für diese Kontaktaufnahme gibt es keinen allgemein verbindlichen Standard. Recherchieren Sie daher auf der jeweiligen Homepage, was das Unternehmen wünscht. Vor allem bei Großunternehmen gibt es Bewerbungsformulare zum direkten Ausfüllen für Bewerber, andere Firmen bevorzugen eine E-Mail-Bewerbung mit Anhang (Word- oder PDF-Datei). Lesen Sie zu dieser Form der Bewerbung mehr auf Seite 127 ff.

Aktiv: Die Initiativbewerbung

Blind-, Direkt-, kalte oder aktive Bewerbung – gemeint ist immer das Gleiche: Sie nehmen von sich aus unaufgefordert Kontakt zu einem potenziellen Arbeitgeber auf. Gut formuliert und ansprechend präsentiert haben Initiativbewerbungen eine gute Chance. Etwa 20 Prozent aller Bewerber erhalten auf diesem Weg einen Job. Vorteil: Sie sind nicht einer von vielen Bewerbern, die Konkurrenz ist deutlich geringer.

Weiterer Nutzen: Wenn Sie in der Bewerbungsphase aktiv eigene Ideen verwirklichen, die über das bloße Reagieren hinausgehen, stärkt das Ihr Selbstbewusstsein. Innere Zufriedenheit und Selbstvertrauen sind wesentliche Faktoren, sich wohlzufühlen und überzeugend zu wirken.

Die Herausforderung dabei ist, dass Sie auf einen Blick beantworten sollten, warum Sie gerade in diesem Unternehmen, in dieser Position arbeiten wollen und was Sie Besonderes zu bieten haben.

Selbstbewusst: Stellengesuche aufgeben

Das eigene Stellengesuch ist eine sehr gute, wenn auch meist mit Kosten verbundene Möglichkeit, aktive Werbung in eigener Sache zu betreiben. Wählen Sie sorgfältig die richtige Plattform für Ihre Annonce. Die wichtigsten **Printmedien** für Fach- und Führungskräfte sind nach wie vor die überregionalen deutschen Tageszeitungen. Aber auch Fachzeitschriften Ihrer Branche können Ihnen Zugang zu einem interessierten Arbeitgeber-Publikum verhelfen. Und insbesondere das **Internet**, die klassischen Jobbörsen oder Business-Kontaktbörsen wie beispielsweise *Xing* sind hervorragende Markplätze für Ihr Angebot.

Ein gutes Stellengesuch zeichnet sich durch einen dichten Informationsgehalt auf engem Raum aus: Nur das Wesentliche, und dennoch werden die drei W-Fragen „Was habe ich zu bieten?" (berufliche Schwerpunkte, fachliche und soziale Kompetenzen, Qua-

lifikationen und ggf. Sprach- und PC-Kenntnisse), „Wer bin ich?"
(Alter, Geschlecht, Mobilität, Ausbildungsabschluss und Titel) und
„Was suche ich?" beantwortet.

Gefragt ist die Kunst der Reduktion. Die Leitfragen heißen:
„Welche Eigenschaften sind für die gesuchte Position besonders
wichtig?" und „Welche Eigenschaften besitze ich, die ich anderen Bewerbern voraushabe?" Je prägnanter und kürzer der Text
für die hervorstechenden Merkmale des Bewerbers wirbt, desto
besser, desto erfolgreicher.

Tipp! Zeitungsannoncen sind Ihnen zu teuer? Dann inserieren Sie (meistens) kostenfrei im Internet bei einer der großen kommerziellen
Jobbörsen. Erfolg verspricht dieses Stellengesuch besonders dann,
wenn Sie Arbeitgeber aus dem IT-Bereich oder anderen internetna-
hen Branchen suchen.

Mutig: Chancen durch Zeitarbeit

Hat ein Unternehmen personelle Engpässe oder braucht es kurzfristig kompetente Mitarbeiter, kann es sich mit der Personalbeschaffung an eine Zeitarbeitsfirma wenden. Nicht nur gewerbliche
Mitarbeiter (aber diese Gruppe sehr speziell für Großunternehmen), sondern auch zunehmend Angestellte der mittleren Ebene,
hochqualifizierte Spezialisten und erfahrene Führungskräfte werden über Zeitarbeitsunternehmen angefordert. Diese nehmen den
Kunden die zeit- und kostenaufwendige Personalbeschaffung und
Auswahl ab. Beispielsweise hätten Sie als Lagerist so gut wie keine
Chance, sich direkt bei einem großen Versandhaus in Hamburg zu
bewerben und dann ausgewählt zu werden. Hier überlässt man die
Vorauswahl, das Vorschlagsrecht, den beauftragten Personalver-
mittlern, ohne deren Zutun Sie keine Chance bekommen.

Dieser Personaleinsatz kann von vornherein befristet oder mit
der Option auf Übernahme in ein festes Arbeitsverhältnis verbunden sein. So können das Unternehmen und auch der „Leihmitar-
beiter" ohne Risiko testen, ob eine langfristige Zusammenarbeit
sinnvoll ist.

Flexibilität, Verfügbarkeit und Risiko-Management sind dabei die wichtigsten Stichworte.

Auch dieser Weg über Zeitarbeitsunternehmen kann Ihnen interessante Türen öffnen. Gleichwohl entscheiden Sie selbst, ob Sie sich diesen Stress antun wollen und gesundheitlich auch durchhalten können. Diese Vorgehensweise ist zwar durchaus Erfolg versprechend, aber in Ihrem Fall ist unbedingt zu prüfen, ob Sie sich mit einer wie auch immer gearteten Behinderung dieser harten Auswahl und den damit verbundenen Herausforderungen stellen sollten. Versuchen Sie es, sogar dann, wenn die Chancen eher schlecht stehen, und lernen Sie daraus für andere Bewerbungsvorhaben.

Kommunikativ: Besser telefonieren

Greifen Sie zum Telefon, stellen Sie Ihre Kommunikationsfähigkeit unter Beweis und sammeln Sie Sympathie-Punkte. Es gibt drei interessante Ausgangsituationen:

1. Informationen erfragen

In einer Zeitung lesen Sie eine Stellenanzeige, die Sie interessiert. Eine Telefonnummer ist angegeben, und auch ein konkreter Ansprechpartner. Sie rufen an, um mehr Informationen zu erfragen. Falls Sie keine Telefonnummer finden, recherchieren Sie danach!

2. Initiativbewerbung

Sie sind interessiert an einem Arbeitsplatz in einer bestimmten Firma. Bevor Sie Ihre Initiativbewerbung verschicken, wollen Sie vorab wissen, ob für Sie eine Chance besteht.

3. Nachfragen

Mehrere Wochen, nachdem Sie Ihre Bewerbung versendet haben, gab es keine Rückmeldung, weder eine Bestätigung, dass Ihre Unterlagen eingetroffen sind, noch eine Einladung zum Vorstellungsgespräch. Rufen Sie an, um freundlich (bitte keine Vorwürfe!) nach dem Stand der Dinge zu fragen.

Für alle drei Situationen gilt: Bereiten Sie sich auf das Gespräch vor, damit Sie in kurzen Sätzen sagen können, was Sie wollen. Dazu gehört, dass Sie sich einen ungestörten Platz suchen, von dem aus Sie telefonieren können (also nicht die Telefonzelle auf dem Hauptbahnhof oder per Handy aus dem Café), und einen gut gewählten Zeitpunkt (Freitagnachmittag oder die Mittagszeit ist ungünstig). Halten Sie den Namen des gewünschten Gesprächspartners bereit sowie Block und Bleistift, um sich Notizen zu machen. Auch wenn Sie selbst nicht anrufen, sondern zurückgerufen werden, sollten Sie sich immer Ihre Bewerbungsunterlagen in greifbarer Nähe haben.

Tipp! Lassen Sie durch das Telefon eine „emotionale Brücke", eine positiv gefärbte erste Beziehung entstehen. Sie können sicher sein: Man wird Ihre Bewerbungsunterlagen mit anderen Augen lesen. Teilen Sie dabei noch nichts über Ihren evtl. beeinträchtigten Gesundheitszustand mit und fragen Sie bitte nicht: *Beschäftigen Sie auch Behinderte?*

Wenn Sie Ihren Wunscharbeitsplatz schnell erobern wollen, müssen Sie lernen, Ihr Ziel auch am Telefon konsequent zu vertreten. Die meisten Bewerber verlassen sich ausschließlich auf ihre schriftlichen Bewerbungen. Dabei sind Briefaktionen ohne telefonische Unterstützung („Ich werde Sie nächste Woche anrufen ...") unproduktiv. In großen Unternehmen treffen regelmäßig Dutzende von Bewerbungsanschreiben ein – dementsprechend gering sind die Chancen, dass man ausgerechnet Sie zu einem Vorstellungsgespräch einladen wird. Aber wer weiß. Hier gilt: Wer nicht wagt, auch nicht gewinnt.

Worauf es wirklich ankommt
Auf Papier und digital
Dramaturgie Ihrer Bewerbungsunterlagen
Umgang mit Lücken und Problemen
Papier, Farbe, Design
Tricks und Kniffe

Bewerbungsunterlagen

Wie Ihre erste Arbeitsprobe überzeugt und für Sie beste Werbung macht

Sie haben über sich, Ihre Fähigkeiten und beruflichen Möglichkeiten nachgedacht, wissen, was Sie wollen und was Sie anzubieten haben. Sie haben sich umfassend über den potenziellen Arbeitsplatzanbieter informiert und sind sich im Klaren darüber, wie und was Sie von sich vermitteln wollen: genau die richtigen Voraussetzungen für die Erstellung überzeugender Bewerbungsunterlagen! Vergessen Sie nicht, dass diese Unterlagen bereits eine erste Arbeitsprobe Ihrer Leistungen sind. Sie geben damit eine berufliche Visitenkarte ab.

Ihre schriftliche Bewerbung soll Aufmerksamkeit wecken und beim Arbeitsplatzanbieter neugierig auf Sie machen, den Wunsch entstehen lassen, Sie kennenlernen zu wollen, Ihnen zu einer Einladung zum Vorstellungsgespräch verhelfen.

Ob Sie bereits hier etwas über Ihr Handicap schreiben wollen, entscheiden Sie! Ein längerer Krankenhausaufenthalt, eine sich anschließende Reha-Maßnahme ... Sie werden ein Gespür dafür entwickelt haben. Sie denken, Sie müssen eine Zeitspanne von acht Monaten, eineinhalb Jahren oder sogar einen längeren Zeitabschnitt erklären. **Muss es wirklich sein?** Ist die Zeit Ihrer Erkrankung unbedingt erklärungsnotwendig? Denn fällt sie sofort ins Auge, verlangt sie unmittelbar nach Rechtfertigung.

In der Tendenz plädieren wir für einen späteren Zeitpunkt der Offenlegung Ihres Handicaps, vielleicht sogar erst, wenn Sie im Vorstellungsgespräch sind. Schauen Sie sich hierfür bitte noch einmal die Möglichkeiten an, die wir für Sie auf Seite 46 zusammengestellt haben.

Worum geht es auf Arbeitgeber-Seite? Hier möchte man wissen, ob Sie die Voraussetzungen erfüllen, die für die ausgeschriebene Stelle nötig sind. Die gewünschten Kriterien für die Position sollten dabei soweit wie möglich mit Ihrem Kompetenzprofil übereinstimmen. Dabei gilt: Es kommt vor allem auf die gelungene Darstellung und Ihre Überzeugungsarbeit an.

Selbst erfolgreiche (und scheinbar ganz gesunde!) Berufsvertreter mit bestechendem Bildungs- und Erfahrungshintergrund scheitern oft kläglich, wenn sie sich in schriftlicher Form angemessen präsentieren sollen. Etwa 80 von 100 Bewerbungen werden allein aufgrund der mangelhaften formalen Präsentation aussortiert.

Eine schriftliche Bewerbung besteht aus mehreren Dokumenten, die als „übliche", „vollständige" oder „aussagefähige" Unterlagen bezeichnet werden:

Das wird unter den _üblichen, vollständigen, aussagefähigen_ Unterlagen verstanden:

> Bewerbungsanschreiben (besser nur eine Seite, nur in seltenen Fällen mehr)

> Lebenslauf (von 1 bis zu 4 Seiten plus Deckblatt, Anlagenverzeichnis etc.)

> Foto (schwarz-weiß oder Farbe, vor allem aber sympathisch und professionell erstellt!)

> Zeugniskopien (Arbeitszeugnisse, Weiterbildungs- und Ausbildungszeugnisse)

Möglich sind auch folgende Anlagen: Zertifikate oder Auflistungen über besondere Schulungen, eine Handschriftenprobe, Referenzen, Empfehlungsschreiben, bisweilen sogar ein polizeiliches Führungszeugnis.

Zur Abfolge der Unterlagen

Zunächst entscheiden Sie, wie Ihre Bewerbungsunterlagen aussehen, welche Seiten in welcher Abfolge zusammengestellt und präsentiert werden sollen.

Was soll wie auf welchen Seiten stehen? Wir zeigen Ihnen verschiedene Varianten in Form von Skizzen. Betrachten Sie diese Vorschläge als Anregung. Sie entscheiden selbst, was Sie für sich in Anspruch nehmen wollen und was nicht.

Je differenzierter Sie jede einzelne Seite planen, desto leichter fällt Ihnen die Umsetzung. Ein vorher entwickeltes Konzept hilft, Zeit zu sparen. Wie umfangreich Ihre Unterlagen werden, bestimmen Sie. Ob dünn oder stattlich – die Anzahl Ihrer beigefügten Seiten hängt vor allem vom Alter und der entsprechenden Berufserfahrung ab.

Versetzen Sie sich in die Personalentscheider: Diese haben wenig Zeit und möchten sich nicht durch dicke Bewerbungsmappen quälen. Daher: Weniger ist oft mehr, nicht alles, was Sie zu bieten haben, gehört in die Unterlagen!

Kommentar

So kennen Sie es: das Anschreiben auf einer Seite (liegt immer lose auf Ihrer Bewerbungsmappe), gefolgt von ein oder zwei Seiten Lebenslauf. Danach im Anschluss: die Anlagen, vor allem Zeugnisse etc. (die wir in unseren Beispielen im Buch aus Platzgründen immer weggelassen haben). Aber auch jede andere Abfolge ist leicht vorstellbar, und diese Form der Skizzierung hilft, sich darüber klar zu werden, was besser für Ihre Selbstdarstellung sein könnte.

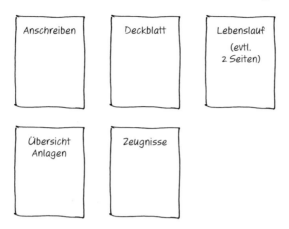

Kommentar

Eine andere Variante: Nach dem Anschreiben folgt ein Deckblatt, dann der ein- oder zweiseitige Lebenslauf und eine Anlagenübersicht. Dahinter die üblichen Zeugniskopien. Es fällt Ihnen leichter, sich für oder gegen die eine oder andere Seitenabfolge zu entscheiden, wenn Sie konkrete Gestaltungsmöglichkeiten sehen und vergleichen können. Betrachten Sie auch den nächsten Vorschlag nur als Anregung.

Kommentar

Hier haben wir nach dem Anschreiben das Deckblatt, ein bis zwei Lebenslaufseiten, die Dritte Seite, eine Anlagenübersicht und die üblichen Zeugnisse. Wie umfangreich Ihre Bewerbungsunterlagen werden, bestimmen Sie. Ob relativ dünn mit nur zwei bis drei Seiten (plus Anlagen) oder ausführlich mit sechs bis sieben Seiten (vom Anschreiben über das Deckblatt und die ausführliche Selbstdarstellung bis hin zum Anlagenverzeichnis mit weiteren zehn Dokumenten) – alles ist erlaubt, wenn es sinnvoll ist. Dies zu entscheiden ist zunächst Ihre Aufgabe. Schauen Sie, was Sie anzubieten haben, und machen Sie sich selbst Skizzen. Oder betrachten Sie die in diesem Buch gezeigten Beispielbewerbungen noch einmal und achten Sie dabei speziell auf den Aufbau. Die Entscheidung fällt so leichter.

Besonders die Einleitungsseite(n), die nach dem Anschreiben folgen, sind sehr unterschiedlich zu gestalten: als Deckblatt oder Inhaltsübersicht, Einleitungsseite mit ersten Botschaften, z. B. über Ihre Motivation, Erfahrungshintergrund etc. Vorstellbar ist aber auch eine Kombination von Deckblatt mit einer weiteren Seite (z. B. Resümee-Seite). Sie bestimmen selbst, wie und was Sie Ihrem Empfänger anbieten wollen. Auf den dann folgenden Seiten tragen Sie Ihren Lebenslauf (besser: beruflichen Werdegang) je nach persönlichem Geschmack ausführlicher oder knapper vor, um dann zu den Anlagen überzuleiten. Bei den Anlagen beginnen Sie mit den aktuellsten Unterlagen (also z. B. mit dem neuesten Arbeitszeugnis) zuerst.

Tipp!

Die Präsentation Ihrer Unterlagen

Entscheiden Sie, welche Abfolge, welche Dramaturgie von verschiedenen Bewerbungsunterlagen-"Abteilungen" die richtige für Ihre Selbstdarstellung ist. Start und Abschluss kommen sicher eine größere Bedeutung zu. Dabei zählen wir das Anschreiben nicht mit dazu, sondern sehen es allein für sich stehend. Es wird in seiner Bedeutung eher überschätzt. Mehr dazu später …

Wir stellen Ihnen die **zwei wichtigsten Wege (postalisch / elektronisch)** und die **vier entscheidenden Formen** der schriftlichen Bewerbung vor. Jede bietet konservative bzw. außergewöhnliche Gestaltungsmöglichkeiten.

Diese inhaltlichen und formalen Möglichkeiten haben Sie sowohl bei der postalischen als auch bei der elektronischen Bewerbung:

1. in Form und Inhalt (Aussage) klassisch und konservativ
2. in der Form eher konservativ, inhaltlich unkonventionell
3. in der Form eher unkonventionell, dafür inhaltlich eher konservativ
4. Form und Inhalt (Aussage) unkonventionell

Um Bewerbungsunterlagen zu erstellen, die sich deutlich positiv vom Durchschnitt abheben, stehen Ihnen eine Reihe ästhetischer Tricks und Kniffe (siehe Seite 74 ff.) zur Verfügung.

Werbung in eigener Sache – die AIDA-Formel

Die beste Werbung in eigener Sache ist erfolglos, wenn nicht sowohl formale als auch inhaltliche Normen berücksichtigt werden.

Ihr Anschreiben und Ihr Lebenslauf zeigen dem Arbeitsplatzanbieter schwarz auf weiß, wie Sie später arbeiten: ob sorgfältig oder schludrig, organisiert oder chaotisch, verschnörkelt oder klar strukturiert. Ihre Chancen, eine Einladung zu bekommen und dadurch den Arbeitsplatz zu erobern, steigen in dem Maße, wie Sie schriftlich brillieren und beweisen, dass Sie etwas klar formulieren und überzeugend darstellen können.

Denken Sie daran: Es geht um den ersten guten Eindruck, den Sie hinterlassen wollen. In der Werbepsychologie gibt es eine Grundformel, die beschreibt, wie Wirkung erzielt werden kann, und die Sie sich für alle Ihre Bewerbungsschritte zu eigen machen sollten: die AIDA-Formel.

AIDA steht in diesem Zusammenhang für

A = attention (Aufmerksamkeit für Ihre Bewerbung erzeugen)

I = interest (Interesse an Ihrer Person wecken)

D = desire (Wunsch entstehen lassen, Sie zum Vorstellungsgespräch einzuladen)

A = action (die Handlungsaktivität „Einladung" provozieren)

Die meisten Personalentscheider lesen Bewerbungsunterlagen zunächst nicht, sondern überfliegen jedes Blatt und bleiben vielleicht an ein oder zwei interessanten Punkten hängen.

Insbesondere „Lebensläufe" werden nicht gerne vollständig gelesen, weil sie (in der Regel) langweilig sind. Daher beträgt die durch-
schnittliche Konzentrationsspanne gerade einmal 20 Sekunden.
Das ist sehr wenig Zeit, wenn man bedenkt, dass sich manche Lebensläufe über zwei oder mehr Seiten erstrecken. Der Blick geht
meistens auf die aktuelle Situation, aus der heraus sich ein Kandidat bewirbt. Steht da „arbeitslos", macht das nicht den besten
Eindruck! Vermeiden Sie dies unbedingt und geben Sie stattdessen (persönliche) Weiterbildungsmaßnahmen an etc. Können Sie
dagegen „angeben", sich aus einer beruflichen Position heraus zu
bewerben, wird geschaut, ob Ihre Tätigkeit auch zum neuen potenziellen Arbeitgeber passt.

Stellen Sie also wichtige Argumente, die Sie vorzubringen haben, in kurzer, komprimierter Form dar. Im Idealfall soll mit jeder
Seite mehr und mehr Interesse an Ihnen geweckt werden. Das ist
es, was zählt, und dafür reichen 20 Sekunden.

Im Vorteil sind natürlich meist die Bewerber, die aus der gleichen Branche kommen und idealerweise bereits eine sehr ähn-
liche Tätigkeit ausüben. Ein Hotelportier wird leichter eine neue
Stelle an der Rezeption eines Hotels bekommen als jemand, der
damit noch gar nichts zu tun hatte.

Falls Sie keinen aktuellen Arbeitsplatz haben, überlegen Sie, wie
Sie es „drehen können", vielleicht doch einen Eindruck entstehen

zu lassen, Sie seien der geeignetste Kandidat. Dabei ist zu beachten, dass, je länger Sie nicht in einer Beschäftigung stehen, die Anfangshürden zunehmen. Unter *www.berufsstrategie-plus.de* haben wir ein paar Bewerbungsbeispiele zum Download, die Ihnen aufzeigen, wie man so etwas geschickt darstellen kann.

Ästhetik

Nutzen Sie die Möglichkeiten, sich durch eine besondere Gestaltung von der Masse der konventionellen Bewerbungen abzuheben! Sie sollten aber auch wissen, welche Regeln es bei der Anfertigung Ihrer Unterlagen zu beachten gilt.

Zu den wichtigsten Gestaltungsregeln

1. Die Maße

Das Fensterfeld (bei Verwendung von Fensterumschlägen) beginnt auf einem DIN-A4-Blatt bei 4 cm (von oben gerechnet) und geht bis 9 oder 9,5 cm.

Ihr Briefkopf sollte sich an diesen Maßen orientieren, egal ob nun auf Mitte, rechts- oder linksbündig gesetzt oder im oberen bzw. unteren Teil des Briefpapiers.

Bei 10,5 cm sitzt die Falzmarkierung zum Falten des Blattes. Oben und unten sollten mindestens 1 bis 1,5 cm Abstand zum Papierrand bleiben, links ca. 2 bis 2,5 und rechts mindestens 1 bis 1,5 cm.

2. Die Satzart des Textes

Drei verschiedene Textausrichtungen sind zu unterschieden:

> **Mittelachse bzw. zentriert**

Wählen Sie diese klassische, zentrierte Gestaltung, sollten auch Ihre Lebenslaufblätter zentriert sein und nicht plötzlich rechts- oder linksbündige Adressfelder oder Ähnliches aufweisen.

> **Rechtsbündig oder linksbündig**

Für beide Textausrichtungen gilt dasselbe: Bleiben Sie einer Satzart treu, es wirkt in sich logischer und ästhetisch harmonischer.

3. Die Schrift

Es werden drei grundsätzliche Schriftfamilien unterschieden:

a) die Antiquaschriften
erkennbar an den Serifen, d. h. den kleinen Haken an den Buchstaben (wie z. B. Times). Diese Schriften werden hauptsächlich im Buch- oder Zeitungsdruck verwendet. Sie sind klassisch, konservativ und gediegen und eignen sich für Briefbögen, die dieses Image transportieren sollen.

b) die Groteskschriften
erkennbar an klassisch geraden Linien (wie z. B. **Helevtica**, oder **Arial**). Diese Schriften werden in der Werbung und Illustrierten verwendet. Sie sind modern und neutral. Wenn Ihre Bewerbung so wirken sollte, entscheiden Sie sich für diese Schriftart. Vorteil dabei: Sie sind durch ihr klares Schriftbild von allen Schriften am besten lesbar.

c) die Schreibschriften
erkennbar an geschwungenen Linien, wie mit Feder oder Pinsel geschrieben (wie z. B. *Monotype,*). Sie sind eher künstlerisch und verspielt und eignen sich für Anschreiben, die ein solches Image transportieren sollen.

4. Schriftgrößen

Grundtexte, wie z. B. Anschreiben, Lebenslauf und sonstige, schreibt man meist in 11 bis 13 Punkt Größe.

Überschriften, z. B. innerhalb des Lebenslaufes, ca. 2 bis 3 Punkt größer als den Grundtext, also 13 bis evtl. 16 Punkt und fett.

Fensterzeilen (Absender) in 8 oder 7 Punkt, kleiner ist schwer lesbar.

Antiqua- und Schreibschriften sind oft bei gleicher Punktgröße kleiner als z. B. die Helvetica. Hier korrigieren Sie die Schriftgröße nach oben, bis sie Ihnen groß und lesbar genug erscheint.

5. Abstände

Jene zwischen Überschrift und Grundtext sollten möglichst immer dieselben sein. Auch Abstände zwischen gegliederten Textabschnitten im Lebenslauf, zu Linien oder zum Papierrand sollten gleich sein.

6. Der Aufbau

Ihre Unterlagen sollten möglichst ein und demselben Schema folgen. Wenn Sie Ihren Text beispielsweise von oben immer auf gleicher Höhe beginnen, ziehen Sie dies über die ganze Bewerbungsmappe durch, desgleichen, wenn Sie Ihre Textblöcke von einer bestimmten Höhe von unten her aufbauen und nach oben hin auslaufen lassen.

7. Übersichtlichkeit

Verwenden Sie nie mehr als zwei verschiedene Schriftarten innerhalb einer Gestaltung, weil dies die Übersichtlichkeit und Harmonie beeinträchtigt. Es ist besser, Sie variieren innerhalb einer Schriftfamilie. Dort gibt es (wie z. B. bei der Helvetica) neben der Grundschrift meist noch **eine fette**, *eine kursive* und eine schmal-laufende Variante usw. (siehe Punkt 3).

8. Ihr Briefkopf

Wenn Sie einen eigenen Briefkopf gestalten wollen, sollten Sie die Punktgröße für den Namen nicht überdimensioniert groß wählen. Vorschlag: 12 bis 14 Punkt einer normalen Helvetica sind angemessen. Gängige Größen für Adress- und Telefonnummernblock liegen zwischen 10 und 14 Punkt.

DIN 5008 – die wichtigsten Standards

Hinter dieser seit September 2006 bestehenden Norm verbirgt sich ein verabredeter Standard, wie bestimmte Briefbestandteile, z. B. Anschriftenfeld, Datum oder Telefonnummern aufzubauen sind. Die DIN 5008 passt sich dabei den internationalen Gepflogenheiten an und auch Sie sollten sich mit Ihrem Anschreiben daran halten.

Anschrift: Erst der Name, dann die Straße und Hausnummer und schließlich der Ort, beginnend mit der Postleitzahl. Die größte Neuerung ist der Wegfall der Leerzeile im Anschriftenfeld, denn bis vor Kurzem wurde hier zwischen den letzten beiden Zeilen eine Leerzeile gesetzt. Eine Musteranschrift gemäß DIN 5008 wäre also:

Frau
Petra Becker
Mainstraße 17
70765 Beilhausen

Datum: Hier können Sie zwischen der numerischen oder der alphanumerischen Schreibweise wählen. Bei der numerischen existiert die numerisch nationale (26.04.2005) und die numerisch internationale Variante (2005-04-26). Bei einstelligen Tages- oder Monatsziffern ist dabei immer eine Null voranzustellen. Bei der alphanumerischen Schreibweise schreiben Sie den Monat in Buchstaben (26. April 2005).

Telefonnummern: Diese werden in Ortsvorwahl und Anschluss gegliedert. Bei einem beruflichen Anschluss wird die Durchwahl durch einen Bindestrich von der Hauptwahl getrennt: 0511 1234-567. Bei einer internationalen Nummer wird die Landesvorwahl, z. B. +49, vorangestellt und die Null der Ortsvorwahl weggelassen, also: +49 511 1234-567. Bei Privatanschlüssen sieht es so aus: +49 511 1234567.

Prozentzeichen oder das kaufmännische „und" werden nicht direkt an die Zahl geschrieben, sondern haben ein Leerzeichen dazwischen, da diese Zeichen ein Wort vertreten, d. h. also 16 %, statt 16%, oder Mayer & Sohn, statt Mayer&Sohn.

Ihr Lebenslauf – so stellen Sie die Weichen

Ganz wichtig: Hier geht es nicht wirklich um den Verlauf Ihres bisherigen Lebens. Wo Sie geboren wurden, Ihre Eltern und ggf. Geschwister, Kindergarten und Grund- sowie Oberschule, erste berufliche Ausbildung, frühe berufliche Erfahrungen, Wohnortwechsel, evtl. Heirat und Familiengründung etc. sind nicht wirklich das, was interessiert. Wir werden deshalb *Lebenslauf* ab jetzt immer kursiv schreiben. Ihre Aufgabe ist es vielmehr, Ihren **beruflichen Werde-**

gang zu dokumentieren, damit der Leser sich ein Bild von Ihnen, dem potenziellen Mitarbeiter machen kann. Mit anderen Worten: ob Sie für den angebotenen Arbeitsplatz in Hinblick auf Ihre zu vermutende, klar dokumentierte Kompetenz, Leistungsmotivation und Gesamtpersönlichkeit infrage kommen.

Eine komprimierte Beschreibung der aktuellen (oder letzten) Tätigkeit lässt den Leser am schnellsten erkennen, ob der Bewerber für die Lösung seines Problems – also die ausgeschriebene Stelle – geeignet ist. Deshalb überlegen Sie vorher, was Sie von sich und Ihrem Problemlösungs-Know-how dem potenziellen Arbeitgeber an Informationen anbieten.

Zum besseren Verständnis ein Beispiel: Das Kaufhaus des Westens sucht einen leitenden Servicemanager „WC-Sanitär". Zehn große WC-Einrichtungen (mit insgesamt 25 Mitarbeitern) stehen für täglich 50 000 Kunden und über 500 Mitarbeiter zur Verfügung; dies will optimal gemanagt werden. Unser Beispielbewerber Herr Niko Nichtsgut schreibt: *Ich bin geboren ..., aufgewachsen ..., meine Eltern ..., zur Grundschule gegangen ..., habe die 13. Oberschule in ... besucht, eine Lehre als Gastronomiehelfer erfolgreich abgeschlossen, bei der Firma XY gearbeitet von ... bis ..., dann da und dort und auch noch anderswo, bevor ich eine Umschulung gemacht habe als ..., um dann ...*

Sie merken, wie wenig sinnvoll und zielführend diese Vorgehensweise ist!

Unser Kandidat Herr Sony Schlau formuliert es (nach den üblichen Sozialdaten, Name, Geburtsdatum ...) dagegen so: *Seit Mitte 2005 McClean, Hauptbahnhof Berlin, Stellvertretender Serviceleiter, ich bin verantwortlich für unser 500 m^2 großes Objekt mit täglich bis zu 3 000 Besuchern und 5 Mitarbeitern und habe bei einem firmeninternen Wettbewerb gerade mit unserem Objekt den zweiten Preis in Sachen Hygiene und Kundenfreundlichkeit erreichen können, davor war ich ...*

Ihnen ist klar, wer hier das Rennen macht!

Die Darstellung Ihres beruflichen Werdeganges stellt also die entscheidende Weiche für eine Einladung zum Vorstellungsgespräch. Eine von uns durchgeführte Befragung der Personalabteilungen führender Unternehmen zeigte: Für 90 Prozent aller Chefs ist die

Analyse des *Lebenslaufes* entscheidendes, erstes Auswahlkriterium, nicht das Anschreiben. Was nur unter der Hand zugegeben wird: Das Foto ist dabei der wirkliche Schlüssel, der Ihnen die Tür zum neuen Arbeitsplatz aufschließt. Mehr dazu ab Seite 94.

Aus diesem Grund fangen wir mit der Gestaltung Ihres „Beruflichen Werdeganges" an und nicht mit dem Anschreiben. Das kommt zuletzt dran, wenn alles andere zusammengestellt ist.

Jeder *Lebenslauf* ist nur einmal verwendbar; er ist nicht recycelbar und sollte – ebenso wie das Bewerbungsanschreiben – der jeweiligen Bewerbung angepasst werden. Versenden Sie keine „Universal-Version", dies merkt der Empfänger sofort!

Was Sie beachten sollten

Zwei Aspekte sind es primär, denen Arbeitsplatzanbieter beim Studium Ihres *Lebenslaufes* nachgehen: die Zeitfolge- und die Positionsanalyse.

Die *Zeitfolgeanalyse* wird erstellt, um möglichen Lücken in Ihrer Biografie auf die Spur zu kommen. Hinter „weißen Stellen" vermutet man Ungutes. Genauer unter die Lupe nimmt Ihr Chef auch die Zahl der Arbeitsplätze in einem bestimmten Zeitraum: Findet ein Arbeitsplatzwechsel in zu kurzen Abständen statt (d. h. deutlich unter fünf Jahren), deutet das auf Schwierigkeiten oder mangelndes Durchhaltevermögen hin.

Bei jüngeren Bewerbern sieht dies anders aus als bei älteren. Wer jung ist, darf ausprobieren. Umgekehrt gilt: Wer erst nach zehn oder fünfzehn Jahren wechselt, dokumentiert Ängstlichkeit und mangelnde Flexibilität. Das sieht nach geringer Risikobereitschaft und mäßigem Lernwillen aus.

Die *Positionsanalyse* untersucht Auf- und Abstieg, Berufs- und Arbeitsgebietswechsel. Der Personalentscheider fragt sich: Ist Ihre Biografie geradlinig und logisch nachvollziehbar? Kann man in ihr eine Lebens- oder sogar Laufbahnplanung entdecken? Haben Sie ziellos im Leben mal dies, mal jenes gemacht? Sind Sie planvoll und konsequent vorgegangen oder eher ein Hansdampf in allen Gassen?

Folgendes Schema ist eine hilfreiche Orientierung für die Gestaltung Ihrer Bewerbungsunterlagen insgesamt. Nehmen Sie dieses Gerüst als Basis, um Ihre eigene Präsentation zu entwickeln.

Lebenslauf-Aufbau (die Abfolge bestimmen Sie selbst)

Persönliche Daten

> Vor- und Zuname

> ggf. Berufsbezeichnung

> ggf. Ihr berufliches Ziel

> Anschrift, Telefon, ggf. Handy, E-Mail (besser auf der Deckblattseite)

> Geburtsdatum und -ort

> evtl. Religionszugehörigkeit (nur wenn relevant für den Arbeitsplatz, z. B. bei der Kirche)

> evtl. Familienstand (vermeiden Sie aber Beschreibungen wie „geschieden" oder „wiederverheiratet"), ggf. Zahl und Alter der Kinder (sofern diese aus den betreuungsintensivsten Jahren heraus sind)

> ggf. Name und Beruf des Ehepartners (muss nicht sein)

> Staatsangehörigkeit (bei Ausländern oder Namen, die diese Erklärung sinnvoll erscheinen lassen)

Berufstätigkeit

> Arbeitgeber (Orte und Zeitangaben)

> Positionen, evtl. Kurzbeschreibung (je kürzer zurückliegend, desto ausführlicher: Aufgabenstellung, Verantwortlichkeit, erzielte Erfolge)

> ggf. Verantwortung, Ergebnisse, Ziele

> Abschluss / Berufsbezeichnungen

> Art der Berufsausbildung

> Ausbildungsfirma/-institution (mit Ortsangabe)

Berufliche Weiterbildung

> Alles, was mit der Berufspraxis in Zusammenhang steht (auch Besuche von Fachtagungen oder Messen)

Außerberufliche Weiterbildung

> Kurse: Vorsicht bei der Auswahl: Fremdsprachen ja, Fallschirmspringen und psychologische (Selbstfindungs-) Kurse nein

ggf. Hochschulstudium

> Fach/Fächer

> Universität und Abschlüsse

> ggf. Schwerpunkte

> ggf. Thema der Examensarbeit/Promotion (wenn nicht länger als 5-10 Jahre zurück, dann inkl. Angabe der jeweiligen Abschlussnoten)

> Schulausbildung

> Schulabschluss (Zeitangabe in Jahren)

> besuchte Schulen (Typen angeben, wenn der Schulbesuch nicht länger als 5 Jahre her ist)

Wehr- bzw. Zivildienst, Freiwilliges Soziales Jahr

> Ob Sie bei der Marine als Funker tätig waren, in einem Kinderheim für Schwerstbehinderte Ihren Zivildienst absolviert haben oder sich für ein freiwilliges Soziales Jahr in Afrika entschieden haben: Dieser Abschnitt stellt eine relevante Information dar.

Besondere Kenntnisse

> Fremdsprachen, EDV, Führerschein, andere Scheine und Qualifikationen

Hobbys / Interessen, ehrenamtliches oder soziales Engagement, Sport

> Überlegen Sie stets, welches Bild Sie dabei von sich entwerfen und ob diese Tätigkeiten zu Ihrer Bewerbung um diesen Arbeitsplatz passen. Die geeigneten Hobbys/Engagements richtig platziert, können diese unglaubliche Sympathiepunkte bringen.

Sonderinformationen

> z. B. über Auslandsaufenthalte, Praktika

> Hier könnten Sie auch eine zusätzliche Erklärung unterbringen, warum Sie diesen Arbeitsplatz wünschen.

> Sie könnten auch hier eine zusätzliche Erklärung unterbringen bezüglich Ihrer Behinderung.

Foto

> Ein professionelles Foto z. B. oben rechts auf den *Lebenslauf* kleben oder besser auf eine Deckblattseite. Das Foto nicht klammern oder heften. Im Falle einer Bilddatei, die Sie in Ihrem Dokument platzieren, achten Sie auf eine ausreichend hohe Auflösung, damit Sie nicht „gepixelt" erscheinen.

Ort, Datum, Unterschrift

> Sie unterschreiben am Ende des *Lebenslaufes,* mit Ort und Datum. Es steht Ihnen frei, ob Sie Ort und Datum hand- oder lieber maschinenschriftlich gestalten.

 Nicht selten wird Ihre Unterschrift von der Auswahlkommission analysiert und bewertet. Bemühen Sie sich also um eine „normale", leserliche Unterschrift, immer mit vollem Vor- und Zunamen. Benutzen Sie einen hochwertigen Stift, z. B. einen Füller (nicht: Kugelschreiber, Filzschreiber, Bleistift), am besten in Königsblau.

Wo Sie unterschreiben:

> Anschreiben (ein Muss)

> *Lebenslauf* (ein Muss)

> Dritte Seite (optional)
> Deckblatt (mit Foto) (optional)

Ab Seite 104 werden wir Ihnen das Anschreiben vorstellen, schließlich die weiteren Anlagen wie Zeugnisse, Weiterbildungsnachweise, ggf. Referenzen, ggf. Arbeitsproben (siehe Seite 115), die Verpackung und den Versand (siehe Seite 124).

Checkliste: Lebenslauf

○ Leitfaden sind die Keywords: *Kompetenz*, *Leistungsmotivation*, *Persönlichkeit* (*KLP*)

○ Konzentrieren Sie sich auf Leistungen (Ergebnisse), Fähigkeiten und Persönlichkeitsmerkmale, die Sie vor- sowie beweisen können.

○ Schreiben bzw. sagen Sie möglichst nichts, was Sie nicht auch ggf. (mündlich) beweisen könnten.

○ Je weiter Sie in der Zeit zurückgehen, desto weniger Einzelheiten sollten Sie nennen. Zeigen Sie dem Arbeitgeber Ihre jüngsten Erfolge, die sich unmittelbar auf die aktuellen Anforderungen des Arbeitsmarktes beziehen. Wenn Sie vor zehn Jahren ein EDV-Experte waren, interessiert das heute niemanden mehr.

○ Ihr *Lebenslauf* muss leicht zu lesen sein. Achten Sie deshalb auf richtige Abstände und Ränder und vermeiden Sie „Überfüllung".

○ Gebrauchen Sie Abkürzungen nur, wenn diese eindeutig sind. Seien Sie klar und präzise.

○ Belegen Sie Erfolge nach Möglichkeit mit Zahlen.

○ Orientieren Sie sich an unseren Beispielen, aber entwickeln Sie auch eigene Ideen.

○ Vermeiden Sie Übertreibungen und nichtssagende Ausdrücke.

○ Liefern Sie nur so viele Informationen, dass das Interesse des Lesers geweckt wird; zu viele Details können Ihnen schaden.

○ Manche Bewerber nennen in ihren Lebensläufen die genauen Daten oder Monate, in denen sie ein Studium oder eine Arbeit aufnahmen. Besser ist es jedoch, nur die Jahreszahl anzugeben. Wenn Sie während Ihrer Tätigkeit für einen Arbeitgeber befördert wurden, können Sie den entsprechenden Monat in Klammern hinter die einzelnen Berufs- bzw. Kompetenzbezeichnungen setzen.

○ Den Arbeitgeber interessiert, ob Sie über die Kenntnisse verfügen, die er braucht. Wenn aus Ihrem *Lebenslauf* nicht deutlich die entsprechende Kompetenz hervorgeht, wird es keine Einladung zum Vorstellungsgespräch geben.

○ Testen Sie Ihren *Lebenslauf*, bevor Sie ihn losschicken. Bitten Sie Freunde um ihre Eindrücke, nutzen Sie Ihr Beziehungsnetzwerk. Achten Sie darauf, wie Ihr *Lebenslauf* ankommt. Vermittelt er eine überzeugende Botschaft? Tritt Ihre Aussage deutlich genug hervor? Ist Ihr *Lebenslauf* interessant? Hat er die Kraft, auf Sie neugierig zu machen?

○ Mit jedem Kompromiss verschwenden Sie Zeit und Geld, geben Sie sich daher bei der Erstellung Ihrer Unterlagen stets Mühe!

www.

Ob Sie nun hier über mögliche Beeinträchtigungen Mitteilung machen oder nicht, muss gut überlegt sein. Sie entscheiden! Zumindest kommt es sehr darauf an, wie Sie Ihre Nachrichten diesbezüglich texten (siehe Seite 114)! Schauen Sie sich auch im Internet unter *www.berufsstrategie-plus.de* unsere Beispiele an, wie andere Bewerber dieses Problem gelöst haben. Davon können Sie profitieren!

Überzeugende Gestaltungsmerkmale, alle wichtigen Abschnitte und die besten Abfolgen

Was ist für die Gestaltung Ihres *Lebenslaufes* das Wichtigste? Die Prinzipien Kürze und Klarheit. Die Informationen und Argumente, die für Ihre Person sprechen, müssen auf den ersten Blick überzeugen.

Form

Computergeschriebene Lebensläufe sind die Regel und transportieren diese Kürze und Klarheit auch optisch. Eine bis in Ausnahmen auch vier Seiten sind ausreichend. Handgeschriebene Lebensläufe sind nur auf ausdrückliche Aufforderung hin einzureichen, es sei denn, Sie wollen verblüffen (und haben eine schöne, gut leserliche Handschrift).

Zeitliche Gliederung

Es besteht kein Zwang, die Abfolge der *Lebenslauf*abschnitte in einer ganz bestimmten Reihenfolge zu präsentieren. Wenn Sie die persönlichen Daten bereits an anderer Stelle in aller Ausführlichkeit abgehandelt haben (z. B. auf dem Deckblatt oder einer Einleitungsseite), können Sie mit der aktuellen Berufstätigkeit beginnen. Informieren Sie hier detaillierter als bei den länger zurückliegenden Positionen. Es folgen berufliche Weiterbildungen und besondere Kenntnisse. Die Schulausbildung und sonstige erwähnenswerte Interessen (Hobbys, Engagement) bilden dann den Abschluss.

Die andere Variante arbeitet mit *Oberbegriffen*. Sie gliedern Ihre berufliche Entwicklung nach Themenschwerpunkten und nicht nach einer zeitlichen Abfolge. Dies ist jedoch nur eingeschränkt zu empfehlen, da es eher unübersichtlich wirkt und der Leser zwischen den einzelnen Stationen hin- und herspringen muss, um zu erkennen, was Sie wann gemacht haben. Sie eignen sich aber, um etwaige Lücken in Ihrem Werdegang zu kaschieren.

Checkliste: Darstellung Ihres beruflichen Werdeganges

Haben Sie ...

○ sich eine Abfolge der *Lebenslauf-* / beruflicher-Werdegang-Daten überlegt (Dramaturgie mit oder ohne Deckblatt, Dritte Seite, Anlagenverzeichnis etc.)?

○ sich überlegt, wie Sie die Daten präsentieren werden – von der Vergangenheit zur Gegenwart oder vom Jetzt in die Vergangenheit, je nachdem, was bevorzugt wird?

○ eine sinnvolle Themenauswahl, Blöcke wie Berufstätigkeit, Ausbildung, sonstige Fähigkeiten, Interessen etc. getroffen?

○ klare Aussagen, Botschaften bezüglich Ihres Könnens, Ihrer Leistungsbereitschaft und Ihrer persönlichen Wesensart eingearbeitet?

○ alle wichtigen Absende-Kontaktdaten aufgeführt wie Adresse, Handy, E-Mail?

○ die Darstellung Ihrer wichtigsten Tätigkeiten pro Job gut und informativ aufbereitet?

○ darauf geachtet, dass Ihre Daten lückenlos wirken?

○ die beiden letzten, evtl. die aktuelle und die berufliche Station davor ausführlicher beschrieben?

○ Ihre Erfolge, das, was Sie bewirkt haben, gut herausgestellt, Sonderaufgaben benannt?

○ Veränderungen in Ihren Aufgaben innerhalb einer Firma berücksichtigt und gut dargestellt?

○ einen roten Faden in Ihrer beruflichen Entwicklung erkennen lassen?

○ an Infos zu Ihrer Weiterbildung (z. B. Fachmessebesuche, Kurse, Fachzeitschriften etc.) gedacht?

○ sonstige Kenntnisse (z. B. EDV, Sprachen, Führerschein) berücksichtigt?

○ etwas über Ihre Interessen, Ihr Engagement, Ihre Hobbys mit aufgenommen?

○ Ihre Unterschrift (voller Vor- und Zuname, gut leserlich), Ort und Datum nicht vergessen?

○ Ihren *Lebenslauf* kritisch und sehr sorgfältig gegenlesen lassen?

○ ein schönes Design, eine ansprechende Form gefunden, gut lesbar, nicht zu voll (Schriftgröße 11 bis 13), sodass ein positives Gefühl entsteht, in Ihren Unterlagen zu blättern?

○ überlegt, ob Sie bereits in Ihrem *Lebenslauf* auf Ihre Behinderung hinweisen wollen? Das muss nicht gleich zu Anfang sein, könnte sich eher in der Mitte Ihrer Daten befinden oder ganz zuletzt ... Dabei kommt es insbesondere auf den Text an!

Nun zeigen wir Ihnen die ersten Beispiele von Kandidaten, die ihren *Lebenslauf* und das Anschreiben so umgesetzt haben, wie wir es in diesem Buch vorschlagen. Wir beginnen mit den Beispielen des *Lebenslaufes*.

Unter *www.berufsstrategie-plus.de* finden Sie weitere zahlreiche Mustervorlagen für Bewerbungsunterlagen zum Download. **www.**

Rosemarie Reuter
Torgauer Str. 50
80993 München
Tel. / Fax: 089 25634580

**Bewerbung
als Sachbearbeiterin
bei der Kemper & Söhne GmbH**

Rosemarie Reuter
geboren 27.09.1971 in Hamburg
ledig, keine Kinder

BERUFSERFAHRUNG

04 / 2003 – 06 / 2011	**Altvater Chemie-Werke AG München** Position: Informationsmanagement Literaturrecherchen, Datenbankarbeit, Öffentlichkeitsarbeit
04 / 2003 – 03 / 2005	**Institut für Dokumentation München** Ausbildung u. Anerkennungsjahr als staatl. geprüfte Dokumentarin Schulung in Informationsmanagement, EDV u. Wirtschaftsenglisch
07 / 2000 – 03 / 2003	**Pharma Grün München** Position: Informationsmanagement Informationsplanung, Organisation, Fachkorrespondenz Erstellung von Werbemitteln
10 / 1995 – 06 / 2000	**Chemie AG München** Position: Chefsekretärin
1991 – 1995	**Carlsen Chemie GmbH Hamburg** Industriekauffrau

SCHUL- UND BERUFSAUSBILDUNG

1992 – 1995	**Staatliches Abendgymnasium, Hamburg** Abschluss: Abitur
1987 – 1991	**Ausbildung zur Industriekauffrau, Hamburg**
1977 – 1987	**Haupt- und Handelsschule, Hamburg**

SPRACHKENNTNISSE

sehr gute Englischkenntnisse in Wort und Schrift,
gute Orthografie-, Interpunktions- und
Grammatikkenntnisse der deutschen Sprache
Korrespondenzerfahrung

EDV-Erfahrung MS Office 2000 mit Textverarbeitung,
Tabellenkalkulation und Datenbankprogramm,
aktuelle Fortbildung EDV beim Arbeitsamt München
seit 04 / 2011

Kurzschrift gute Stenografiekenntnisse und schreibtechnische
Fertigkeiten

Führerschein Klasse 3 / B

Engagement Mitglied im Naturwissenschaftlichen Verein Berlin

Interessen Wandern, Literatur des Bethel-Kreises

Zu meiner Person Mein Lebenslauf steht für kontinuierliche Weiterbildung, Leistungsbereitschaft und Lernfähig-
keit. Das Abitur am Abendgymnasium und die
Qualifizierung zur Dokumentarin belegen dies.

Ich verfüge über fundierte Erfahrungen in den
Bereichen Organisation und Administration.
Zu betonen sind meine guten Sprachkenntnisse
und deren Anwendungssicherheit.

Neben der Gesundheit hat die Arbeit in meinem
Leben, da ich Single bin, einen besonderen Stel-
lenwert, sodass Arbeitsaufgaben für mich eine
wichtige Rolle spielen. Ich würde mich sehr gern
mit vollem Engagement der von Ihnen beschriebenen Aufgabe widmen.

München, 15. März 2012

Rosemarie Renker

VERZEICHNIS DER ANLAGEN

Arbeitszeugnisse

Altvater Chemie-Werke AG, München

Pharma Grün, München

Chemie AG, München

Carlsen Chemie GmbH, Hamburg

Ausbildungs- und Weiterbildungszeugnisse

Ausbildung und Anerkennung
zur staatlich geprüften Dokumentarin
am Institut für Dokumentation, München

Abitur am Staatlichen Abendgymnasium, Hamburg

Ausbildung zur Industriekauffrau, Hamburg

Zum Lebenslauf von Rosemarie Reuter

Dieser startet mit einer Deckblattseite, dem sympathischen Schwarz-Weiß-Foto (Kopf leicht angeschnitten, wirkt so viel dynamischer!) und den hier üblichen Angaben zu Absender und Empfänger. Gut gelöst! Die für die berufliche Entwicklung gewählte knappe Präsentationsform (insgesamt sind es zwei Seiten) kommt ohne die traditionelle Überschrift „Lebenslauf" aus (bravo!) und beinhaltet ein gutes Maß an Information. Die Themenabfolge „Berufserfahrung" (inklusive Weiterbildung) – „Schul- und Berufsausbildung" überzeugt sofort. Die besonderen Kenntnisse und Fähigkeiten werden vielleicht sogar „einen Tick" zu massiv dargestellt. Die Abschnitte „Engagement" und „Interessen" führen sicherlich zu Nachfragen, und das unten angefügte Statement – eine Art Dritte Seite – ist nicht nur außergewöhnlich, sondern auch ein guter Grund für eine Einladung.

Das neben der Arbeit auch das Thema *Gesundheit* hier angesprochen wird, ist der kleine, fast verstecke Hinweis, dass sich Frau Reuter in 2011 einer größeren OP und Nachbehandlung unterziehen musste. Das kann im Vorstellungsgespräch jetzt Thema werden!

Natürlich fehlen nur hier im Buch aus Platzgründen alle weiteren Anlagen.

Nun folgt der „berufliche Werdegang" in Kurzform von Andreas Grün.

Andreas Grün, Stresemannstr. 27, 10963 Berlin • 030 2812222 • agruen@alpha.de

Kurzbewerbung für den EDV-Bereich

geboren am 16. Oktober 1969 in Zürich
Schweizer Staatsangehörigkeit
seit 1989 in Berlin, verheiratet

EDV-Fachmann

Mein beruflicher Hintergrund

seit 02/07   Telefonseelsorge Berlin e. V.
Systemoptimierung / Aufrüstung der EDV-Anlage
Schulung der Mitarbeiter; Öffentlichkeitsarbeit / Spendenmarketing
Organisation und Vorbereitung der Jubiläumsfeierlichkeiten

2000 – 2006   Sanitätshaus Schlau in Berlin
Sachbearbeiter mit EDV-Systembetreuung
Einführung und Optimierung der EDV

1999 – 2000   Verlagsdruckerei Projekt 88 in Zürich
Mitarbeit in Organisation, EDV, Grafik, Satz u. Fotografie
Leiter der Bildredaktion

1996 – 1998   zweijährige Familienpause

1992 – 1996   Aral-Raststätte in Zürich, Sachbearbeiter

Aus- und Weiterbildung

2005 – 2006   Kaufmännische Akademie Berlin, Fortbildung „Kaufmännische Fachkraft"

2003 – 2004   Freie Universität Berlin, Berufsbegleitende Weiterbildung „EDV-Anwendung in der kaufmännischen Sachbearbeitung" mit IHK-Abschluss

1988 – 1990   TFH Zürich, Abschluss als Industriekaufmann

1985 – 1988   Ausbildung zum technischen Zeichner

Besondere Kenntnisse

Englisch, Italienisch und Spanisch / Windows 8 / Netzwerk / MS-DOS /
Word, Excel, Access, Corel Draw bis 8.0, Photoshop u. a.

Zum Lebenslauf von Andreas Grün

Hier präsentieren wir Ihnen einen ganz kurzen Lebenslauf, alles Wichtige auf einer Seite. Kein Deckblatt und sicher auch keine weiteren Anlagen unterscheiden diese Form deutlich von der vorangegangenen. Sie finden weiter hinten in diesem Buch und unter *www. berufsstrategie-plus.de* noch weitere Beispiele. Nun aber zu Andreas Grün und seiner modelhaften Lösung: Die Abfolge beruflicher Hintergrund, Aus- und Weiterbildung sowie besondere Kenntnisse ist klug und überzeugend aufgebaut. Schade, dass wir nichts Persönliches erfahren, keine Interessen, Hobbys oder ein besonderes Engagement. Gleichwohl kommt beim schnellen Lesen keine Langeweile auf. Der Bewerber präsentiert sich als Selfmademan!

Beeindruckend ist sicher die zweijährige Familienpause. Was verbirgt sich dahinter? Kinder sind oben nicht angegeben. Vielleicht hat der Bewerber seine kranken Eltern gepflegt, möglicherweise steckt aber auch noch etwas anderes dahinter. Wenn man ihn einlädt, kann man ihn dazu befragen. Was der Bewerber erzählt, wird er sich hoffentlich gut vorher überlegt und zurechtgelegt haben! Jedenfalls hat er damit zu rechnen, darauf angesprochen zu werden.

Gar nicht schlecht, wer hier sich vorbereitet, kann – wenn man an Kindererziehung denkt – auch als sozialkompetenter Mann bestimmt punkten! Besser, weil überzeugender: die Kinder oben bei den Sozialdaten gleich benennen!

Dieser einseitige Kurzbewerbungs-*Lebenslauf* oder besser: berufliche Werdegang ist nicht unterschrieben worden. Das kann man, muss man aber nicht so machen.

Ihr Foto – so lassen Sie Sympathie entstehen

Ihr Foto ist eine der wichtigsten Komponenten in Ihren Bewerbungsunterlagen. Denn ein Bild sagt mehr als tausend Worte; jeder (auch Personalentscheider) ist durch eine ansprechende Optik mehr oder weniger beeinflussbar. Und so strahlt Ihr Foto auf Ihre gesamte Bewerbung aus; Ihr Foto ist fast wichtiger als *Lebenslauf* oder Anschreiben.

Der Personalentscheider wird als Erstes einen Blick auf Ihr Foto werfen und sich in Sekundenschnelle ein Urteil bilden: Was für einen Eindruck macht dieser Mensch? Wirkt er/sie sympathisch oder unsympathisch? Mürrisch oder freundlich? Zugewandt oder verschlossen? Wach oder verschlafen? Intelligent oder schwer von Begriff? Hat der Bewerber ein professionelles Foto beigefügt, das ein Bild seines Selbstwertgefühls und der Ernsthaftigkeit seines Anliegens vermittelt? Mit diesem Eindruck im Hinterkopf beginnt der Empfänger, Ihre Bewerbung durchzublättern.

Wie Ihnen Ihr Foto hilft

Auf vier Kriterien hin wird Ihr Foto analysiert:
> Aussehen und Mimik

> Kleidung

> fotografische Qualität („künstlerisch"/technisch)

> gewähltes Format

Bildproduktion

Gehen Sie zu einem professionellen Fotografen, Privatfotos oder Automatenbilder sind indiskutabel. Besprechen Sie mit ihm, für welchen Anlass Sie die Fotos benötigen und wie Sie wirken möchten.

Ganz wichtig: Versetzen Sie sich für den Fototermin bewusst in eine positive Stimmung. Lächeln Sie, machen Sie ein freundliches Gesicht und denken Sie an etwas Schönes, an eine große Liebe oder an Ihren Urlaub ...

Lassen Sie eine Auswahl an Fotos anfertigen und legen Sie diese Freunden zur Beurteilung vor, um gemeinsam das beste für die jeweilige Bewerbung auszuwählen.

Exzellente Kopien, eingescannte oder besser noch in den *Lebenslauf* eingefügte digitale Fotos sind mittlerweile voll akzeptiert.

Format

Ein winziges Foto legt die Deutung nahe, dass Sie sich nicht wichtig genug nehmen. Umgekehrt spricht ein Postkartenporträt Bände über Ihre Eitelkeit. Ein guter Mittelweg: etwa 6 mal 5 cm. Testen Sie auch einmal ein ungewöhnliches Querformat. Unsere Beispiele zeigen interessante Formate und auch attraktive Bildausschnitte. Der Kopf, das Gesicht, darf angeschnitten sein, weil es so dynamischer wirkt.

Farbe

Wir empfehlen ein Schwarz-Weiß-Foto, da es Sie sowohl zurückhaltender als auch interessanter erscheinen lässt und dem Betrachter mehr Interpretationsmöglichkeiten bei der Beurteilung Ihres Gesichts gibt. Monochrome (bräunlich, bläulich) sind auch akzeptabel. Falls Sie dennoch ein Farbfoto vorziehen, wählen Sie dezente Kleidung und – für die Damen – sparsames Make-up.

Kleidung

Von einem leger-offenen Hemdkragen ist ebenso abzuraten wie von einem tiefen Einblick in weibliche Reize. Wählen Sie die Kleidung, die dem von Ihnen angestrebten Berufsstand angemessen ist. Die Haare sollten gepflegt sein und auf keinen Fall die Augen verdecken – Sie haben nichts zu verbergen

Posen

Statt der typischen „Kopf und Kragen"-Fotos (wie beim Passbild) können Sie auch Arme, Hände und Oberkörper mit aufs Bild bringen. Wenn Sie Anregungen suchen, finden Sie diese in entsprechenden Medien wie *managermagazin* oder *Capital* oder studieren Sie PR-Unterlagen von Unternehmen aus Ihrer Branche.

 Seit 2006 ist das AGG (Allgemeines Gleichbehandlungsgesetzt) in Kraft. Bei dieser Initiative handelt es sich um eine ursprünglich sehr gute Idee, welche bestimmte Diskriminierungen ausschließen sollte. Was die aktuelle Bewerbungspraxis betrifft, sorgt es jedoch leider für mehr Komplikationen und Verunsicherung bis hin zu Rechtskämpfen. Fakt ist: Es dürfen keine Fotos mehr von der Jobanbieterseite verlangt werden; diese Aufforderung darf in keiner Stellenausschreibung auftauchen. Es steht natürlich jedem Bewerber / jeder Bewerberin frei, von sich aus ein Foto der Bewerbung hinzuzufügen. Also nutzen Sie diese zusätzliche Möglichkeit!

Erste Hilfe bei Lücken und Problemen

Fast jeder Bewerber stößt beim Versuch, sich schriftlich optimal darzustellen, auf Schwierigkeiten und entdeckt vermeintliche „Makel" im *Lebenslauf*. Diese können in Form von „Lücken" auftreten (Zeitabschnitt ohne Berufstätigkeit, z. B. auch Krankheit) oder in Form von „Problemen", wie beispielsweise ein häufiger Arbeitsplatzwechsel. Da Personalentscheider den *Lebenslauf* in der Regel zuerst lesen, führt dies schnell zur Aussortierung der „problematischen" Bewerbungen. Versuchen Sie daher, eine schlüssige Bewerbung, einen überzeugenden beruflichen Werdegang abzuliefern.

Schöner *Vorschlag*, denken Sie vielleicht, *nur ist das leider mir bei meinem beruflichen Werdegang nicht möglich.* Sie werden staunen, es ist oft leichter, als Sie denken, und Sie müssen dabei nicht die Unwahrheit schreiben! Wir „behandeln" hier nur ganz kurz die sogenannten negativen Faktoren, die in einem *Lebenslauf* besser nicht vorkommen sollten. Zu unterscheiden sind:

„Lücken" Zeiten, in denen der Bewerber keine berufliche Tätigkeit nachweisen kann. Von einer kleineren Lücke spricht man ab ca. 3 Monaten, ab etwa 6 Monaten von einer größeren.

„Probleme" Der Bewerber hat mehr oder weniger durchgehend gearbeitet, verzeichnet in seiner Vita aber häufige Jobwechsel.

Generell gesagt: Personaler wünschen sich einen **lückenlosen** Nachweis Ihrer Berufstätigkeit, die **problemlos** verlaufen sein sollte. Dieser Darstellung sollte ein stetiger Aufstieg, d. h. eine Zunahme des Verantwortungsbereichs mit gelegentlichem Wechsel des Arbeitgebers zu entnehmen sein. Zu häufiges Wechseln, insbesondere bei reiferen (älteren) Bewerbern, wirkt ebenso verdächtig wie zu langes Verharren in der gleichen Position beim gleichen Arbeitgeber. Auch ein sehr langes Studium, ein Abbruch oder ein Wechsel der Ausrichtung senken Ihre Einstellungschancen.

Wenn Sie für einen längeren Zeitraum keine Berufstätigkeit im *Lebenslauf* angeben, neigen Personalentscheider zu Negativ-Interpretationen wie: Arbeitslosigkeit, Krankheit, Drogenentzug (hauptsächlich Alkohol) oder sogar eine Freiheitsstrafe.

Wie Sie Ihren beruflichen Werdegang geschickt aufpolieren

Lücke ist nicht gleich Lücke. Nicht jede Auszeit hat einen negativen Beigeschmack und braucht deshalb auch nicht kommentarlos übergangen werden, wie z. B. Erziehungs- und Pflegezeiten oder Weltreisen. Selbstverständlich kann eine private Auszeit zur beruflichen Orientierung erwähnt werden. Längere „Lücken", wie Wehrdienst, können auch sehr positiv dargestellt werden.

Bestimmte Zeitabschnitte im Berufsleben gehen niemanden etwas an. Es sind genau die Themen, nach denen im Bewerbungsgespräch nicht gefragt werden darf, u. a. Krankheiten (auch Suchterkrankungen), Schwangerschaft, Freistellung wegen Betriebsratstätigkeit und Freiheitsstrafen. Ihre Erklärungen sollten überzeugen und möglichst nicht widerlegbar sein. Die **einfachsten Lösungen** zur Verdeckung von Lücken sind: Zeitspannen mit Jahreszahlen angeben oder mehrere Zeitabschnitte unter einer Überschrift zusammenzufassen (so lässt sich der chronologische Ablauf schwerer nachvollziehen); die einzelnen Kategorien bilden dann ein Erklärungsmuster.

Bei **Problemen**, die Personaler aus Ihrem *Lebenslauf* ableiten, liegt die Bewertung wie so oft im „Auge des Beurteilers". Dieser mag beispielsweise die Verweildauer an einem Arbeitsplatz auffällig kurz oder gerade noch okay finden, den Weggang von einem Unternehmen als eine arbeitgeberseitige Kündigung interpretieren oder nicht, den „roten Faden" erkennen können oder alles für unzusammenhängend und eher zufällig als geplant verstehen. Das Entscheidende bleibt: Gibt es Anlässe, die Ihnen als Problem ausgelegt werden können, bereiten Sie sich vor und überlegen Sie, wie Sie die Argumente der Gegenseite entkräften oder abmildern können.

Im Folgenden haben wir für Sie eine Tabelle der häufigsten „Lücken" und „Probleme" im *Lebenslauf* zusammengestellt. Dabei wurde berücksichtigt, welche Gedanken im Kopf eines Auswählers entstehen können, bezogen auf Ihre berufliche Kompetenz, Leistungsmotivation und persönliche Wesensart.

»LÜCKEN« im Lebenslauf: Zeiten ohne Berufstätigkeit	VERMUTETE AUSWIRKUNGEN / RÜCKSCHLÜSSE AUF			TIPPS zum Füllen der Lücke
	Fachkompetenz	Leistungsmotivation	Persönlichkeit	
Arbeitslosigkeit: unter 1 J.	nicht ganz auf aktuellem Stand	wenig erfolgsorientiert	wenig ehrgeizig	berufliche Orientierung + Fortbildung, Auslandsaufenthalt
Arbeitslosigkeit: ab etwa 1 J.	starker Kompetenzverlust, v. a. technisches Know-how, IT etc.	wenig Initiative, Arbeitswille fraglich	bequem; geringes Selbstvertrauen, Versorgungsmentalität	selbstständige Tätigkeit, Fortbildung, Pflege Angehöriger, Ehrenamt, Auslandsaufenthalt
Kindererziehungspause: Frauen, bis zu 1 J.	nicht ganz auf aktuellem Stand	bedingt zielstrebig	fürsorglich, verantwortungsvoll; traditionell	Erziehungsjahr sowie: Fortbildungen, Kontakt zu Kollegen
Kindererziehungspause: Frauen, über 1 J.	starker Kompetenzverlust, v. a. technisches Know-how, IT	wenig zielstrebig, Familie wichtiger als Beruf	übertriebene Rücksicht, traditionell, überbehütend	Familienmanagement sowie: Fortbildungen, Ehrenamt, selbstständige Tätigkeiten
Kindererziehungspause: Männer, Erziehungsjahr	nicht ganz auf aktuellem Stand; Zunahme der sozialen Kompetenz	Risiko für Karriere; Chance der beruflichen Regeneration	ordnet sich Frau unter; Mut zum Abweichen von der Ernährerrolle	Erziehungsjahr sowie: Fortbildungen, Kontakt zu Kollegen
Krankheit: über 3 M.	nicht ganz auf aktuellem Stand	Neigung zu beruflichem Desinteresse	ungesunde Lebensweise, fehlende Work/Life-Balance	Fortbildung (auch im Selbststudium), freiberufliche Tätigkeiten, berufliche Neuorientierung

Erste Hilfe bei Lücken und Problemen

»LÜCKEN« im Lebenslauf: Zeiten ohne Berufstätigkeit	VERMUTETE AUSWIRKUNGEN/RÜCKSCHLÜSSE AUF			TIPPS zum Füllen der Lücke
	Fachkompetenz	Leistungsmotivation	Persönlichkeit	
Drogenabhängigkeit, Alkoholabhängigkeit: Therapie über 3 M.	Kompetenzverlust, physischer und psychischer Abbau	kann rückfällig werden, evtl. nicht zuverlässig, potenzielles Sicherheitsrisiko	instabil, sehr abhängig von äußeren Umständen	Aus- und Weiterbildung (sofern nicht in Therapieeinrichtung), selbstständige Tätigkeit
Freistellung von der Arbeit wegen Betriebsratstätigkeit: über 1 J.	Kompetenzverlust im fachlichen Bereich; Qualifizierung in Personalwesen und Recht	politisches Engagement wichtiger als Fachaufgabe	engagiert, aufmüpfig gegenüber Arbeitgeber, sieht alles überkritisch	Koordinations-/Konzeptionsaufgaben (wenn Arbeitszeugnis schon vorliegt: muss passen!); in Freizeit ergänzend: Ehrenamt, politisches Engagement etc.
Auslandsaufenthalt privat: 3–12 M.	nicht ganz auf aktuellem Stand; verbesserte Sprachkenntnisse	weltoffen, pragmatisch, nicht karriereorientiert	flexibel, neugierig, selbstständig, lustbetont	Sprachkurse, interkulturelle Praxis, Praktika oder Jobs
Auslandsaufenthalt beruflich: ab 1 J.	gewisse Distanz zum deutschen Arbeitsalltag; hervorragende Sprachkenntnisse	weltoffen, initiativ, pragmatisch, vital, stresstolerant	risikobereit, flexibel, kommunikativ, selbstständig	interkulturelle Praxis, Kontaktpflege mit deutschen Kollegen/Chef
Wehr-/Zivildienst	nicht ganz auf aktuellem Stand; Qualifizierung in spezifischen Bereichen	teamfähig, integrationsfähig, frustotolerant	belastbar, Durchhaltevermögen	bedeutende persönliche Erfahrungen

»LÜCKEN« im Lebenslauf: Zeiten ohne Berufstätigkeit	VERMUTETE AUSWIRKUNGEN/RÜCKSCHLÜSSE AUF			TIPPS zum Füllen der Lücke
	Fachkompetenz	Leistungsmotivation	Persönlichkeit	
Zeitsoldat	starker Kompetenzverlust; Qualifizierung in Führungskompetenz	teamfähig, Entscheidungskompetenz	belastbar, durchsetzungsfähig, Selbstmotivation	bedeutende persönliche Erfahrungen, Fortbildungen z.B. zu Führung und Strategie
Gefängnisaufenthalt: über 6 M.	Kompetenzverlust	brüchig, wenig beständig und pflichtbewusst, nicht zielorientiert	moralisch labil, evtl. gewaltbereit, unberechenbar	Aus- und Fortbildung, selbstständige Tätigkeiten, Auslandsaufenthalt, Pflege Angehöriger
Private Auszeit über 6 M.: Aussteigen/Erholung/ Liebe oder dramatische Trennung und Umzug	Kompetenzverlust	nicht karriereorientiert, Privatleben wichtiger als Beruf	sensibel, unsicher, evtl. nicht belastbar	persönliche Neuorientierung, Überwindung von Schicksalsschlägen
Private Auszeit über 6 M.: Pflege von Angehörigen, Betreuung schwieriger Kinder, soziales Engagement, Ehrenamt	Kompetenzverlust; Qualifizierung in spezifischen Bereichen	nicht karriereorientiert; pflichtbewusst gegenüber Familie und Gesellschaft	verantwortungsbewusst, belastbar, Selbstmotivation	Persönliche Trainings, Initiative und Organisation von Interessengruppen, Umgang mit Behörden
Private Auszeit über 6 M.: Ausbildung/Umschulung und/oder berufliche Neuorientierung	Kompetenzverlust; Qualifizierung in neuen Bereichen	pragmatisch (evtl. vorher nicht erfolgreich)	flexibel, Selbstmotivation, Durchhaltevermögen	Praktika, Urlaubsvertretungen, Jobs, besonderes Engagement

Erste Hilfe bei Lücken und Problemen

»PROBLEME« Berufliche Positionen entsprechen nicht dem Idealbild	VERMUTETE AUSWIRKUNGEN/RÜCKSCHLÜSSE AUF			TIPPS zum Kaschieren des »Problems«/ Umbenennen
	Fachkompetenz	Leistungsmotivation	Persönlichkeit	
Sehr kurze Verweildauer: unter 2 J. bei jungen, unter 4 J. bei älteren Bewerbern	keine vertieften Kenntnisse; sehr kurze Einarbeitungszeit	geringes Durchhaltevermögen, nicht karriereorientiert	mangelnde Beständigkeit, lustbetont; flexibel	mehrere Tätigkeiten unter einem Begriff zusammenfassen
Sehr lange Verweildauer: über 5 oder 6 J. bei Jungen, über 10 J. bei Älteren	Spezialkenntnisse, jedoch nicht mehr ganz aktuell	richtet sich in Stelle ein, scheut Herausforderungen; will in gleicher Firma bleiben	unflexibel, bequem, routineorientiert; geht langfristige Bindungen ein, ist verträglich	Tätigkeiten untergliedern, Spezialaufgaben und Erfolge betonen
Bewerbungsanlagen: fehlende oder schlechte Arbeitszeugnisse	mangelnder Erfolg, Unfähigkeit	zu geringes Engagement, nicht sehr motiviert, faul	unangenehmer Zeitgenosse, geringes Durchsetzungsvermögen, Angst vor dem Chef	Zeugnis nachfordern, eigenen Entwurf einreichen, Inhalt mit Chef diskutieren, evtl. dagegen klagen
Kündigung: Entlassung verhaltensbedingt oder fristlos	evtl. auch Kompetenzprobleme	evtl. schlechte Leistungen	unangenehm, unmoralisch, kriminell	darf nicht im Zeugnis erwähnt werden; eigene Kündigung angeben
Kündigung: in Probezeit (durch Arbeitgeber)	Kenntnisse reichen trotz Einarbeitung nicht aus	zu geringes Engagement	nicht integrationsfähig, Arbeitsplatz wurde schlecht ausgewählt	darf nicht im Zeugnis erwähnt werden; eigene Kündigung angeben
Kündigung: selbst, aber ohne Anschlussjob	evtl. Probleme	keine Motivation für diesen Job	nicht an Integration interessiert, allzu risikobereit; mutig, flexibel	Unterforderung durch Job, Kreativität wurde unterdrückt, Kopf frei für Neuorientierung

»PROBLEME« Berufliche Positionen entsprechen nicht dem Idealbild	VERMUTETE AUSWIRKUNGEN/RÜCKSCHLÜSSE AUF			TIPPS zum Kaschieren des »Problems«/Umbenennen
	Fachkompetenz	Leistungsmotivation	Persönlichkeit	
Zu alt (je nach Job, über 40–60 J.)	nicht mehr auf neuestem technischen Stand	will ruhige Kugel bis zur Rente schieben oder: übereifrig	nicht mehr formbar, nicht integrationsfähig, zu selbstbewusst	*keine Betonung des Alters! Sportliche Hobbys und aktive Engagements erwähnen*
Über den Qualifikationsanforderungen	sehr gute, aber nicht die richtigen Kenntnisse	größeres Interesse an höherwertigen als den eigenen Aufgaben; immer auf dem Sprung zu besseren Stellen	gelangweilt, überheblich, Versager im eigenen Feld, schwach entwickeltes Selbstbewusstsein	*höherwertige Qualifikationen verkürzt darstellen, Praxis in passenden Positionen herausstellen*
Vorher im gleichen Feld selbstständig gewesen	unabhängig; evtl. ohne Erfolg, glücklos	hoch, sofern selbstgesteuert, ansonsten schnell frustriert	zu autark, kann sich nicht unterordnen, nicht teamfähig	*Selbstständigkeit als Angestelltenverhältnis darstellen, selbstständige Kompetenzen betonen*
Kein roter Faden erkennbar	keine vertieften Kenntnisse in einem Gebiet	nicht sehr motiviert oder karriereorientiert	ziellos, unausgeglichen, unsicher	*Tätigkeiten umformulieren und nach Branchen sortieren, nicht zeitlich*
Zu lange Studienzeit (über 15 Semester)	evtl. langsamer Arbeiter	nicht sehr hoch; bei Verzögerung durch Jobben: sehr hoch	trödelt, hält sich mit Details auf; bei Verzögerung durch Jobben: sehr motiviert	*Praktika, Schwerpunkte und Projekte betonen; bei Verzögerung durch Jobben: diese herausstellen*
Ausbildungs- oder Studienabbruch oder Wechsel der Richtung	Wunsch nach Unabhängigkeit	nicht zuverlässig vorhanden, da durch Launen beeinflusst; kann aber auch hoch sein	wenig Durchhaltevermögen, pragmatisch, flexibel	*Abbruch nicht erwähnen; geeignete Fortbildungen, Praktika, Jobs und Hobbys betonen*

Erste Hilfe bei Lücken und Problemen

Ihr Anschreiben – so bekommen Sie die volle Aufmerksamkeit

Immer noch geistert in vielen Köpfen die Vorstellung herum, dass es das Anschreiben sei, das die Weichen stellt! Ob man Sie einlädt oder nicht, hängt ganz sicher nicht (allein) von der Qualität Ihres Anschreibens ab. Jedoch lustlos, langweilig getextet, mit der Anrede „Sehr geehrte Damen und Herren!" und weiter: „Hiermit bewerbe ich mich ..." – damit ist in der Tat kein Blumentopf zu gewinnen.

Warum Sie das Anschreiben erst zu guter Letzt schreiben sollten

Erst wenn alle anderen Unterlagen fertig sind, sollten Sie sich dem Anschreiben zuwenden. Ihr Anschreiben wird in der Regel nicht als Erstes gelesen. Es würde zu viel Zeit kosten. Ein Blick in den *Lebenslauf*, an die Stelle, wo steht, was Sie aktuell machen, sagt viel mehr aus. Auch deshalb ist die *chronologisch Rückwärtsform*, von heute in die Vergangenheit, vorzuziehen. Sehen Sie Ihr Anschreiben als Bühne an, um sich selbst, Ihre besonderen Fähigkeiten, Ihre ausgeprägte Leistungsmotivation und angenehme Wesensart (Stichwort: **KLP**, siehe Seite 14) erneut zu inszenieren. Das Anschreiben soll den Empfänger dazu bringen, sich den übrigen Dokumenten nochmals mit gezieltem Interesse zuzuwenden und Sie zum Vorstellungsgespräch einzuladen.

Übrigens: Vieles von dem, was hier zum Anschreiben steht, trifft genauso zu, wenn Sie Ihren Text für die Mail erstellen, die in dem Datenanhang Ihren (digitalisierten, elektronischen) *Lebenslauf* oder Ihr Profil enthält. Wir gehen darauf noch spezieller ein ab Seite 129.

Zum Aufbau: Was das Anschreiben enthält

> Briefkopf

> Empfängeradresse (personalisiert)

> Ort und Datum (rechts platziert, kein „den" vor dem Datum)

> Betreff (ohne diesen „Betreff" oder „Betr.:" zu nennen)
> Anrede (personalisiert)
> Brieftext (Auftakt, Hauptteil, Schluss)
> Grußformel
> Unterschrift (immer mit Vor- und Zunamen, halbwegs leserlich)
> PS (optional)
> Hinweis auf Anlagen

Umfang

Mit Rücksicht auf die gestresste Arbeitgeberpsyche gilt die golde-ne Regel: In der Kürze liegt die Würze. Am besten ist ein Anschrei-ben von einer Seite (optimal: nicht mehr als sechs, maximal zwölf Sätze). Vertretbar sind in wenigen Ausnahmefällen eineinhalb Seiten, wenn Sie wirklich außergewöhnlich Wichtiges mitzuteilen haben.

Einstieg

Neben der sorgfältigen Briefkopfgestaltung, der korrekten Emp-fängeradresse, Ort und Datum, ist es die Betreffzeile, die eine besondere Gestaltungsherausforderung darstellt. Sowohl der formulierte Betreff als auch ein (optionales) PS am Ende werden aufmerksam gelesen. Das ist Ihre Chance. Wem es hier gelingt, mittels Einfallsreichtum Aufmerksamkeit zu binden, sammelt Plus-punkte (siehe auch Seite 130). Die Betreffzeile kommt wie gesagt dabei ohne die Abkürzung „Betr.:" aus, Sie beginnen stattdessen sofort mit Ihrem eigenen Satz.

Anrede

„Sehr geehrte Damen und Herren" – diese allgemeine Formel wirkt meist schon negativ. Personalisieren Sie die Anrede, finden Sie im Vorfeld heraus, wie der Entscheider heißt. Im Zweifel schreiben Sie namentlich an den Inhaber (Institutsleiter, Vorsitzenden) und gleich darunter an die „Sehr geehrten Damen und Herren".

Auftakt

Gestalten Sie den Einstieg zu Ihrer Bewerbung so, dass Ihr potenzieller Arbeitgeber neugierig wird und weiterlesen möchte. „Hiermit bewerbe ich mich um …" oder „Ich beziehe mich auf Ihre Anzeige …" sind stereotype und langweilige Einstiege. Als Richtlinien für den Anfang gelten: Spannung erzeugen – Interesse wecken – Freundlichkeit vermitteln.

In Ihrer Anzeige vom … suchen Sie eine/n …

Sie beschreiben eine berufliche Aufgabe, die mich besonders interessiert …

Mit Interesse habe ich Ihre Anzeige gelesen und möchte mich Ihnen als … vorstellen …

Sie suchen einen …

Ich bin … und habe mit großem Interesse … gelesen …

Die von Ihnen ausgeschriebene Position/Aufgabe …

Ich stelle mich Ihnen als … vor und habe großes Interesse an …

Hauptteil

Die Herausforderung hierbei ist, in kurzer und prägnanter Form darzustellen, warum Sie sich bewerben und weshalb gerade Sie der richtige Bewerber sind. Vermitteln Sie, genau in das Anforderungsprofil der Firma zu passen, und vor allem, was Sie Besonderes zu bieten haben. Als Beispiel: Über welche Qualifikationen und Qualitäten verfügen Sie, die den im Anzeigentext genannten Anforderungen entsprechen und sogar darüber hinausgehen? „08/15-Anschreiben", die verschickt werden wie eine Massensendung, kommen dabei nicht gut an.

Schluss

Verwenden Sie keine Plattitüden, sondern setzen Sie einen freundlich-verbindlichen Schlusspunkt. Der letzte Satz klingt noch einige Momente im Gedächtnis nach. Beenden Sie Ihren Brief mit der Bitte um ein Vorstellungsgespräch, der Grußformel, Ihrer Unterschrift (voll ausgeschrieben!), dem Hinweis auf die Anlagen und evtl. einem PS.

Wenn ich / meine Bewerbung Ihr Interesse geweckt habe / hat, freue ich mich über eine Einladung zu einem Vorstellungsgespräch.

Sollten Ihnen meine Bewerbungsunterlagen zusagen, stehe ich Ihnen gern für ein Vorstellungsgespräch zur Verfügung.

Wenn Sie nach Durchsicht der Unterlagen weitere Informationen bzw. ein erstes persönliches Gespräch wünschen, so stehe ich hierfür gern zur Verfügung.

Ich würde mich freuen, wenn Sie mich zu einem Vorstellungsgespräch einladen. Hier könnten wir dann ggf. weitere Details besprechen.

Über die Einladung zu einem Gespräch freue ich mich.

Für alle weiteren Auskünfte stehe ich Ihnen gerne in einem persönlichen Gespräch zur Verfügung.

Stichwort Gesundheit als PS: Was halten Sie davon? Hier ein PS-Text als letzte Info unten:

Was ich Ihnen nicht verschweigen möchte: Ich bin leider zu 50 Prozent behindert. Ein schwerer Verkehrsunfall (Alkohol am Steuer) hat mich zum Krüppel gemacht ....

Na, was meinen Sie selbst? Ziemlich ungeschickt! Hier und überhaupt. Schauen Sie mal, wie andere Bewerber diese spezielle Information in ihrem Anschreiben verpackt haben, unter *www.berufs-strategie-plus.de.*

www.

Und noch eine Idee, im PS oder an anderer Stelle untergebracht: Der Hinweis, dass Sie dem Unternehmen vertrauen und dass, wenn man für Ihr Angebot keine aktuelle Verwendung haben sollte, entweder die Unterlagen gerne dort aufgehoben werden dürfen, oder dass Sie zur Entlastung der Büroorganisation einverstanden sind, wenn man Ihre Unterlagen vernichtet ... Ein Hinweis, der zeigt, dass Sie mitdenken!

Tipp! Bewerbungsprofis entwickeln drei alternative Anschreiben, um diese einer selbst gewählten „Prüfungskommission" vorzulegen. Durch Tipps und kritische Anregungen von anderen lässt sich das Bewerbungsanschreiben oftmals wesentlich verbessern und so von Mal zu Mal überzeugender gestalten.

Checkliste: Anschreiben

Haben Sie …

○ Ihren persönlichen Briefkopf (Ihren Absender) schön, zeitgemäß und vollständig gestaltet mit: Name, Anschrift, Telefon, ggf. Mobiltelefon, E-Mail-Adresse …?

○ die Empfängeranschrift korrekt dargestellt, möglichst einen Namen in Erfahrung gebracht und richtig geschrieben?

○ Ort und Datumszeile korrekt platziert?

○ eine sofort ansprechende Betreffzeile formuliert, die klar Auskunft gibt, worum es geht?

○ möglichst einen persönlichen Ansprechempfänger herausgefunden, den Sie direkt anschreiben / ansprechen können, ggf. darunter mit der allgemeinen Ansprache: „Sehr geehrte …"

○ berücksichtigt, dass Ihr Anschreiben lesefreundlich ist (Schriftgröße 11 bis 13, Schrifttyp nicht zu ausgefallen, Seitenrand angemessen breit, ca. 3-4 cm links, ca. 2-3 cm rechts), keine „Löcher" in den Zeilen oder an deren Ende, vor allem aber keine vollgeschriebene „Bleiwüste", sondern eher kurz mit einigen Absätzen?

○ einen netten, nicht zu langen Einstieg gefunden, gefolgt von Ihrer Motivation und Ihrem Leistungsangebot?

○ Ihren beruflichen und persönlichen Hintergrund gelungen kurz dargestellt, ohne zu über- oder zu untertreiben?

○ verdeutlicht, wofür Sie stehen, beruflich wie auch als Mensch und zukünftiger Mitarbeiter?

- ○ die Quintessenz auf den Punkt bringen können, die Ihr Angebot ausmacht?
- ○ darauf geachtet, dass Sie sich interessant machen, der Leser auf Sie neugierig wird?
- ○ die geforderten Angaben (Gehaltswunsch, möglicher Einstiegstermin etc.) geschickt beantwortet?
- ○ eine sympathische Abschluss-Grußformel ausgewählt?
- ○ unterschrieben (Vor- und Zuname, keine maschinenschriftliche Wiederholung)?
- ○ evtl. ein sinnvolles PS angeführt?
- ○ an die Anlagen (allein das eine Wort „Anlagen" unten reicht bereits) gedacht?
- ○ berücksichtigt, dass Ihr Anschreiben lose, gesondert obenauf liegt, die restlichen Unterlagen kommen in eine adäquate Bewerbungsmappe?
- ○ darauf geachtet, dass Ihre Unterlagen weder Flecken noch Eselsohren oder zerknittertes Papier enthalten?
- ○ Ihr Anschreiben kritisch und sehr sorgfältig gegenlesen lassen?
- ○ mit ausgeschriebenem Vor- und Zunamen relativ ordentlich lesbar unterschrieben?

Von den beiden Bewerbern Rosemarie Reuter und Andreas Grün, von denen Sie den Lebenslauf bereits kennen, präsentieren wie Ihnen nun auch die Anschreiben.

ROSEMARIE REUTER

Torgauer Str. 50
80993 München
Tel. / Fax 089 25634580

Kemper & Söhne GmbH
Personalabteilung
Herrn J. Kemper
Kuckuckweg 69
86169 Augsburg

15.03.12

Ihre Anzeige in der Süddeutschen Zeitung vom 10.03.2012
Sachbearbeiterin

Sehr geehrter Herr Kemper,

in der o. a. Anzeige beschreiben Sie einen Arbeitsbereich, der mich in höchstem
Maße interessiert und auch meinen Fähigkeiten und Neigungen
voll entspricht.

Kurz zu meiner Person:
Ich bin ausgebildete Industriekauffrau und habe mich im Bereich
Informationsmanagement erfolgreich weitergebildet. Langjährige umfassende
Erfahrungen in Büro-Administration und anspruchsvolle, selbstständige
Sachbearbeitung in der Chemiebranche ergänzen mein Tätigkeitsprofil.

Aktuell befinde ich mich in einer vom Arbeitsamt geförderten EDV-
Fortbildungsmaßnahme und könnte Ihnen deshalb auch sehr kurzfristig
zur Verfügung stehen.

Über eine Einladung zum Vorstellungsgespräch freue ich mich und verbleibe

mit freundlichen Grüßen aus München

Rosemarie Reuter

PS: Ich würde mich sehr freuen, von Ihnen noch vor dem 24.03. zu hören, da
ich dann beabsichtige, für etwa 3 Wochen zur Kur zu fahren. Herzlichen Dank!

Anlagen

Zum Anschreiben von Rosemarie Reuter

Das angenehm kurze Anschreiben verdeutlicht, dass die Bewerberin sich auf eine Anzeige meldet, leider jedoch ohne vorab telefoniert zu haben. Da sie der Anzeige den Namen entnehmen konnte, ist eine direkte Ansprache trotzdem möglich. Die Kandidatin stellt sich kurz vor und schließt selbstbewusst (ohne Konjunktiv) mit der Formulierung „... über eine Einladung freue ich mich". Insgesamt ein gut und ansprechend gestaltetes Anschreiben, das positive Aufmerksamkeit weckt. Ob die Bewerberin bereits hier mehr zu ihrem aktuellen Status (arbeitslos oder ihr Alter, evtl. eine Beeinträchtigung) hätte mitteilen sollen, kann kontrovers diskutiert werden. Wir würden uns dagegen entscheiden!

Sicher ist Ihnen jedoch die Inkonsequenz aufgefallen bei der PS-Botschaft. Da darf vielleicht von einer Reise, aber nicht von einer Kur berichtet werden!

Die gewählte Präsentationsform löst Interesse aus. Obwohl sich die Kandidatin offensichtlich aus der Arbeitslosigkeit (bzw. Fortbildung) heraus bewirbt, hat sie eine interessante Vortragsform gefunden.

Andreas Grün • **EDV Fachmann** – Stresemannstr. 27 – 10963 Berlin – Tel 030 2812222

Herrn

Dr. Bruno Mayer

Mayer Marketing GmbH

Berliner Platz 3-7

34119 Kassel

Berlin, 10. März 2012

Kurzbewerbung

Sehr geehrter Herr Dr. Mayer,

auf Empfehlung von Herrn Heinrich und nach einem freundlichen Telefonat mit Ihrem Assistenten, Herrn Maas, überreiche ich Ihnen meine Kurzbewerbung.

Aus persönlichen Gründen strebe ich eine Tätigkeit im Raum Kassel an und könnte Ihnen als EDV-Fachkraft ab 15. April 2012 zur Verfügung stehen.

Ich biete Ihnen besondere Fähigkeiten auf den Gebieten:

* EDV, Marketing und Organisation
* Fotografie und Computer-Grafik
* gute soziale Kompetenz, besonders als EDV-Trainer
* ein hohes Maß an Selbstständigkeit, Disziplin und Eigenverantwortung;
* die Fähigkeit, schnell innovative Lösungen zu finden

Meine Berufserfahrungen und fachspezifischen Kenntnisse, die ich während meiner nebenberuflichen Fortbildungen erworben habe, möchte ich gerne zur Erreichung Ihrer Unternehmensziele einbringen.

Sehr geehrter Herr Dr. Mayer, habe ich mit meiner Kurzbewerbung Ihr Interesse geweckt? Dann freue ich mich, Sie in einem persönlichen Gespräch von mir zu überzeugen. Meine ausführlichen Bewerbungsunterlagen stelle ich Ihnen sehr gerne zur Verfügung.

Mit freundlichen Grüßen aus Berlin

Zum Anschreiben von Andreas Grün

Eine schlichte, schöne Briefkopfgestaltung, hier gleich hinter dem Namen des Absenders der Hinweis, in welcher Sache er tätig ist, macht sofort einen ersten guten Eindruck.

Das Anschreiben bezieht sich auf ein vorab geführtes Telefonat mit einem namentlich genannten Mitarbeiter, wendet sich aber direkt an den Geschäftsführer.

In der Betreffzeile steht nur Kurzbewerbung, ohne Hinweis auf eine Anzeige oder ob es sich vielleicht um eine Initiativbewerbung handelt, was aus dem Text eher zu vermuten ist. Die Textlänge insgesamt ist angemessen kurz und doch sehr informativ. Hier wird sogar gleich der mögliche Eintrittstermin mutig benannt.

Was immer die „persönlichen" Motive sind, der Bewerber muss sich hier nicht weiter rechtfertigen! Der Abschlusssatz und die verwendete Grußformel („... aus Berlin") sind angenehm außergewöhnlich, bleiben aber „Geschmackssache", ebenso wie der Briefkopf. Die zentrale Botschaft – wiederzufinden in den beigefügten Bewerbungsunterlagen (Stichwort *Lebenslauf*, besser beruflicher Werdegang / Profil, siehe auch Seite 77) – wird im Anschreiben gut zusammengefasst präsentiert.

Wo platziere ich die Offenbarung meines Handicaps?

Die Beantwortung dieser Frage steht noch aus, sofern Sie sich denn entscheiden, es an dieser Stelle (im Anschreiben) unbedingt übermitteln zu wollen.

Sie hätten es ja auch schon vorab in einen Telefonat andeuten oder klar ansagen können ... Haben Sie aber nicht, und das ist auch gut so. Verschwiegen wollen oder können Sie es aber leider auch nicht ... Sicher?

Aber ja, man sieht sofort, Ihnen fehlt ein Arm ... (mal als Beispiel! Wenn Sie gestatten, nur um es Ihnen eindrücklich zu vermitteln).

Also angenommen so ist es, und am Telefon haben Sie noch nichts angedeutet (Sie wollen ja auch lieber nicht telefonieren, Sie scheuen sich vor dieser ersten Kontakt- und Kommunikationsherausforderung ... schade, aber akzeptiert, und hier jetzt auch nicht von Bedeutung!).

Warum muss es denn jetzt im Anschreiben sein? Es könnte auch im *Lebenslauf* stehen – lassen wir mal offen, wo.

Alternative: Bevor Sie – wenn Sie eingeladen werden – zum Vorstellungsgespräch erscheinen, schreiben Sie bei der schriftlichen Bestätigung des Termins, dass Sie vorab informieren möchten, Sie hätten nur einen Arm, seien Rollstuhlfahrer, oder, oder …

Sie wollen nun aber im Anschreiben über Ihr Handicap informieren. In Ordnung! Welche Plätze gibt es? Nun, Sie könnten es im ersten Absatz, etwa in der Mitte Ihres Anschreibens oder am Ende, evtl. sogar als PS, schreiben. Oder Sie legen noch eine Seite bei, eine Art weitere Anschreibenseite oder gar Dritte Seite (siehe Seite 120), etwas anders gestaltet, und erklären sich dort.

Das Entscheidende ist: Ihr wie auch immer geartetes Handicap darf nicht zu viel Aufmerksamkeit bekommen, denn die Entscheidung, Ihnen den Job zu geben, wird wohl in den seltensten Fällen dadurch positiv verstärkt. Ergo: Zurückhaltung macht Sinn! Und vor allem wie Sie die Botschaft texten, den Unterschied. Da ist Fingerspitzengefühl und Formulierungsgeschick gefragt. Hier einige Beispiele von uns als Vorschläge:

Ausdauer und Durchhaltevermögen sind Merkmale, die ich bereits seit meiner Geburt als meine besonderen Begleiter, aber auch Förderer kennen- und schätzen gelernt habe. Eine jetzt nur noch leichte Gehbehinderung hat meinen Umgang mit Herausforderungen wesentlich geprägt.

In meinem Leben habe ich die wichtige Erfahrung machen dürfen, dass auch bei einem Handicap wie XYZ das Entscheidende bleibt, wie man die Herausforderung angeht. Darin bin ich geübt und erfolgreich!

Ich bin in meinen Wunsch bestärkt, mich für Sie besonders zu engagieren, auch wenn ich eine nicht übersehbare physische Einschränkung habe, die mich jedoch weder bei der Arbeit noch beim Denken tangiert.

Mein Arbeitsstil ist geprägt durch ein hohes Leistungs- und Qualitätsbewusstsein, mein Auftreten durch eine kleinere Behinderung, die aber absolut keine Auswirkung auf mein Leistungsvermögen hat.

Unter *www.berufsstrategie-plus.de* haben wir weitere Beispiele, die das sehr anschaulich verdeutlichen.

Die Anlagen – in der Bedeutung nicht zu unterschätzen

Das Wort „Anlagen" suggeriert, es könnte sich um nebensächliche Anhängsel handeln. Doch Sie sollten die Bedeutung dieser Unterlagen nicht unterschätzen. Zu den Anlagen gehören insbesondere Fotokopien von Arbeitszeugnissen, Ausbildungsabschlüsse und ggf. Fortbildungszertifikate. **Ein Übersichts-** oder **Anlagenverzeichnis** ist ab ca. sechs Anlagenseiten sinnvoll.

Wie Sie mit Arbeitszeugnissen, Referenzen und weiteren Unterlagen punkten

Arbeitszeugnisse gehören zu den wichtigsten Anlagen und sollten daher an erster Stelle stehen. Das aktuellste Arbeitszeugnis zuerst, zuletzt Ihr Ausbildungszeugnis, danach erst das Schulabgangszeugnis (weglassen, wenn Sie einen höheren Abschluss haben bzw. schon länger im Berufsleben stehen) und andere Urkunden, die Ihre Ausbildung dokumentieren. Um die besondere Bedeutung dieser Anlagen hervorzuheben, könnten Sie diese auf ein leicht andersfarbiges Papier als Ihre übrigen Seiten kopieren. Das fällt auf und bringt den Empfänger eher dazu, sich mit Ihren Zeugnissen zu beschäftigen. Sehr gute Arbeitszeugnisse sind dafür Voraussetzung; relevant sind insbesondere die beiden letzten Zeugnisse bzw. diejenigen, welche die letzten fünf bis zehn Jahre dokumentieren. Auch möglich: Einige positive Sätze, Aussagen in Ihren Arbeitszeugnissen selbst „anzumarkern", hervorzuheben!

Inhalt von Arbeitszeugnissen

Da gesetzlich festgelegt ist, dass Arbeitgeber für den Arbeitnehmer nur wohlwollend klingende Formulierungen wählen dürfen, werden negative Aspekte oft verklausuliert dargestellt. Dies führt zu einer Art „Geheimcode". Wie Aussagen in Zeugnissen interpretiert werden können, ist eine weites Feld.

www. Wenn Sie sich nicht sicher sind, was mit den Formulierungen in Ihrem Zeugnis gemeint ist, wenden Sie sich an entsprechende Experten (z. B. *www.berufsstrategie.de* unter dem Stichwort „Arbeitszeugnis").

Vorab hier eine Checkliste als kleiner Leitfaden.

Checkliste: Arbeitszeugnis

Äußeres

○ Ist Ihr Zeugnis maschinenschriftlich auf Firmenpapier getippt, fehlerfrei und datiert, von einem Vorgesetzten unterschrieben?

○ Enthält es alle wesentlichen Tätigkeiten, denen Sie nachgegangen sind?

Tätigkeitsbeschreibung

○ Wird die Erfüllung besonderer Arbeitsaufgaben entsprechend gewürdigt?

○ Kann sich ein Dritter davon ein Bild machen?

○ Ist Ihre Teilnahme an betrieblichen Fort- und Weiterbildungsmaßnahmen erwähnt worden?

○ Ist die Beschreibung Ihrer Tätigkeit Ihren Aufgaben angemessen und auch ausführlich genug?

Soziale Kompetenz

○ Geht aus dem Zeugnis hervor, dass Sie mit Ihren Vorgesetzten, Kollegen und Geschäftspartnern gut auskamen?

○ Werden Personengruppen ausgelassen? Kommen doppeldeutige Aussagen darin vor?

Die Führungsbeurteilung (für Führungskräfte)

○ Wird Ihre Leistungs- und Führungsfähigkeit im Text erwähnt und gewürdigt?

○ Wie bewertet man Ihren Arbeitsstil?

- Wird Ihr Erfolg uneingeschränkt oder mit Einschränkungen dargestellt?
- Was sagt Ihr Zeugnis über Ihre Fähigkeit aus, andere Menschen zu führen und zu motivieren?
- Zeigen Sie Delegationsbereitschaft?

Auflösungsgrund

- Geht aus dem Zeugnis hervor, dass Sie auf eigenen Wunsch gekündigt haben?
- Dankt man Ihnen abschließend für die geleistete Arbeit und wünscht Ihnen alles Gute für die Zukunft?

Gesamteindruck

- In welchem Ton ist das Zeugnis verfasst: wohlwollend oder kühl und knapp, floskelhaft oder persönlich?
- Stimmen Rechtschreibung und Zeichensetzung (als Zeichen dafür, dass man sich genügend Mühe mit Ihrem Zeugnis gegeben hat)?

Weiteres finden Sie in unserem Exakt-Buch „Das perfekte Arbeitszeugnis. Richtig formulieren, verstehen, verhandeln", Stark Verlag.

Bitten Sie rechtzeitig vor Ihrem Weggang um ein Arbeitszeugnis, am besten vier bis acht Wochen vorher. Und nutzen Sie die Möglichkeit, selbst Vorschläge für den Inhalt zu machen.

Tipp!

Schul- und Ausbildungszeugnisse

Seien Sie zurückhaltend mit Schulabschlusszeugnissen oder Zeugnissen der berufsorientierten Basisausbildung (Lehre), es sei denn, Sie sind sehr jung und haben nicht viel anderes vorzuweisen. Diplom- oder andere Abschlusszeugnisse sind sinnvoll, wenn diese nicht älter als 15 Jahre sind.

Generell gilt: Immer den höchsten Ausbildungsabschluss in die Anlage, also bei Studium kein Abi-Zeugnis, bei Abitur keines der mittleren Reife und so weiter.

Andere Anlagen

Zertifikate von privaten Einrichtungen oder (Volkshochschul-) Kursen sind nur dann sinnvoll, wenn diese inhaltlich mit der entsprechenden Bewerbung zu tun haben.

Neben jeder Art von Zeugnis können Sie beispielsweise den Anlagen hinzufügen: Referenzadressen (siehe nächster Punkt), eigene Erklärungen (siehe Seite 114), Arbeitsproben oder Zusammenfassungen von Projekten (siehe Seite 119).

Referenzen

Wenn Sie eine oder mehrere Personen kennen, die sich gerne wertschätzend über Sie äußern möchten, kann das Ihre Bewerbung sehr positiv beeinflussen. Dabei sind nahe Verwandte natürlich nicht akzeptabel; Vorgesetzte, die längere Zeit mit Ihnen zusammengearbeitet haben, oder Personen mit öffentlich anerkannter Autorität schon eher. Sprechen Sie aber sicherheitshalber die Inhalte der Referenz vorher ab, damit Sie im Sinne Ihrer gesamten Bewerbung formuliert wird.

Fügen Sie Ihren Anlagen ein Extrablatt mit der Überschrift „Referenzen" und folgendem Text bei:

„Die folgenden Personen sind bereit, über mich Auskunft zu geben ... Name, Telefonnummer und / oder Adresse Ihrer Fürsprecher, möglichst auch die Position / Funktion dieser Person, evtl. wie lange diese Person Sie kennt und in welchen Zusammenhang (*mein Ausbilder, Vorgesetzter von ... bis ... bei ..., Professor, bei dem ich meine Diplomarbeit geschrieben habe,* etc.).

Insbesondere bei gravierenden Einschränkungen / Behinderungen und der zu befürchtenden Sorge eines potenziellen Arbeitsplatzanbieters, ob Sie denn überhaupt in der Lage seien, die vorgesehen Aufgaben zu bewältigen, kann so eine Referenz sehr hilfreich sein. Ob nun in Form eines Schreibens oder als Angebot, sich über Sie erkundigen zu können, in jedem Fall verdeutlich es, Sie haben Fürsprecher, die von Ihnen und Ihrer Leistung überzeugt sind.

Handschriftenprobe

Sollte in der Stellenanzeige von den Bewerbern eine Handschriftenprobe verlangt werden, so können Sie davon ausgehen, dass ein Grafologe Ihre Unterlagen analysiert. Ihre Handschrift soll Rückschlüsse auf Ihre Persönlichkeitsstruktur ermöglichen.

Es ist erstaunlich, was „Schriftgelehrte" alles zu erkennen glauben. Aus Ihrer Handschrift wollen sie Ihre Hauptcharakterzüge herauslesen, Ihr Fantasiepotenzial oder Ihre Eignung für Routineaufgaben, Ihren Optimismus oder Pessimismus, Ihre Energie oder Passivität.

Falls Handschriftliches von Ihnen verlangt wird: Nutzen Sie die Gelegenheit, handschriftlich auf einer Extraseite mit einigen gut platzierten Sätzen auf sich aufmerksam zu machen; umreißen Sie die Motivation Ihrer Bewerbung und weisen Sie auf Ihre Qualitäten hin. Den *Lebenslauf* fügen Sie PC-gestaltet bei. Hintergrund: Ein *Lebenslauf* ist viel zu komplex, als dass er handschriftlich in schöner Form auf knappem Platz dargestellt werden könnte.

Ob Ihre Handschrift für oder gegen Sie spricht, können wir nicht beantworten. Verstellen bringt nichts – ein geübtes Auge erkennt dies. An einige Tipps wie beispielsweise zur Seiteneinteilung können Sie sich leicht halten: gerade Zeilen (= ausgeglichen), Rand zu beiden Seiten (= großzügig im Geist). Und achten Sie bei Ihrer Unterschrift darauf, dass sie gleich groß ist wie der übrige Text (= Sie sind, wie Sie sich geben ...).

Arbeitsproben – schon jetzt

Generell gilt: Heben Sie sich Arbeitsproben für einen späteren Zeitpunkt, z. B. das Vorstellungsgespräch, auf. Lediglich bei kreativen und wissenschaftlichen Berufen sind „echte" Arbeitsproben gefragt. Werbekaufleute und Grafiker können beispielsweise auf eine Anzeigenkampagne hinweisen, Baufachleute auf Bauvorhaben, Wissenschaftler fügen eine Publikationsliste bei, Journalisten ausgewählte Artikel etc.

Vergessen Sie aber nicht, dass Ihre Bewerbung insgesamt bereits eine erste Arbeitsprobe ist!

Positiv auffallen – durch eine Dritte Seite

Warum eine *Dritte Seite* als Ergänzung zum *Lebenslauf?* Die im Bewerbungsanschreiben enthaltenen Informationen und „Verkaufsargumente" werden in der Regel vom auswählenden Leser wegen der Vielzahl der eingehenden Bewerbungsunterlagen wenig beachtet. So wird der Text des Anschreibens meist nur kurz überflogen, um sich dann der beigefügten Bewerbungsmappe – insbesondere dem Foto des Bewerbers –, der beruflichen Ausgangssituation, seinen Interessen, Hobbys oder sonstigen Kenntnissen, sowie den formalen Ausbildungs- und Arbeitsdaten zuzuwenden.

Neugierig macht nun aber die Dritte Seite in Ihren Bewerbungsunterlagen, z. B. mit der Überschrift: „Was Sie sonst noch von mir wissen sollten ..." Wem es an dieser Stelle gelingt, in wenigen kurzen Sätzen das richtige Bild zu vermitteln, kann – wenn die anderen Eckdaten stimmen – mit einer Einladung zum Vorstellungsgespräch rechnen. Weitere Themen für die Dritte Seite könnten eine Auflistung Ihrer Erfahrungen oder Arbeitsschwerpunkte und Projekte sein, die für Sie als den richtigen Kandidaten sprechen, oder besondere Fortbildungsveranstaltungen.

Die Dritte Seite eignet sich auch hervorragend, wenn von Ihnen eine Handschriftenprobe verlangt wird.

Überschrift Sie hat die Funktion, zu überraschen, Interesse und Neugierde zu wecken und inhaltlich kurz auszusagen, worum es geht. Einige Beispiele für mögliche Überschriften:

Zu meiner Bewerbung

Meine Motivation

Warum ich mich bewerbe

Zu meiner Person

Ich über mich

Was mich qualifiziert

Warum ich?

Der Kreativität sind kaum Grenzen gesetzt; Überschrift und Text sollten aber zusammenpassen!

Aufbau Was sind die Argumente und Aussagen, was ist Ihre Botschaft, die bei dem auswählenden Leser eine Einladung zum persönlichen Gespräch bewirkt?

Hier haben Sie etwa sieben bis maximal fünfzehn Zeilen zur Verfügung, um Ihre Person (oder *K*- und *L*-Informationen bzw. eine Kombination daraus) vorzustellen. Breite: nicht mehr als 60 Zeichen, Schriftgröße ab 11 Punkt.

Inhalt Thematisch kommen Aussagen zu Ihrer Person, Motivation und Kompetenz infrage. Versuchen Sie nicht, zu viele Informationen auf diese Seite zu pressen, das würde einen nachteiligen Eindruck erzeugen.

Inhaltlich darf die von Ihnen gewählte Botschaft in Zusammenhang stehen mit Aussagen im Anschreiben, mit *Lebenslauf*- und Arbeitsplatzstationen und darüber hinaus persönlicher, pointierter formuliert sein.

Wie gesagt: Es darf, muss aber nicht. Bloße Aufzählungen wie: *Ich bin der Größte, Schnellste, Schönste* etc. überzeugen wenig, bewirken eher das Gegenteil. Nicht die pure Aneinanderreihung bringt's, sondern die für den Leser nachvollziehbare – weil auch im *Lebenslauf* erkennbare – (logische) Argumentation. Holen Sie sich deshalb auch Meinungen zu Ihren Entwürfen ein; im Zweifelsfall kommen Sie besser ohne Dritte Seite aus.

Abschluss Wir empfehlen Ihnen, zum Abschluss mit königsblauer Tinte zu unterschreiben.

Auf den beiden folgenden Seiten finden Sie jeweils ein gelungenes Beispiel einer Dritten Seite. Der Hinweis auf das Handicap ist bei diesen beiden Bewerbern relativ deutlich – jeweils am Ende – angegeben und somit auffällig. Man könnte ihn aber auch weglassen. Wie gesagt: Sie entscheiden!

Michael Mattheisen
Betriebswirt   Müllerstr. 27 – 40963 Göttingen – Tel 0551 2812284

Wie ich wurde, was ich bin

Meine privaten und beruflichen Aufenthalte in angelsächsischen Ländern,
wie den USA und Australien, prägten nachhaltig meinen Wunsch,
in einem amerikanisch geführten Unternehmen zu arbeiten.

In elf Jahren vielseitiger IBM-Erfahrung, zunächst als Trainee und später als
Gebietsleiter im Vertrieb, konnte ich mir einen sehr fundierten Ein- und
Überblick über das Zusammenspiel der verschiedenen Bereiche in einem
Unternehmen erarbeiten.

Mit Kundenkontakten auf jeder Ebene, mit Verkauf und Logistik
bin ich seit vielen Jahren bestens vertraut.
Umsatz- und Marketingziele sind für mich persönliche Herausforderungen,
denen ich mich gern und mit hohem Engagement stelle.

Teamgeist, Durchsetzungsvermögen und Lernbereitschaft kennzeichnen mich
ebenso wie meine Fähigkeit, guten Kontakt zu Mitmenschen aufzubauen, um
gemeinsam mit ihnen etwas zu bewegen, um Ziele zu erreichen.

Meine kleine aber unwesentliche Einschränkung im Bereich XYZ hat mich gelehrt,
dass Mut, Ausdauer und Durchhaltewille wesentliche Erfolgskriterien sind.

Ich liebe meine Arbeit und das Gefühl, erfolgreich Ziele erreichen zu können.

WER BIN ICH?

Ich bin ein verantwortungsbewusster und zielstrebiger Mensch mit vielseitigen Interessen und großer Bereitschaft, mich voll und ganz neuen Aufgaben zu widmen. Mein Arbeitsstil ist geprägt durch ein hohes Qualitätsbewusstsein.

Für Ihr Unternehmen werde ich durch meine Innovationskraft und meine Fähigkeit, analytisch zu denken, sicherlich bald eine gewinnbringende Mitarbeiterin sein und damit zu einer positiven Firmenentwicklung beitragen.

Die richtige Arbeitsmotivation beziehe ich aus anspruchsvollen Problemstellungen und meiner Identifikation mit der Firma und ihren Produkten. Dies trifft aus meiner Sicht bei Ihrem Unternehmen und der angebotenen Position absolut zu und verstärkt meinen Wunsch, mich für Sie besonders zu engagieren.

Nach der erfolgreichen Überwindung meiner Erkrankung vor zwei Jahren brenne ich darauf, wieder zeigen und beweisen zu dürfen, welche Kräfte, welche Talente in mir sind. Ich suche die große Herausforderung und bin bereit und fähig, den Beweis anzutreten, wenn Sie mich lassen ...

Katrin Kramer

Checkliste: Ihre Dritte Seite

○ Was wollen Sie über sich oder/und Ihre Arbeit in interessanter Form, aber kurz und bündig, zu Papier bringen?

○ Sind Ihre Themen, Ihr Inhalt an den drei entscheidenden Weichenstellern orientiert: Kompetenz, Leistungsmotivation, Persönlichkeit?

○ Ist Ihnen eine gute Überschrift gelungen, die zum Lesen animiert?

○ Haben Sie sich klar, kurz und verständlich ausgedrückt, ohne phrasenhaft zu werden?

○ Wie erleben andere Ihre Dritte Seite? Holen Sie sich Beurteilungen von Menschen ein, denen Sie vertrauen können.

www.

Weitere Möglichkeiten, positiv aufzufallen, zum Beispiel durch einen Bewerbungsflyer, eine Profilcard oder eine Kurzbewerbung, finden Sie unter *www.berufsstrategie-plus.de.*

Versandfertig

Sie haben alle Unterlagen für Ihre Bewerbung zusammengetragen. Der Stapel liegt vor Ihnen: Es gilt nun, die Unterlagen (blütenweiß oder in dezentem Farbton, ohne Eselsohren, flecken- und fehlerfrei) ästhetisch zu verpacken, um auch so auf den Inhalt neugierig zu machen.

Zwei Möglichkeiten haben Sie:

1. Lassen Sie sich im Schreibwarengeschäft Ihres Vertrauens beraten und entscheiden Sie, welche Präsentationsform für Ihre Bewerbung die richtige ist: Da gibt es edle Papiermappen, Klemmmappen oder Einlegesysteme.

Bei aller Ästhetik und Kreativität: Bedenken Sie, dass Ihre Unterlagen für die Personalentscheider gut handhabbar und lesefreundlich bleiben müssen. Zu perfekt ist auch nicht gut! Denn eine Einlegemappe, in der jedes Dokument einzeln in Klarsichthüllen präsentiert wird, könnte Ihnen als Zwanghaftigkeit ausgelegt werden. Und achten Sie auf die Farbauswahl: Weiß ist neutral, Dunkelblau oder Schwarz wirkt eher konservativ, ist aber risikolos – schauen Sie, was für Ihren Bewerbungszweck passt, verzichten Sie jedoch besser auf schrille Farben, Muster und alle Arten von Gags. Glattes Plastik ist verpönt, natürliche Materialien sind in. Inzwischen gibt es eine große Auswahl an farbigen und stabilen Pappen; eine sehr teure dreiteilige Pappmappe muss es nicht sein, diese wirkt oft übertrieben.

2. Bitte glauben Sie uns, Sie brauchen überhaupt keine Mappe mehr! Einfaches (wenn auch schönes) Papier für Anschreiben, Deckblatt, *Lebenslauf*/beruflicher Werdegang und die kopierten Anlagen tun es auch. Sogar eine einfache Heftklammer ist heute in den meisten Betrieben akzeptiert.

Hintergrund: Man hat ein zunehmend schlechtes Gewissen, Ihre Unterlagen einfach zu entsorgen, und diese zurückzuschicken, ist zu teuer und aufwendig.

Auch äußere Sorgfalt zählt

Nutzen Sie einen Umschlag mit verstärktem Papprücken oder einen wattierten Umschlag. Anschriftenfeld und Ihr Absender sind mit der gleichen Sorgfalt zu behandeln wie Ihre Unterlagen. Achten Sie auf Ihre Handschrift, denn: Was vielversprechend aussieht, lässt auf ein vielversprechendes Innenleben schließen. Wer sich und seiner Handschrift einen derartigen Effekt nicht zutraut, beschriftet Etiketten (Aufkleber für Adresse und Absender) mit dem Drucker.

Für die Briefmarken gilt: Wählen Sie wenn möglich Sonderbriefmarken und kleben Sie diese sorgfältig auf den Umschlag. Frankieren Sie richtig, nichts ist ärgerlicher, als wenn Ihr Adressat Strafporto zahlen muss.

Ferner: Wählen Sie keine Postsonderzustellung, wie z. B. Einschreiben oder Eilzustellung. Das wirkt zwanghaft und aufdringlich.

Chancen nutzen durch eine persönliche Übergabe

Wenn Sie am Ort Ihrer Bewerbung bzw. in der Nähe wohnen und es sich zutrauen, so geben Sie Ihre Bewerbungsunterlagen persönlich ab! Fragen Sie sich im Unternehmen bis zur richtigen Stelle durch. Gehen Sie nicht davon aus, dass man Ihnen viel Zeit widmet, meist wechselt man jedoch einige freundliche Worte. Nutzen Sie die Gelegenheit für einen kurzen Small Talk mit demjenigen, der Ihre Unterlagen entgegennimmt. Das hinterlässt einen positiven Eindruck, der sich mit etwas Glück vorteilhaft auf Ihre Bewerbung überträgt.

Checkliste: Gestaltung, Verpackung und Versand

Verpackung

O   Das Anschreiben liegt oben lose auf der Mappe. Es wird nicht eingeheftet!

O   Wenn überhaupt eine Mappe, dann besser eine aus Pappe als aus Plastik. Schnellhefter und Plastikmappen mit durchsichtigem Deckblatt, die instabil und flexibel sind, machen einen billigen Eindruck.

O   Bei der Farbwahl: Hände weg von zu grellen, außergewöhnlichen Farben! Schwarz, Weiß, Grau, oder Dunkelblau sind dagegen risikolos.

O   Geben Sie sich mit der Beschriftung des Umschlags Mühe. Die ausführliche Anschrift und Ihr vollständiger Absender sind unbedingt erforderlich.

O   Es wirkt professioneller, wenn Sie den Umschlag durch ausgedruckte PC-Etiketten beschriften. Andernfalls per Hand mit sehr ordentlich geschriebenen Druckbuchstaben.

O   Verpacken Sie die Unterlagen in einen DIN-A4-Umschlag mit verstärktem (Papp-)Rücken, wählen Sie dabei möglichst einen weißen Umschlag.

O   Denken Sie an die ausreichende Frankierung!

○ Versenden Sie Ihre Unterlagen als normale Briefpost, nicht per Express, Einschreiben-Rückschein oder gar als Wertbrief.

○ Prüfen Sie Ihre Unterlagen, bevor Sie den Umschlag zukleben: Stimmt die Reihenfolge der Unterlagen? Ist die Mappe vollständig? Haben Sie Anschreiben und *Lebenslauf* unterschrieben (bitte immer mit vollem Vor- und Zunamen)?

Inhalt

○ Gutes, mindestens 80g schweres weißes oder auch dezent getöntes Papier (z. B. grau, beige), unliniert im DIN-A4-Format.

○ Papier nur einseitig beschriften.

○ Möglichst mit PC und gutem (Laser-/Tintenstrahl-)Drucker ausdrucken (Auch in vielen Fotokopiergeschäften oder Schreibbüros können Sie Ihre Unterlagen in Top-Qualität ausdrucken).

○ Unterschrift mit Füllfederhalter oder Tintenschreiber – am besten in Königsblau (*Lebenslauf* und Anschreiben).

○ Nicht radieren, durchstreichen oder mit Tipp-Ex korrigieren. Immer neu ausdrucken!

○ Weder Flecken noch Eselsohren noch zerknittertes Papier.

○ Nur gute, neue Fotokopien verwenden!

○ Als Original nur Anschreiben und *Lebenslauf* verschicken.

Digital bewerben

Der Trend ist eindeutig! Immer mehr Unternehmen fordern digitale Bewerbungen statt der klassischen Bewerbungsmappe aus Papier. Bei Computer- oder IT-Firmen – kein Wunder – treffen inzwischen etwa 100 Prozent der Bewerbungen per E-Mail ein; in traditionellen Firmen sind es zwischen 40 und 60 Prozent, bei einem kleinen Handwerksbetrieb oder dem Laden um die Ecke sind es auch schon um die 25 Prozent! Der Anteil wächst stetig, denn die Argumente für eine Bewerbung per Internet sind stark: unschlagbar schnell und preiswert.

Im Folgenden zeigen wir Ihnen die wichtigsten Möglichkeiten, die das Internet bei Ihrem Bewerbungsvorhaben bietet.

 Bei Bewerbungen über das Internet gilt mindestens das gleiche Sorgfaltsprinzip wie bei dem klassischen, papierenen Weg. Arbeiten Sie genau, recherchieren Sie gründlich und vermeiden Sie technische Fallen. So werden Sie Punkte sammeln und besser sein als viele Ihrer Konkurrenten.

Im Netz

Bei der Stellensuche im Internet können Sie durch die Angabe von Suchbegriffen Ihre Recherche gezielt vorantreiben, nach Anzeigen suchen oder direkt per E-Mail mit Ihrem potenziellen zukünftigen Arbeitgeber in Kontakt treten. Auf diese Weise sind Sie in der Lage, mehr Information über die ausgeschriebene Stelle zu erfahren oder sich direkt zu bewerben.

Wozu Sie das Internet bei Ihrem Bewerbungsvorhaben gut gebrauchen können

> um Informationen über Arbeitgeber zu recherchieren

> um nach Stellenangeboten von Zeitungen und Unternehmen zu suchen

> um sich auf virtuellen Arbeitsmärkten selbst zu präsentieren

> um auf digitalem Weg Kontakt aufzunehmen

Meist wird bei einer digitalen Anzeige erwartet, dass Sie auch digital antworten: Ob über vorgegebene Online-Bewerbungsformulare, per E-Mail-Bewerbung oder mit Hinweis auf die eigene Bewerbungs-Homepage. Dennoch: Im Zweifel klären Sie besser vorher ab, ob von Seiten des Unternehmens eine E-Mail-Bewerbung die bevorzugte Form der ersten schriftlichen Kontaktaufnahme ist, bevor Sie sich an die elektronische Übersendung Ihrer Unterlagen machen. Ist die Erwartungshaltung des Unternehmens unklar, entscheiden Sie sich lieber für die konventionelle, klassisch schriftliche Bewerbungsmappe, ggf. in Kurzversion.

Die E-Mail-Bewerbung

Erstaunlich dabei: Gute elektronische Bewerbungen werden häufig (ganz klassisch) ausgedruckt, da trotz der vielen Vorteile des digitalen Verfahrens viele Personaler nach wie vor die Leserfreundlichkeit schätzen. Vorab: Was eine E-Mail-Bewerbung beinhalten sollte, steht nicht definitiv fest. Die Ihnen bekannten drei Elemente Anschreiben, *Lebenslauf* und Zeugnisse kommen aber auch hier zum Einsatz. Die meisten verstehen unter einer E-Mail-Bewerbung ein kurzes Anschreiben im Mail-Feld selbst und ein ausführlicheres im Anhang zusammen mit Ihrem *Lebenslauf*. Weitere Varianten stellen wir Ihnen gleich vor.

Es gilt generell: Wer sich auf dem elektronischen Weg um einen Job bewirbt, sollte sich kurz fassen. Niemand will beim Herunterladen lange warten, zig Dateianhänge öffnen und lesen, um letztlich zu entscheiden, ob der Kandidat infrage kommt. Die E-Mail-Bewerbung sollte daher nicht mehr als maximal zwei Megabyte umfassen und möglichst nur Anschreiben und *Lebenslauf* beinhalten, vielleicht noch das letzte (Zwischen-)Arbeitszeugnis. Ein Unternehmen, das Interesse am Bewerber hat, fordert schnell (per Mail, wenn nicht telefonisch) weitere Informationen oder Unterlagen an.

Eine hervorragende Alternative zu umfangreichen Dateianhängen ist der Link auf die eigene Bewerbungs-Homepage: eine gute Möglichkeit, um einerseits über sich Auskunft zu geben und andererseits den „Datengau" beim potenziellen Arbeitgeber zu verhindern. Näheres unter *www.berufsstrategie-plus.de*.

www.

Typische Fehler bei der E-Mail-Bewerbung

> Eine Reihe von diversen Anhängen, deren Inhalte nicht aus dem Dateinamen deutlich hervorgehen, werden mitgeschickt.

> E-Mails werden nicht gezielt an ein Unternehmen, sondern an viele Adressaten versandt.

> Bewerbungen beziehen sich nicht auf spezielle Inserate oder sind als Initiativbewerbung nach dem Motto gestrickt: „Ich würde gerne bei Ihnen mitarbeiten wollen, was können Sie mir anbieten ..."

> Jegliche Formalität wird außer Acht gelassen.
> Die Dokumente enthalten Viren.
> Umfangreiche Dateianhänge legen das System lahm oder lassen sich nicht öffnen.

Das E-Mail-Anschreiben

Verlangt das Stellenangebot nicht ausdrücklich die vollständigen Unterlagen, sind E-Mail-Bewerbungen eher Kurzbewerbungen. Ein ansprechendes kurzes Anschreiben und ein gut getexteter klarer *Lebenslauf* ohne Schnörkel reichen für den Erstkontakt aus.

Schicken Sie Ihre E-Mail-Bewerbung nicht an eine anonyme Pooladresse wie beispielsweise *info@firma.de* oder *kontakt@ unternehmen.com.* Hier besteht die Gefahr, dass Ihre Unterlagen nicht oder erst verspätet in die Hände des zuständigen Entscheiders gelangen. Finden Sie möglichst vorab heraus, wer Ihr Ansprechpartner und Empfänger ist und wie seine E-Mail-Adresse lautet. Hier können Sie auch klären, ob eine E-Bewerbungsform die bevorzugte Variante ist und wie diese aussehen soll (Mail ohne Anhang, mit allen Anlagen oder nur die letzten Zeugnisse etc.).

Die Betreff-Zeile in der Mailmaske soll für Sie und Ihr Anliegen werben. Sie ist das erste, was der Empfänger von Ihnen liest. Geben Sie sich daher Mühe in der Formulierung und machen Sie den Leser neugierig. Statt „Bewerbung" oder „Michaela Müller Bewerbungsunterlagen" weckt eine Betreff-Formulierung wie beispielsweise „Ihre neue Büromanagerin" mehr Interesse.

Beachten Sie außerdem unbedingt: Serienmails sind als Bewerbung ungeeignet. Formulieren Sie individuell für ein bestimmtes Unternehmen. Beziehen Sie sich dabei auf das entsprechende Stellenangebot oder bei einer Initiativbewerbung auf den Anlass und Ihr besonderes Mitarbeitsangebot.

Sprechen Sie den Verantwortlichen namentlich direkt an. Kennen Sie Ihren Ansprechpartner nicht, bleibt nur der Griff zum

Telefon. Signalisieren Sie auch in Ihren Unterlagen Ihre Bereitschaft, vorab telefonisch für weitere Auskünfte zur Verfügung zu stehen.

Die vier gängigsten Varianten für Ihre E-Mail-Bewerbung

1. Variante – empfohlen für einfachere Positionen

Mail-Text (maximal sechs Absätze; insgesamt max. 20 Textzeilen): mit allen Punkten, die wir für ein „klassisches" Anschreiben empfehlen (siehe Seite 104) **plus** Dateianhang mit *Lebenslauf* (LL) **und** den aktuellsten Arbeits- und/oder Ausbildungszeugnissen (AZ). Oder: die AZ als Extradatei, wie hier gezeigt.

2. Variante – empfohlen für herausgehobenere Positionen ab etwa 35 000 Euro Jahresbruttoeinkommen

Mail-Text, maximal drei Absätze; insgesamt max. sechs (!) Textzeilen: kurz Bezug nehmen auf Ihre Bewerbung, ggf. das Telefonat, ggf. Bewerbungs-Homepage; drei Kernkompetenzen nennen **plus** Dateianhang mit „klassischem" Anschreiben (A) und *Lebenslauf* (LL) evtl. plus Arbeitszeugnisse (AZ), evtl. in einer Extradatei.

3. Variante – empfohlen für die erste Kontaktaufnahme

Mail-Text inklusive Lebenslaufdaten ohne Dateianhang: maximal sechs Absätze; insgesamt weniger als 20 Textzeilen; formuliert wie ein „klassisches" Anschreiben mit den wichtigsten beruflichen Stationen; wegen der minimalistischen Form sehr beliebt bei Personalern. Keine weiteren Anhänge.

4. Variante – empfohlen für gehobene Positionen ab Jahresbruttoeinkommen über 45 000 Euro

Mail-Text inklusive Lebenslaufdaten: maximal sechs Absätze, insgesamt weniger als 20 Textzeilen inklusive der wichtigsten beruflichen Stationen plus Dateianhang mit evtl. zusätzlichem Anschreiben und / oder *Lebenslauf* evtl. plus AZ, evtl. in einer Extradatei mit AZ.

Für alle Varianten gilt:

> Die Schriftgröße sollte nicht kleiner sein als 10 Punkt.

> Die Unterschrift am Ende der Mail können Sie PC-schriftlich vornehmen oder (nicht unbedingt nötig!) Ihre Originalunterschrift in blau scannen und einfügen.

> Reihenfolge des Mail-Textes: (Persönliche) Anrede, Text, Grußformel, Unterschrift, Absenderblock (mit Ihren Kontaktdaten), Hinweis auf beigefügte Anlagen (falls welche mitgeschickt werden).
> Auf das Wesentliche reduzieren, keine langen Texte!

Die Form

Nehmen Sie in der Mail selbst schon kurz Bezug auf Ihren beruflichen Werdegang. Das gibt dem Leser einen Überblick, ob sich ein Klick in die angehängte Datei bzw. ein Ausdrucken lohnt. Ein *Lebenslauf* sollte, falls er als PDF-Datei beigefügt wird, gut formatiert sein.

Beschränken Sie Ihre Kreativität auf den Inhalt, nicht auf die Gestaltung des Mail-Textes. Nutzen Sie die klassischen Formatierungen – schwarz auf weiß, einzeilig. Mit anderen Textformatierungen (fett, kursiv, bunte Hintergründe) – halten Sie sich besser zurück. Nicht selten ist das E-Mail-Programm des Empfängers so konfiguriert, dass es Ihre Nachrichten nicht in dem Format lesen kann, in dem Sie es abgesendet haben. Verwenden Sie also die einfachsten Standards und keine Spielereien!

Dateiformat

Ihren Mail-Text schreiben Sie am besten im „Nur-Text"-Format. Für Dateianhänge sollten Sie Ihr Dateiformat sorgfältig wählen bzw. vorher telefonisch nachfragen, was von Unternehmensseite gewünscht ist. Verzichten Sie grundsätzlich auf TIF-, GIF- und EPS- sowie PSD- und BMP-Dateien. Mit Word erzeugte DOC-Dateien sind den meisten PC-Benutzern zwar vertraut, haben aber Nachteile, wenn unterschiedliche Wordversionen installiert sind. Zum einen bleiben Layout und Formatierung bei der Datenübertragung häufig nicht erhalten, zum anderen sind Word-Dateien anfällig für Makroviren. Relativ sicher und virenfrei sind RTF-Dateien, die auch Formatierungen beibehalten. Wählen Sie dazu in Ihrer Textverarbeitung, z. B. in Word, unter „Speichern unter" die Option „.rtf".

Eine professionelle Alternative dazu bieten sogenannte PDF-Dateien (Portable Document Format) der Softwarefirma Adobe. Adobe PDF ist ein Dateiformat, das alle Schriften, Formatierungen, Farben und Grafiken Ihres Dokumentes erhält. Im Geschäftsleben gehört die Software inzwischen zum Standard.

www.

Sie können mit dem kostenfreien FreePDF (*http://freePDFxp. de*) Ihre Dokumente problemlos und schnell in das PDF-Format umwandeln.

Fotos und eingescannte Dokumente (z. B. Arbeitszeugnisse) werden üblicherweise im JPG-Format gespeichert und versendet. Eine Alternative ist auch hier das PDF-Format.

Datengröße und Bezeichnung

Falls Sie Ihrer E-Mail Dateianhänge (Zeugnisse, *Lebenslauf*, Arbeitsproben etc.) anfügen möchten, achten Sie auf die Größe des Anhangs. Diese sollte 2 MB nicht überschreiten. Weniger ist mehr, erwähnen Sie, dass Sie weitere Unterlagen nachreichen können. Fassen Sie ferner Dokumente sinnvoll zusammen: Kein Personalentscheider möchte jede Seite *Lebenslauf*, jedes Zeugnis einzeln öffnen.

Wählen Sie eine einfache wie auch sinnvolle Bezeichnung für Ihre mitgeschickten Dateien. Ihr Familienname, Vorname und der Hinweis auf *Lebenslauf*, Anschreiben oder Zeugnisse wie z. B. „Mueller_Martin_Anschreiben" ist verständlicher als „AN.MM".

Tipp! Testen Sie, wie Ihre E-Mail ankommt. Richten Sie sich eine zweite E-Mail-Adresse ein und schicken Sie vorab eine Testbewerbung an sich selbst. So können Sie prüfen, ob Ihre Mail vollständig, ordentlich formatiert und werbefrei ankommt. Und richten Sie sich eine seriöse E-Mail-Adresse ein, *blondangel@hotmail.com* verrät einiges über Ihre Haarfarbe, wirkt aber auf den Personalchef nicht gewinnend.

Weitere sinnvolle Anlässe für einen Kontakt per E-Mail

> E-Mail vorab als Ankündigung für Ihre Bewerbung: Machen Sie mit einigen kurzen Worten auf Ihre klassische Post-Sendung aufmerksam und wecken Sie bereits im Vorfeld die Neugierde des Empfängers.

> E-Mail zwischendurch: Sie haben Ihre Unterlagen verschickt und bisher nichts gehört. Nach ca. einer Woche ist eine Nachfrage per E-Mail angemessen. Erkundigen Sie sich kurz nach dem

Stand der Dinge, dem Erhalt Ihrer Bewerbung und wann mit einer Rückmeldung zu rechnen ist. Bitte höflich, nicht ungeduldig oder gar vorwurfsvoll!

> E-Mail mit Dank für die Einladung oder nach dem Vorstellungsgespräch: Sich bedanken kommt immer gut an. Ob Sie sich für die freundliche Einladung vorab bedanken und/oder nach dem geführten Vorstellungsgespräch, bleibt Ihnen überlassen (ggf. auch beides!). So bringen Sie sich den Entscheidern erneut in positive Erinnerung.

Auch bei diesen Anlässen sollten Sie alle oben genannten Standards (Adresse, Empfänger, Betreffzeile, Anrede, Absender-Adresse, Signatur, Gestaltung etc.) beachten!

Das Online-Formular

Viele Unternehmen bieten auf ihren Internetseiten potenziellen Bewerbern die Möglichkeit, sich auf firmeneigenen Formularen online zu bewerben. Neben Rubriken, welche die Lebensdaten abfragen, gibt es meist auch Textfelder, die Platz für eigene Formulierungen zulassen. Einfache Formulare stehen oft „pro forma" auf den Webseiten. Sie sollen dem interessierten Besucher und evtl. Bewerber signalisieren, dem Unternehmen ginge es wirtschaftlich so gut, dass es offen für neue Mitarbeiter ist und potenziell expandieren will. Mit tatsächlich vorhandenen Jobs hat das oft wenig zu tun.

Komplexe Bewerbungsformulare sind hingegen speziell entwickelt worden und berücksichtigen personalstrategische Gesichtspunkte. Wenn Sie ein solches Formular ausfüllen, können Sie sicher sein, dass es auch bearbeitet wird. Ob das voll- oder teilautomatisch geschieht, bleibt offen. Je schneller Sie eine Absage bekommen, desto wahrscheinlicher ist ein automatisches, d. h. computergestütztes Auswahlverfahren, das aufgrund einer oder mehrerer Datenabgleiche und Übereinstimmungen (z. B. Alter, Bildungsabschlüsse, Verweildauer an Arbeitsplätzen) entscheidet, ob Sie für das Unternehmen als potenzieller Mitarbeiter interessant sind oder nicht.

Tipp! Bewerben Sie sich nur dann auf diesem Weg, wenn Sie auch den Eindruck haben, dass die Firma ernsthaft an Ihrer Online-Bewerbung interessiert ist. Ein sicheres Zeichen dafür ist eine Annonce, die direkt mit einem Online-Formular verknüpft ist.

Offene Fragen

Häufig werden in diesen Bewerbungsformularen Fragen wie „Warum bewerben Sie sich bei uns?" gestellt. Hier sind Kreativität und Formulierungsgeschick gefragt. Lassen Sie sich etwas Besseres einfallen als „weil ich arbeitslos bin" oder „weil es so ein toller Job ist, der viel Geld bringt". Recherchieren Sie, welche Philosophie die Firma hat und passen Sie Ihre Antwort entsprechend an – ohne sich anzubiedern.

Bevor Sie solche Textfelder ausfüllen, überlegen Sie sich gut, was Sie schreiben. Am besten formulieren Sie zunächst einen Text auf einer separaten Datei, den Sie anschließend in die Felder des Formulars kopieren. Bleiben Sie stets kurz und prägnant. Wer zu viel schreibt, fällt unangenehm auf!

Um genau zu wissen, was Sie in Ihrer Bewerbung geschrieben haben, ist es ratsam, sich alle Angaben zu kopieren und separat abzuspeichern. Am besten mit der „Einfügen / Kopieren"-Funktion in ein Word-Dokument. Die von Ihnen angegebenen Daten brauchen Sie später wieder, um für das – hoffentlich stattfindende – Vorstellungsgespräch vorbereitet zu sein.

Dateianhänge

Evtl. können Sie Dokumente als Dateianhang in die Online-Bewerbungsmaske einfügen (Zeugnisse, Zertifikate, *Lebenslauf* etc.). Nutzen Sie diese Möglichkeit, wenn Sie Ihre Unterlagen in gescannter Form bzw. als PDF vorliegen haben. Falls nicht, auch kein Problem, bei Interesse wird sich der Personalverantwortliche melden und Ihre Unterlagen nachfordern.

Wartezeit

Nachdem Sie das Online-Formular abgeschickt haben, erhalten Sie meist automatisch eine Bestätigung, dass Ihre Bewerbung beim

Unternehmen angekommen ist. Wenn Sie nach etwa fünf Werktagen noch nichts gehört haben, dürfen Sie per E-Mail oder telefonisch höflich nachfragen.

Grenzen des Verfahrens

Firmen können bestimmte Kriterien eingeben, beispielsweise ein Höchstalter oder eine maximale Studiendauer. Falls Sie diese Angaben nicht erfüllen, wird Ihre Bewerbung computergestützt aussortiert und Sie erhalten automatisch eine Absage per E-Mail. Sind Sie trotzdem sicher, dass Sie alle Anforderungen erfüllen, hilft nur eines: Nehmen Sie die herkömmlichen Wege in Anspruch und greifen Sie zum Telefon.

Beispiel einer Online-Maske

Unter *www.berufsstrategie-plus.de* haben wir für Sie eine Online-Bewerbungsmaske nachgestellt. Sie finden in den jeweiligen Feldern auch Formulierungshilfen und Unterstützung zu den Angaben, die Sie machen können bzw. sollten.

www.

Business-Kontaktbörsen

Business-Kontaktbörsen bieten Ihnen die Möglichkeit, Ihr berufliches Profil im Internet zu präsentieren und gleichzeitig mögliche neue Arbeitgeber oder Firmenvertreter direkt anzusprechen. Diese können sich umgehend Ihren beruflichen Werdegang ansehen und bei Bedarf umfangreichere Bewerbungsunterlagen anfordern.

Der Unterschied zu einer „normalen" Jobbörse, wie z. B. *www. monster.de*, liegt in der Sichtbarkeit der Teilnehmerprofile für alle Mitglieder. Jeder kann jedes vorhandene Profil aufsuchen und bei Interesse eine Nachricht hinterlassen – eine unkomplizierte Form des Austausches von untereinander unbekannten Personen. Bisweilen ist die Möglichkeit der Kontaktaufnahme mit einer kostenpflichtigen Mitgliedschaft verbunden. Am bekanntesten ist die Plattform XING.

Business-Kontaktbörsen

Offen	Geschlossen
www.xing.com	*www.performerscircle.com*
www.linkedin.com	*www.manager-lounge.com*

www.

Suchen Sie eine Business-Kontaktbörse, die von Ihren Wunsch-Arbeitgebern genutzt wird, und hinterlegen Sie Ihr Profil. Beachten Sie, dass diese Profilinformationen zu Ihrem beruflichen Hintergrund passen bzw. stimmen Sie Ihre schriftlichen Bewerbungsunterlagen daraufhin ab. Dazu gehören ein ansprechendes Foto in entsprechender „Berufs(ver)kleidung" sowie eine Auflistung der relevanten beruflichen Stationen. Dann können Sie gezielt Ansprechpartner suchen und diese kontaktieren.

Grundsätzlich gilt: Kontakte, die im Internet hergestellt werden und sich vielversprechend entwickeln, müssen kurzfristig durch eine persönliche Begegnung intensiviert werden. Das gilt besonders für den Bewerbungsprozess.

Profile auf Firmenhomepages oder Stellenbörsen

Auf einigen Firmenhomepages sowie Internet-Stellenbörsen können Sie Ihr Bewerberprofil hinterlegen. Diese unterscheiden sich kaum von der klassischen Online-Bewerber-Maske (siehe auch Seite 135). Die Profile werden nach entsprechenden Kriterien technisch ausgewertet und ggf. den Entscheidern zugeleitet, die dann bei Interesse Kontakt zu Ihnen aufnehmen können. Ob diese technischen Bewertungsverfahren immer die besten Kandidaten herausfiltern und weiterleiten, ist fraglich. Nutzen Sie daher bei solchen Firmen parallel auch andere Formen der Bewerbung.

Die Kunst beim Ausfüllen der berufsbezogenen Fragen besteht in der richtigen Mischung aus „angepasstem" Ausfüllen und individueller Präsentation. So können Sie Ihre eigene Persönlichkeit für andere schnell und gut erkennbar werden lassen. Am besten funktioniert dies mit der Eingabe von freien Texten unter der Bezeichnung „Sonstiges" oder „Wollen Sie uns noch etwas mitteilen?" (siehe auch Texte für die Dritte Seite, Seite 120 ff.).

Natürlich können Sie auch Ihre eigene, ganz persönliche Home-page erstellen. Wie das funktioniert und was Sie dabei beachten müssen, erfahren Sie unter *www.berufsstrategie-plus.de*.

Beispiele überzeugender Bewerbungs-unterlagen

Die auf den nächsten Seiten folgenden Beispiele für Bewerbungs-unterlagen sollen praktisch verdeutlichen, was wir Ihnen in die-sem Buch bisher theoretisch an Vorschlägen für die optimale Ge-staltung Ihrer Bewerbungsunterlagen präsentiert haben.

Der Gesamteindruck einer Bewerbungsmappe kann hier auf den schlichten Buchseiten nur andeutungsweise wiedergegeben werden. Bindesystem, Deckel, Rücken, Papiersorte und -farbe so-wie die Zeugnisunterlagen fehlen. Nicht alle Beispiele sindkom-plett (d.h. mit Anlagenübersicht; generell fehlen die typischen Bei-lagen wie Arbeits-, Fortbildungs- und Ausbildungszeugnisse etc.).

Die gezeigten Beispiele (die 2. Version!) wurden in ganz ähn-licher Form erfolgreich von Angestellten in der realen Bewer-bungspraxis eingesetzt. Gleichwohl haben wir Personen, Daten, Orte, Arbeitsplatzanbieter, Ausbildungsgänge, Berufstätigkeiten, Zeiten etc. chiffriert. Entstehende Ähnlichkeiten mit realen Per-sonen sind rein zufällig. Sollten Sie detektivisch auf gewisse „Un-gereimtheiten" stoßen, bitten wir um Verständnis. Diese erklären sich aus den eben aufgeführten Verschlüsselungsgründen.

Im Wesentlichen geht es uns bei den folgenden Beispielen da-rum, Ihnen zu zeigen, welch breite Palette an Darstellungsmög-lichkeiten Sie bei der Gestaltung Ihrer Bewerbungsmappe haben.

Warnen möchten wir Sie davor, die verwendeten Formulierun-gen abzuschreiben und das vorgeschlagene Layout exakt so zu übernehmen. Sie sollten sich der zeitaufwendigeren Aufgabe stel-len, eine eigene (Werbe-)Botschaft zu formulieren und dabei Ihren ganz persönlichen Stil zu entwickeln.

Die für die Entwicklung einer solchen Bewerbungsmappe durch-schnittlich benötigte Zeit liegt bei etwa 15 bis 30 Stunden.

Vorsicht! 1. Version

Daniela Drose
Erzieherin

Marienallee 101
01099 Dresden
Telefon: 0351 / 10 38 382
E-Mail: daniela_drose@yahoo.de

Montessori-Kinderhaus
Frau Münck
Ritterstraße 12
24113 Kiel

Dresden, 12. März 2012

Bewerbung als Erzieherin
Ihre Annonce im Internet

Sehr geehrte Frau Münck,

gerne möchte ich für Ihr Montessori-Kinderhaus als Erzieherin tätig werden
und stelle mich Ihnen heute kurz vor:

- 33 Jahre alt
- Staatlich anerkannte Erzieherin
- Montessori-Diplom
- Zwölfjährige Berufserfahrung als Erzieherin (Montessori-Hort)
- Vierjährige Berufserfahrung als pädagogische Unterrichtshilfe
  (Montessori-Grundschule)

Der Arbeit mit Kindern gehört meine große Leidenschaft. Dabei zeichne ich mich
durch eine gesunde Mischung aus Geduld und Durchsetzungsfähigkeit aus und
dank meines großen Einfühlungsvermögens ist es mir möglich, gezielt auf die
Bedürfnisse der Kinder einzugehen und sie in ihrer Entwicklung individuell zu
unterstützen und zu fördern.

Aufgrund meines sehr starken Asthmas, das an der See immer viel besser wird,
möchte ich gerne nach Kiel umziehen. Ich versichere Ihnen, dass mich das Asthma
in meiner Arbeit kaum beeinträchtigt, und hoffe sehr, dass Sie mich
trotz meiner Erkrankung zu einem Vorstellungsgespräch einladen.

Mit besten Grüßen aus Dresden

Daniela Drose

Anlagen

Daniela Drose
Erzieherin

Marienallee 101
01099 Dresden
Telefon: 0351 / 10 38 382
E-Mail: daniela_drose@yahoo.de

Staatlich anerkannte Erzieherin

Bewerbungsunterlagen

Daniela Drose
Erzieherin

Persönliches

Geboren am 1.02.1979 in Kiel
ledig, keine Kinder
katholisch
Asthmatikerin

Tätigkeiten

Seit 08/06

Pädagogische Unterrichtshilfe/Integrativlehrerin in der
Montessori-Grundschule, Dresden
- *Förderung der Integrativkinder, Schreiben von Förder-
  und Entwicklungsplänen, Erstellen individueller
  Lernmaterialien, Kontrolle der Hausaufgaben*

Seit 08/00

Mitarbeiterin des Hortes der Montessori-Schule, Dresden
- *Gruppenleitung, Betreuung, Erziehung und Bildung von
  Grundschulkindern, individuelle Förderung insbesonde-
  re der Integrativkinder, organisatorische Tätigkeiten etc.*

Ausbildung

08/98 – 07/00

Fachschule für Sozial- und Heilpädagogik
St. Marien, Kiel
Staatlich anerkannte Erzieherin

08/96 – 07/98

Berufsfachschule für Sozialassistenten, Kiel
Staatlich anerkannte Sozialassistentin

Schule

07/96

Fürstenberg-Gymnasium, Kiel
Realschulabschluss

Weiterbildung

08/10

Erste– Hilfe–Training, Malteser Hilfsdienst, Dresden

02/09 – 07/10

Gewaltfreie Kommunikation nach Marshall B. Rosenberg,
Weiterbildungs-Akademie, Dresden (berufsbegleitend)

08/09

Kooperative Elterngespräche (Workshop)

09/07

Seminar zum Thema: *„Autismus und Schule"*, VHS, Dresden

04/03 – 07/04

berufsbegleitender Montessori-Diplomlehrgang,
Weiterbildungs-Akademie, Dresden
Abschluss: Montessori-Diplom

Sonstiges

Führerschein
EDV-Kenntnisse
Fremdsprachen

Klasse 3, Auto vorhanden
Word, Excel, PowerPoint, Outlook
Englisch (Grundkenntnisse)

Dresden, 12. März 2012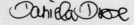

Daniela Drose
Erzieherin

Marienallee 101
01099 Dresden
Telefon: 0351 / 1038382
E-Mail: daniela_drose@yahoo.de

Montessori-Kinderhaus
Frau Münck
Ritterstraße 12
24113 Kiel

Dresden, 12. März 2012

B e w e r b u n g   a l s   E r z i e h e r i n
Ihre Annonce im Internet

Sehr geehrte Frau Münck,

gerne möchte ich für Ihr Montessori-Kinderhaus als Erzieherin tätig werden
und stelle mich Ihnen heute kurz vor:

- 33 Jahre alt
- Staatlich anerkannte Erzieherin
- Montessori-Diplom
- Zehnjährige Berufserfahrung als Erzieherin (Montessori-Hort)
- Vierjährige Berufserfahrung als pädagogische Unterrichtshilfe
  (Montessori-Grundschule)

Der Arbeit mit Kindern, vor allem auch mit denen, die aufgrund schwieriger
Lebenssituationen besonderer Aufmerksamkeit bedürfen, gehört meine große
Leidenschaft. Hierbei zeichne ich mich durch eine gesunde Mischung aus Geduld
und Durchsetzungsfähigkeit aus und dank meines großen Einfühlungsvermögens
ist es mir möglich, gezielt auf die Bedürfnisse der Kinder einzugehen und sie in
ihrer Entwicklung individuell zu unterstützen und zu fördern. Ich sehe die Arbeit
nach Maria-Montessori immer wieder als eine große Bereicherung sowohl für
die Kinder als auch für mich.

Aufgrund eines Wohnortswechsels in meine Heimat suche ich ab Februar 2011
eine berufliche Aufgabe in Kiel. Hat meine Bewerbung Ihr Interesse geweckt, so
besuche ich Sie gerne vorab für einen Vorstellungstermin.

Mit besten Grüßen aus Dresden

Daniela Drose

Anlagen

143

Verbesserte 2. Version

Daniela Drose
Erzieherin

Marienallee 101
01099 Dresden
Telefon: 0351 / 1038382
E-Mail: daniela_drose@yahoo.de

Staatlich anerkannte Erzieherin

B e w e r b u n g s u n t e r l a g e n

für das

Montessori-Kinderhaus
Frau Münck
Ritterstraße 12
24113 Kiel

Daniela Drose
Erzieherin

Geboren am 1.02.1979 in Kiel, ledig, keine Kinder

Tätigkeiten

Seit 08/06 | Pädagogische Unterrichtshilfe/Integrativlehrerin in der Montessori-Grundschule, Dresden

Förderung der Integrativkinder, Schreiben von Förder- und Entwicklungsplänen, Erstellen individueller Lernmaterialien, Kontrolle der Hausaufgaben

Seit 08/00 | Mitarbeiterin des Hortes der Montessori-Schule, Dresden

Gruppenleitung, Betreuung, Erziehung und Bildung von Grundschulkindern, individuelle Förderung insbesondere der Integrativkinder, organisatorische Tätigkeiten etc.

Ausbildung

08/98 – 07/00 | Fachschule für Sozial- und Heilpädagogik St. Marien, Kiel, Staatlich anerkannte Erzieherin

08/96 – 07/98 | Berufsfachschule für Sozialassistenten, Kiel Staatlich anerkannte Sozialassistentin

Schule

07/96 | Fürstenberg-Gymnasium, Kiel Realschulabschluss

Weiterbildung

02/09 – 07/10 | Gewaltfreie Kommunikation nach Marshall B. Rosenberg Weiterbildungs-Akademie, Dresden (berufsbegleitend)

09/07 | Seminar zum Thema: „Autismus und Schule" VHS, Dresden

04/03 – 07/04 | berufsbegleitender Montessori-Diplomlehrgang, Weiterbildungs-Akademie, Dresden

Abschluss: Montessori-Diplom

Sonstiges

Führerschein | Klasse B, Auto vorhanden
EDV-Kenntnisse | Word, Excel, PowerPoint, Outlook
Fremdsprachen | Englisch (Grundkenntnisse)
Hobbys | Singen im Chor, Schwimmen, Zeichnen

Dresden, 12. März 2012

Zu den Unterlagen von Daniela Drose

1. Version

Daniela Drose ist Erzieherin und leidet unter schwerem Asthma, weshalb sie ans Meer umziehen möchte. Sie bewirbt sich initiativ bei einem Montessori-Kinderhaus in Kiel. Die erste Version hat einen schönen Briefkopf, bei dem die Tätigkeit als Erzieherin klar benannt wird. Gleiches gilt für die Betreffzeile. Frau Drose hat eine Ansprechpartnerin herausgefunden und nennt diese namentlich in der Anrede, sehr gut! Noch besser wäre es gewesen, sie hätte vorab mit ihr telefoniert.

Die Zeilenführung wirkt lebendig und durch die Stichpunkte werden die wesentlichen Kompetenzen übersichtlich dargestellt. Das Handicap wird im letzten Absatz ausführlich erwähnt. So sind Frau Droses Motive nachvollziehbar vermittelt. Das kann sie tun, in der zweiten Version werden Sie sehen, dass sie dies auch vermeiden kann. Das Deckblatt ist einfach und schlicht gestaltet, mit einem sympathischen Foto. Man könnte hier noch etwas mehr Text unterbringen, zumal die untere Hälfte praktisch frei bleibt.

Der anschließende *Lebenslauf* hat eine klassische Form, bleibt trotz nur einer Seite übersichtlich. Leider hat Frau Drose Ihre Hobbys nicht erwähnt, dafür oben prominent nochmals angeführt, dass sie Asthmatikerin ist. Das ist nicht nötig!

2. Version

In der zweiten Version hat die Kandidatin Ihr Asthmaleiden verschwiegen. Die Begründung, weshalb sie nach Kiel möchte, ist auch so nachvollziehbar. Und „aus persönlichen Gründen" kann man immer schreiben.

Ihre Argumentation im dritten Abschnitt des Anschreibens ist hier etwas ausführlicher und noch überzeugender. Das Deckblatt ist deutlich gelungener. Unter dem Foto befindet sich Frau Droses gescannte Unterschrift. Außerdem ist nochmals der Empfänger, mit Ansprechpartner, aufgeführt.

Beim *Lebenslauf* sind die Hobbys nun angeführt (sehr gut!), die persönlichen Daten etwas kürzer gehalten. Asthma und die Religionszugehörigkeit gehen den Arbeitgeber ohnehin nichts an.

Bernd Baller
Rosenheimer Str. 2 • 83278 Traunstein

Bernd Baller

Handelsvertreter
Bücher ◆ Zeitschriften

Gerno Medien GmbH
Martin Gerno
Traunsteiner Landstraße 4

83023 Rosenheim

Traunstein, 20.3.2012

Mein Anliegen:
Ihre Zeitschriften auf den Weg bringen!

Sehr geehrter Herr Gerno,
durch Herrn Heino Müller erfuhr ich, dass Sie einen Handelsvertreter für den Vertrieb Ihrer Zeitschriften suchen. Da ich diese Tätigkeit seit Jahren erfolgreich im Bereich Bücher und Zeitschriften ausübe, stelle ich mich Ihnen als zukünftigen Vertragspartner vor.
Zu meinen Qualitäten gehört es, mit Kunden sicher und schnell ins Gespräch zu kommen, ihre Bedürfnisse zu erkennen und ihr Vertrauen zu gewinnen. Meine Kompetenz in Beratung und Verkauf sowie die absolut zuverlässige Umsetzung werden von meinen Geschäftspartnern geschätzt und anerkannt.
Mehr dazu erfahren Sie aus dem beiliegenden Faltblatt. Für den Vertrieb Ihrer Zeitschriften stehe ich Ihnen sehr gern zur Verfügung, aber wegen einer vertraglichen Bindung leider erst ab dem 1.12.2012. Vielleicht erörtern wir in einem persönlichen Gespräch, in welcher Form ich mich in den nächsten Monaten bereits einbringen kann. Ich freue mich schon jetzt darauf, Sie kennenzulernen!
Mit freundlichen Grüßen

Bernd Baller

PS: Weitere Unterlagen erhalten Sie gern auf Anfrage.
PPS: Wegen einer Beinamputation genieße ich den Schwerbehindertenstatus, bin aber uneingeschränkt fit und mobil.

Tel./Fax (0861) 345 677	E-Mail: info@bballer.de	Bankverbindung	Norisbank
Mobil (0177) 342 389	Steuer-Nr. 678/344 878	Kto. 122 789 1012	BLZ 760 260 00

Verbesserte 2. Version

Bernd Baller
Rosenheimer Str. 2 • 83278 Traunstein

Bernd Baller

Handelsvertreter
Bücher ♦ Zeitschriften

Gerno Medien GmbH
Martin Gerno
Traunsteiner Landstraße 4
83023 Rosenheim

Traunstein, 20.3.2012

Mein Anliegen:
Ihre Zeitschriften auf den Weg bringen!

Sehr geehrter Herr Gerno,

durch Herrn Heino Müller erfuhr ich, dass Sie einen Handelsvertreter für den Vertrieb Ihrer Zeitschriften suchen. Da ich diese Tätigkeit seit Jahren bereits sehr erfolgreich im Bereich Bücher und Zeitschriften ausübe, stelle ich mich Ihnen heute gerne als Ihr zukünftiger Vertragspartner vor.

Zu meinen Qualitäten gehört es, mit Kunden sicher und schnell ins Gespräch zu kommen, ihre Bedürfnisse zu erkennen und ihr Vertrauen zu gewinnen. Meine Kompetenz in Sachen Beratung und Verkauf sowie die absolut zuverlässige Umsetzung werden von meinen Geschäftspartnern geschätzt und anerkannt.

Mehr dazu erfahren Sie aus dem beiliegenden Faltblatt. Für den Vertrieb Ihrer Zeitschriften stehe ich Ihnen sehr gern zur Verfügung, aber wegen einer vertraglichen Bindung leider erst ab dem 1.12.2012. Vielleicht erörtern wir in einem persönlichen Gespräch, in welcher Form ich mich in den nächsten Monaten bereits einbringen kann.

Ich freue mich darauf, Sie kennenzulernen!
Mit freundlichen Grüßen aus Traunstein

Bernd Baller

PS: Weitere Unterlagen erhalten Sie gern auf Anfrage.

| Tel./Fax 0861 345677 | E-Mail: info@bballer.de | Bankverbindung | Norisbank |
| Mobil 0177 342389 | Steuer-Nr. 678/344 878 | Kto. 122 789 1012 | BLZ 760 260 00 |

Meine zufriedenen Kunden und der Weg dorthin ...

seit 2006
Handelsvertreter für Bücher, insb. Taschenbuch (Non-fiction), Plönske-Medien GmbH/ München (Referenzgeber: Herr Goza, Tel.: 089/4567891)

2000 – 2005
Handelsvertreter für gebundene Bücher, insb. Belletristik, Arak-Buchvertrieb/Zwickau (Referenz: Frau Meisel, Tel.: 0375/344823)

1997 – 1999
Vielseitige Berufstätigkeiten im Handel, Tourismus und in der Personenbeförderung

Ich zeichne mich dadurch aus, dass ich ...

den vertrauensvollen Kontakt zu Kunden pflege und neue gewinne,

Bestellungen und Verträge kompetent bearbeite,

umfassend über Serviceangebote berate und diese umsetze,

Reklamationen aufnehme und bearbeite, wobei ich die Interessen des Kunden und des Auftraggebers wahre,

laufend den Markt beobachte,

Sonderaktionen konzipiere, vorbereite und durchführe.

Sie brauchen einen Partner, der ...

Ihre Zeitschriften zuverlässig an den Kunden bringt,

umfassende Kenntnisse und Erfahrung im Geschäft aufweist,

das nötige Fingerspitzengefühl für den Markt besitzt,

Kunden mit Fachkompetenz und Einfühlungsvermögen berät,

einen Rundum-Service bietet,

leicht und schnell das Vertrauen der Kunden gewinnt,

mit Flexibilität, Kreativität und Organisationstalent seine Aufträge erledigt.

Bewerbungsunterlagen

Damit Sie wissen,
wer hinter diesen Zeilen
steckt …

Meine Qualifikation

Studium der Betriebswirtschaft,
Fachhochschule Erlangen
sowie Ökonomie, Technische
Universität Dresden

Schulungen zu Vertragswesen im
Buchhandel, Verkaufstraining,
Kommunikation und Rhetorik

PC/MAC-Kenntnisse:
Word, Excel, Access sowie
Internet/E-Mail

Fremdsprachenkenntnisse:
Englisch gut in Wort und Schrift
Russisch Grundkenntnisse

Führerschein Klassen A, B, C
P-Schein und Busführerschein

Bernd Baller

Bernd Baller

Bernd Baller
Rosenheimer Str. 2
83278 Traunstein
Tel./Fax: 0861 345677
Mobil: 0177 342389
E-Mail: info@bballer.de

Handelsvertreter
Bücher ◆ Zeitschriften

150

Zur Kurzbewerbung von Bernd Baller

Zunächst zeigen wir Ihnen zwei Versionen des Anschreibens von Herrn Baller, der sich als Buchhandelsvertreter bewirbt.

1. Version

Zunächst ein Fehler, den Sie unbedingt vermeiden sollten: Zwischen Straße und Ort des Empfängers darf keine Leerzeile mehr stehen!

Die Betreffzeile ist auffällig, ohne aufdringlich zu sein. Das passt sehr gut zu einem extrovertierten Menschen, wie es ein Handelsvertreter ist und auch sein sollte. Damit bringt Herr Baller seine starke Motivation und seine Durchsetzungskraft, gute Abschlüsse zu erzielen, klar zum Ausdruck. Seine Einleitung ist ebenfalls gelungen, bezieht er sich doch auf eine dritte Person, die den Personaler kennt. Die Zeilenführung ist in Ordnung, wirkt aber durch den Blocksatz sehr steif und förmlich. Seinen Schwerbehindertenstatus führt der Kandidat unübersehbar im PPS an. Sicherlich kann man es so vermitteln, es geht aber auch dezenter!

2. Version

Der Briefkopf ist jetzt verbessert. Die Einleitung im Anschreiben ist etwas modifiziert; Herr Baller wirkt als *„Ihr* zukünftiger Vertragspartner" noch verbindlicher und entschlossener. In gleicher Form das Ende des Schreibens: Denn der letzte Satz, die Freude auf das gegenseitige Kennenlernen, wird durch eine neue Zeile besser herausgestellt.

Auch die Grußformel ist persönlicher, denn der Bewerber fügt seinen Wohnort bei. Von seiner Behinderung ist nun keine Rede mehr, was völlig in Ordnung, vielleicht sogar besser ist. Sein Angebot, weitere Unterlagen auf Nachfrage zu schicken, ist bei einer Kurzbewerbung Pflicht.

Was die Gestaltung betrifft, so wirkt das Schreiben durch den linksbündigen Text etwas aufgelockerter.

Lebenslauf-Flyer

Für den Lebenslauf hat sich Herr Baller etwas Besonderes einfallen lassen. Er hat einen zweiseitigen Flyer mit jeweils drei Spalten gestaltet. Das ist sehr außergewöhnlich, aber durchaus angemessen bei einem Beruf, der viel auf Repräsentation und Präsentation setzt. Die Form ist sehr übersichtlich, die Argumentation gut! Sympathisch ist sein dynamisch wirkendes Oberkörperporträt, und auch das selbstgestaltete Logo zeigt, dass Herr Baller Geschmack hat.

Auf dem Flyer könnte er auch sein Handicap erwähnen, ähnlich wie beim PPS in der 1. Version seines Anschreibens. Besser finden wir es aber auch hier, dies nicht zu tun, zumal ihn seine Behinderung in keinster Weise einschränkt.

Sehr geehrter Herr Steinbrück,

nach unserem anregenden Telefonat wende ich mich,
wie vereinbart, auf elektronischem Weg an Sie.
Ihre Stellenausschreibung hat sofort mein besonderes Interesse gefunden,
da die Stelle als Sekretärin eine attraktive Herausforderung für mich
darstellt.

Zu meiner Person:
- Bürokauffrau, erfahren in allen Büroarbeiten
- Kenntnisse der gängigen PC-Anwendungen
  (MS-Office, Excel, PowerPoint)
- sehr gute Kenntnisse im Business-Englisch
- stresserprobt und flexibel

Auch in meiner Freizeit übernehme ich gern Verantwortung:
Ich engagiere mich als Schatzmeisterin eines Vereins
und in der Organisation eines privaten Kindergartens.

Meinen Lebenslauf füge ich Ihnen als Datei an.
Gern lasse ich Ihnen Zeugnisse zukommen oder bringe sie zu einem persönlichen Gespräch mit, auf das ich mich freue.

Mit freundlichen Grüßen

Ute Meyerbeck

Hauptstr. 3
24251 Osdorf
Tel.: 04346 3561

Anlage
Datei »Lebenslauf Ute Meyerbeck.doc« einschließlich einer Seite mit
Angaben zu meiner Motivation (als doc.x-Datei – auf Wunsch auch gern
in einer älteren Word-Version!)

Persönliche Daten im Überblick:

Ute Meyerbeck
Hauptstr. 3, 24251 Osdorf, Tel.: 04346 3561
Geboren am 11.4.1977 in Kiel
Verheiratet, zwei Kinder

Berufspraxis
Dezember 1994 – Juni 1997:
Sievers-Druck GmbH, Kiel
englische und deutsche Korrespondenz

April 1997 – Juni 2007:
Hausverwaltung Meyerboom, Schleswig
Büroorganisation, Betriebskostenabrechnung, Führung der Personalakten

seit Juli 2007:
Hausfrau und Mutter

Berufliche Weiterbildung
Jan. 2007:
»Tabellenkalkulation mit Excel«, IHK Schleswig-Holstein

Okt. 2009:
»Business-English in Wort und Schrift«, einjähriger Aufbaukurs der
Sprachakademie Hagen, Eckernförde

Jan. 2011:
»Präsentieren mit PowerPoint«, VHS Schleswig

Schul- und Berufsausbildung
1982 – 1991:
Grund- und Hauptschule in Kiel

Sept. 1991 – Juli 1994:
Ausbildung zur Bürokauffrau, Sievers-Druck GmbH, Kiel

Besondere Kenntnisse
Gute Sprachkenntnisse in Englisch

PC-Kenntnisse: MS-Office-Programme, Tabellenkalkulation mit Excel,
PowerPoint

Interessen, ehrenamtliche Tätigkeiten
Kassenwartin im Tanzclub »Rot-Weiß«

Mitarbeit im Kinderladen »Knirpse«

Gartengestaltung

Osdorf, 3. März 2012
Ute Meyerbeck

Ute Meyerbeck
Hauptstr. 3
24251 Osdorf
Tel.: 04346 3561
E-Mail: kamey@aol.com

Zur Person:
Geboren am 11.4.1977 in Kiel
verheiratet, zwei Kinder

Qualifikation:
Bürokauffrau

Angestrebte Tätigkeit:
Sekretärin in der Personalverwaltung

Unterlagen für Herrn Steinbrück, Schleswiger Verlagsgesellschaft

Ute Meyerbeck

Berufspraxis

seit Juli 2007	Familienphase
April 1997 – Juni 2007	Hausverwaltung Meyerboom, Schleswig Büroorganisation, Betriebskostenabrechnung, Führung der Personalakten, Buchhaltung
Dez. 1994 – Juni 1997	Sievers-Druck GmbH, Kiel Mitarbeit in der Einkaufsabteilung, Auftrags- abwicklung, selbstständige Bearbeitung der englischen und deutschen Korrespondenz

Berufliche Weiterbildung

Jan. 2011	VHS Schleswig »Präsentieren mit PowerPoint«
Okt. 2009 – Juni 2010	Sprachakademie Hagen, Eckernförde »Business-English in Wort und Schrift«
Jan. 2007	IHK Schleswig-Holstein »Tabellenkalkulation mit Excel«

Schul- und Berufsausbildung

Sept. 1991 – Juli 1994	Sievers-Druck GmbH, Kiel Ausbildung zur Bürokauffrau
1982 – 1991	Grund- und Hauptschule in Kiel

Ute Meyerbeck

Kenntnisse und Fähigkeiten

Gute Sprachkenntnisse in Englisch

PC-Kenntnisse: MS-Office-Programme, Tabellenkalkulation mit Excel, PowerPoint

Interessen, Engagements

Kassenwartin im Tanzclub »Rot-Weiß«

Organisatorische Betreuung des Kinderladens »Knirpse«

Osdorf, 3. März 2012

Ute Meyerbeck

– Zeugnisse und Zertifikate gern auf Anfrage –

Die neuen Medien im Einsatz – Ute Meyerbeck

Frau Meyerbeck bewirbt sich auf folgende Stellenausschreibung:

Sekretärin

gesucht. Teil- oder Vollzeit, zunächst befristet auf 2 Jahre, eine Verlängerung ist möglich.

Erforderlich sind

▶ kaufmännische Ausbildung

▶ Kenntnisse der gängigen Computerprogramme

▶ Sicherheit in Wort und Schrift

▶ Fähigkeit zum eigenverantwortlichen Arbeiten

▶ Englischkenntnisse

▶ Organisationstalent

▶ Teamfähigkeit und hohe Belastbarkeit

Sie holt über das Internet weitere Informationen ein und findet dabei auch den Ansprechpartner heraus. Als sie ihn anruft, schlägt der Unternehmer der Bewerberin vor, Ihre Unterlagen per E-Mail zu schicken. Frau Meyerbeck vergisst zu fragen, ob auch Dateianhänge erwünscht sind.

Im Anschreiben bezieht sich Frau Meyerbeck ausdrücklich auf das Telefonat und bringt ihr Interesse klar zum Ausdruck. Sie fasst kurz zusammen, was sie auszeichnet, und zwar in der gleichen Reihenfolge wie in der Ausschreibung. Weitere Erfahrungen, vor allem im Personalbereich, die für die Stelle wichtig sind, will sie persönlich erläutern, wenn es zu einem Gespräch kommt. Der Hinweis auf zwei wichtige Freizeitinteressen reicht aus, um ihre Charakterstärken und Erfahrungen zu belegen. Im letzten Absatz spricht sie ihr geplantes weiteres Vorgehen an. Als Hilfestellung macht sie Angaben über das Dateiformat des angehängten *Lebenslaufs* und zu weiteren Unterlagen.

Der *Lebenslauf* ist übersichtlich gegliedert: Innerhalb eines E-Mail- Textes sind keine aufwendigen Formatierungen möglich. Etwas schwer nachvollziehbar könnte sein, dass der *Lebenslauf* zwar nach Stationen gegliedert ist (wie im „amerikanischen" *Lebenslauf*), dann aber das aktuelle Datum am Ende kommt. Besser wäre es umgekehrt. Das eingescannte Foto fällt etwas zu klein und unauffällig aus.

Alternativ: Im Vertrauen darauf, dass die meisten PC-Anwender ihre eingehenden E-Mails auf Viren prüfen, hat sich Frau Meyerbeck dazu entschieden, ihren *Lebenslauf* als Word-Datei anzuhängen, wobei sie inhaltlich nicht viel verändert. So hat sie die Möglichkeit, den Text ansprechend zu formatieren (zu beachten: Der Empfänger sieht an seinem Bildschirm u. U. die chaotisch verteilten Absatzmarken, wenn keine Formatvorlagen verwendet wurden; daraufhin prüfen!). Auf einem separaten Deckblatt bringt sie ihre persönlichen Angaben unter. Sowohl die obere und untere Linie als auch das ungewöhnliche Format des Fotos ziehen Blicke auf sich. Frau Meyerbeck betont ihre Qualifikation und ihr angestrebtes Aufgabengebiet.

Der *Lebenslauf* enthält auf beiden Seiten die ähnlich wie auf dem Deckblatt formatierte Namenszeile. Frau Meyerbeck hat den Text weit eingerückt und alle Angaben übersichtlich arrangiert. Bei dieser Version folgen die zeitlichen Daten konsequent dem amerikanischen *Lebenslauf*. Dadurch sind sie besser nachvollziehbar: von der Gegenwart in die Vergangenheit. Die Erziehungspause – und schwere Krankheitsphase, die sie hier geschickt kaschiert – nennt sie nun selbstbewusst „Familienphase". Wichtig für die angestrebte Stelle sind die Tätigkeiten in der Personalabteilung, die die Bewerberin im ersten Block herausstellt. Die Aufzählung der Hobbys hat sie auf das Wesentliche reduziert. Sie verzichtet darauf, eingescannte Unterlagen anzufügen, sondern bietet an, diese bei Interesse gern zur Verfügung zu stellen.

www. Unter *www.berufsstrategie-plus.de* haben wir weitere Bewerbungsbeispiele für Sie zusammengestellt – alle in der Vorher-Nachher-Version mit Kommentar.

Glückwunsch, Sie sind weiter ...

... und so bereiten Sie sich richtig vor!

Alle Themen

Alle wichtigen Fragen

Antwortstrategien

Endlich eingeladen

Ihr Vorstellungsgespräch

Sie sind / Sie werden eingeladen, Ihre Bewerbungsunterlagen haben Interesse und positive Erwartungen ausgelöst ... Man hält Sie für einen interessanten, hilfreichen, kompetenten „Problemlöser!" Herzlichen Glückwunsch! Genau so wollten wir das ...

Auf diese zweite, jetzt mündliche „Prüfungshürde" können Sie sich genauso gut vorbereiten wie auf die schriftliche. Die Fragen, die Ihnen im Vorstellungsgespräch gestellt werden, stehen schon alle fest. Sie haben wirklich keinen Grund dazu, sich jetzt schrecklich zu sorgen oder gar zu ängstigen. Denn wenn Sie gut vorbereitet sind, wissen Sie zu antworten, haben Sie einen überzeugenden Standpunkt, werden Sie einen exzellenten Eindruck hinterlassen, wird man Sie wieder einladen.

Wissen, was von Ihnen erwartet wird

Ein Arbeitsplatzanbieter will in einem Vorstellungsgespräch vor allem überprüfen, ob ein Bewerber die persönlichen und beruflichen Voraussetzungen erfüllt. Warum schreiben wir: die „persönlichen" vor den „beruflichen" Voraussetzungen?

Der Arbeitgeber will seine freie Stelle mit dem besten Kandidaten besetzen, dem er am meisten vertrauen kann, denn das ist die beste Grundlage, ihm auch eine Aufgabe zu übertragen. Aber er will natürlich auch den, der am besten in die Firma passt. Und der Grund zur Hoffnung gibt, die anstehenden Probleme gut zu lösen bzw. erfolgreich mitzuwirken bei ihrer Beseitigung.

Dazu stellt sich der Auswähler die folgenden Fragen (denken Sie an **KLP**! Siehe Seite 14):

Zu Ihnen als Person:

> *Wirken Sie sympathisch und vertrauenswürdig?*

> *Sind sie anpassungsfähig und können Sie im Team arbeiten?*

> *Passen Sie zum Unternehmen und ins Team?*

Zu Ihrer Leistungsbereitschaft:

> *Bringen Sie Interesse und Leidenschaft für die Arbeit mit?*

> *Sind Sie besonders lernwillig, einsatzbereit und arbeitsfreudig?*

> *Werden Sie sich ganz und gar für Ihre Aufgabe und die Firma einsetzen?*

Zu Ihren Fähigkeiten:

> *Haben Sie die Kenntnisse und Erfahrungen, die für den Arbeitsplatz notwendig sind? Und passen Sie auch gehaltlich zu dem Unternehmen (nicht zu teuer, aber auch nicht auffällig billig/unter Preis)?*

Wie Sie sehen, geht es im Vorstellungsgespräch vor allem darum, dass Sie Ihr Gegenüber von Ihren persönlichen Qualitäten, aber natürlich auch von Ihren beruflichen und leistungsmäßigen Fähigkeiten überzeugen. Und je nach Informationsstand wird sich Ihr Gesprächspartner dabei auch Gedanken über Ihren Gesundheitszustand machen.

Und *natürlich* spielt Ihr Handicap (was immer es sein mag) eine nicht zu unterschätzende Rolle, für *Sie* im Sinne: Was trauen Sie sich zu? Aber auch für *Ihr Gegenüber*, den Arbeitsplatzanbieter, der Sie jetzt zum ersten Mal sieht und sich ja auch fragen muss: Traue ich mich, es mit diesem Bewerber (Ihnen!) zu versuchen?

Kann ich ihr/ihm die Bewältigung der Herausforderung (Problem-lösung) wirklich zutrauen, ist er gesundheitlich dazu in der Lage?

So bereiten Sie sich gezielt vor

Sie setzen sich (abermals!) mit Ihrem Mitarbeitsangebot und Ihrem Handicap auseinander und entscheiden, was Sie davon kommu-nizieren wollen bzw. müssen, insbesondere aber auch in welcher Form und wann.

Dann informieren Sie sich so genau wie möglich. Holen Sie so viel an Informationen ein, wie es geht, über

> die Firma, bei der Sie sich bewerben,

> die Branche, das Umfeld, in der die Firma tätig ist,

> die Arbeitsstelle, auf die Sie sich bewerben, und

> die Aufgaben, die Sie erwarten.

Neben den wichtigsten Frage- und Antworttechniken, die Sie beherr-schen/wissen sollten (auch wie Sie am besten auf unangenehme Fragen reagieren) kommt es für Sie darauf an, das Sie sich sorgfältig vorbereiten auf das, was Sie selbst vermitteln (Ihre Kommunikati-onsziele, Botschaften und Argumente/Beispielgeschichten).

Wenn Sie mit dem üblichen Gesprächsablauf und den wichtigs-ten Fragen eines Vorstellungsgesprächs gut vertraut sind, hilft das gegen Unsicherheit. Sie wissen dann, was Sie erwartet, und können sich umso besser darauf vorbereiten.

Aber das wahrscheinlich *Wichtigste* ist nochmals die intensive Auseinandersetzung mit sich selbst, mit Ihrem Handicap, und da-mit im Zusammenhang mit Ihrem Mitarbeitsangebot und Ihrem potenziellen Auftraggeber, Ihrem Kunden, dem Arbeitsplatzan-bieter. Was wollen Sie ihm zu diesem Thema mitteilen, bzw. auch: Was haben Sie bereits mitgeteilt?

Waren Sie so mutig, Schwierigkeiten in Ihrer schriftlichen Be-werbung anzudeuten oder sind Sie ein ganz cooler Stratege und werden erst bei der persönlichen Begegnung etwas zu Ihrer be-sonderen gesundheitlichen Situation sagen?

Verdeutlichen wir uns: Sie könnten bereits im Vorfeld, bei Ihrer schriftlichen oder telefonischen Kontaktaufnahme etwas zu Ihrer besonderen Ausgangslage gesagt haben. Sie könnten auch eine Einladung erst einmal abwarten und kurz, bevor Sie zum Gespräch hingehen, etwas telefonisch oder schriftlich (auch per Mail) dazu mitteilen. Oder direkt bei der ersten Begegnung, gleich zu Anfang, später oder erst ganz zum Schluss! Was immer Sie tun, es sollte gut überlegt sein und Sie brauchen eine gewisse Zeit, um alles zu bedenken und zu entscheiden. Das hängt natürlich auch von der Art und dem Grad Ihres Handicaps ab, selbstverständlich auch von der Tätigkeit, die Sie anbieten.

Kurzum: Was für Probleme (Aufgaben) wollen Sie lösen und wie sieht Ihr eigenes persönliches, gesundheitliches Handicap im Bezug darauf aus? Vielleicht tauschen Sie sich dazu besser mit anderen aus, denn vielleicht haben diese eine ganz andere Einschätzung dazu, halten Ihr Handicap für eher unbedeutend im Zusammenhang mit der Herausforderung, der Sie sich stellen wollen, oder auch umgekehrt: Ihre persönlichen Berater haben die Einschätzung, Sie würden sich in Ihrer besonderen Situation überschätzen, Sie liefen Gefahr, sich zu übernehmen ...

Es ist nicht ganz einfach, ohne ein persönliches Gespräch Ihre besondere Situation richtig einschätzen zu können, um Ihnen wirklich etwas zu raten. Wichtig ist jedoch, Sie durchdenken Ihr Mitarbeitsangebot unter speziell diesen beiden Gesichtspunkten.

Wie lange dauert ein Vorstellungsgespräch?

Die Dauer ist unterschiedlich, je nach Arbeitsplatz und der Anzahl an Bewerbern. Meist dauert es zwischen einer halben und ganzen Stunde, bisweilen aber auch mal eineinhalb oder in seltenen Fällen bis zu zwei oder sogar noch mehr Stunden.

Bevor Sie zum Vorstellungsgespräch gehen

Lesen Sie Ihren *Lebenslauf* noch einmal durch. Das kann wichtig sein. Denn bestimmt werden Sie darauf angesprochen, und dann sollten Sie die Daten parat haben und zu einzelnen Punkten näher Auskunft geben können.

Die großen Gesprächsthemen

Jedes professionell geführte Vorstellungsgespräch läuft nach folgendem Schema ab:

> Begrüßung und Einleitung des Gesprächs

> Fragen danach, warum Sie sich beworben haben und was Sie für sich/für das Unternehmen erreichen wollen

> Welche Ausbildung und welchen beruflichem Werdegang haben Sie?

> Wie sieht Ihr persönlicher Hintergrund aus?

> Wie ist es um Ihre Gesundheit bestellt?

> Kennen Sie sich aus und trauen Sie sich die Arbeit zu?

> Informationen über die Stelle und die Firma für Sie als Bewerber

> Die Arbeitsbedingungen

> Fragen, die Sie als Bewerber haben?

> Abschluss des Gesprächs und Verabschiedung

Hier die 11 wichtigsten Fragen …

Die Fragen, die bei einem Vorstellungsgespräch an Sie gerichtet werden können, stehen fest. Überlegen Sie sich bereits vorher Ihre Antworten und welchen Eindruck Sie hinterlassen möchten.

> Erzählen Sie uns etwas über sich! Wir wollen Sie (so richtig gut) kennenlernen …

> Warum bewerben Sie sich für diese Stelle bei uns?

> Warum sind Sie der richtige Kandidat/die richtige Kandidatin?

> Was erwarten Sie für sich? Von uns? Von dem Job?

> Was sinc Ihre Stärken/Ihre Schwächen?

> Was möchten Sie in 3, in 5, in 10 Jahren erreicht haben?

> Warum haben Sie diesen Beruf/Branche/Tätigkeit gewählt?

> Wo liegen bzw. lagen Ihre Arbeitsschwerpunkte?

> Wie verbringen Sie Ihre Freizeit?

> Welche Fragen haben Sie an uns?

> *Und: mal ehrlich, gesundheitlich, trauen Sie sich das wirklich zu?*

Die 10 wichtigsten Fragen zur gesundheitlichen Situation

Sollten Sie Auskunft über Ihre gesundheitliche Situation geben wollen bzw. müssen, sind insbesondere dies die **10 Kernfragen**, mit denen Sie rechnen dürfen und deren Beantwortung sich ebenfalls gut vorbereiten lässt.

> Was für ein Problem / Handicap / Behinderung haben Sie genau?

> Welchen Grad hat Ihre Behinderung?

> Inwieweit beeinträchtigt Sie Ihr Handicap allgemein und speziell in Ihrer Arbeit/Leistungsfähigkeit? Und wie häufig fielen Sie dadurch bedingt innerhalb der letzten zwei Jahre aus?

> Seit wann haben Sie dieses Problem?

> Welche Maßnahmen (Konsequenzen aus Ihrer Erkrankung, Entwicklungen etc.) haben Sie bereits auf sich genommen und ergeben sich aus dieser Behinderung und welche Maßnahmen werden erforderlich in naher und ferner Zukunft?

> Von wem erhalten Sie Unterstützung?

> Wie kommen Sie damit klar? Allgemein und speziell im Arbeitsalltag?

> Wie schätzen Sie selbst Ihre besondere Situation ein?

> Überschätzen Sie nicht ein bisschen Ihre Kräfte?

> Wie sieht Ihre Umwelt das?

Beim Vorstellungsgespräch geht es vor allem um Sympathie. Und diese „Sympathie" hat zwei Schwestern (sie heißen Vertrauen und Zutrauen). Darauf kommt es jetzt für Sie an: das Vertrauen Ihres Gegenübers zu gewinnen. Wenn dieser Ihnen etwas im positiven Sinne zutraut, haben Sie gewonnen! Natürlich spielten auch Ihre nachweis- und erkennbare Leistungsbereitschaft und fachliche Eignung eine wichtige Rolle. Wenn Sie aber zunächst einmal die Sympathie Ihres Gegenübers gewonnen haben, dann werden Ihnen auch Leistungsbereitschaft und Eignung zugetraut.

... und hier die Fragen, die Sie sich stellen müssen:

Diese drei plus eine Frage sind dabei hilfreich:

> Was für ein Mensch bin ich, aus welchem Holz bin ich geschnitzt?

> Was kann ich anbieten, welche Probleme, Aufgaben, Herausforderungen kann ich lösen?

> Was will ich für mich und mein Gegenüber?

> *Was ist insbesondere auch unter gesundheitlichen Aspekten für mich möglich/nicht möglich?*

Zur Ihrer Standortbestimmung eignen sich auch die folgenden Fragen:

> Was liegt hinter mir?

> Wie schätze ich mich und meine Fähigkeiten ein?

> Wie sieht meine aktuelle Situation aus?

> Geht es um einen Neueinstieg, Wechsel oder Wiedereinstieg?

Anhand dieser Fragen lässt sich Ihre eigene Ausgangsposition am besten ermitteln, die wir anhand der folgenden Checkliste weiter präzisieren können.

Checkliste: Ihre Ausgangsposition

○ Ihr Arbeitsplatzwunsch und die aktuelle Arbeitsmarktsituation (Mangelberuf oder Überangebot?)

○ Ihre gesundheitliche Ausgangslage und die sich daraus ergebenen Konsequenzen für Sie und den Arbeitsplatzanbieter

○ Berufsausbildung und Weiterbildung (Wie weit liegen Ausbildung und letzte Weiterbildung zurück; sind Sie beruflich auf dem aktuellen Stand?)

○ Tätigket/Erfahrung (Berufsanfänger oder bereits langjährig im angestrebten Berufsfeld tätig?)

- Ihre aktuelle Arbeitsplatzsituation (in ungekündigter Stellung oder arbeitsuchend?)
- bisherige Arbeitsplatzwechselhäufigkeit (der dritte Wechsel innerhalb von zwei Jahren oder fünf Jahre Kontinuität an einem Arbeitsplatz?)
- bisherige Bewerbungserfahrung (die erste Bewerbung oder die 33te, mit 32 vorherigen Absagen?)
- Kontakte und „Vitamin B" (verfügen Sie über ein entsprechendes berufliches Netzwerk und können Sie dies nutzen?)
- Persönlichkeits- und Leistungsmerkmale (introvertiert oder extrovertiert? Theoretiker oder Praktiker?)
- äußeres Erscheinungsbild (gepflegt und seriös oder offenes Hemd mit Karl-Marx-Bart?)
- Alter (zu jung und unerfahren oder schon zu alt und unflexibel?)
- nochmals: Ihr gesundheitlicher Status

Insgesamt gilt: Vergewissern Sie sich insbesondere Ihrer persönlichen und beruflichen Stärken und Vorzüge! Die Checkliste soll als Anregung dienen, nachzudenken, welches die eigenen Plus- und Minuspunkte, die Marktchancen der von Ihnen angebotenen „Ware" Arbeitskraft (Problemlösungs-Know-how) sind. Diese bringen Sie aktiv in das Vorstellungsgespräch als Präsentations- und „Verkaufsargumente" ein.

Unterziehen auch *Sie* den Arbeitsplatz mit seinen Aufgaben und Bedingungen sowie die sich präsentierenden Vorgesetzten einer Prüfung: Denken Sie, dass Sie mit diesen längerfristig gut klarkommen können? Oder müssen Sie sich beim Anblick Ihres potenziellen Chefs stets zusammenreißen, weil er Sie stark an Ihren cholerischen Vater erinnert? Wie steht es um die Aufgaben, hören sich diese spannend an oder fürchten Sie, schnell unter- (oder über-) fordert zu sein?

Aber auch die Gegenseite hat eine Ausgangsposition. Da ist die Arbeitsmarktsituation, die einen starken Einfluss hat. Werden

Spezialisten gesucht, vergleichbar der berühmten Stecknadel im Heuhaufen, oder gibt es Bewerber mit Ihrer Qualifikation wie Sand am Meer? Hat der Personalchef viele oder wenige Bewerbungen auf das Arbeitsplatzangebot erhalten? Handelt es sich um ein eher großes oder kleines Unternehmen? Dies alles wird Auswirkungen auf das Vorstellungsgespräch haben. Und: Auch ein Interviewer/Auswähler ist nur ein Mensch mit unterschiedlicher Tagesform und all seinen Fehlern und Schwächen. Wenn er gerade stark mit eigenen Problemen oder Arbeitsstress belastet ist, könnte sich das im Vorstellungsgespräch (unbewusst) fortsetzen, ohne dass Sie von diesem Hintergrund etwas ahnen.

Nochmals: Beschäftigen Sie sich auch intensiv mit dem Unternehmen, bei dem Sie eingeladen sind. Die folgende Checkliste hilft Ihnen dabei.

Checkliste: Basiswissen über Arbeitsplatzanbieter

- ○ Hauptsitz
- ○ Branchen
- ○ wichtige Tochterunternehmen/Beteiligungen
- ○ Niederlassungen im In- und Ausland
- ○ Produktpalette
- ○ Zahl der Mitarbeiter im In- und Ausland
- ○ Umsatz/Gewinn
- ○ Geschäftsleitung
- ○ Position auf dem nationalen und internationalen Markt (Marktanteile)
- ○ Mitbewerber auf dem in- und ausländischen Markt
- ○ wirtschaftliche Entwicklung der letzten fünf Jahre
- ○ aktueller Aktienstand
- ○ zukünftige Entwicklungschancen
- ○ Firmengeschichte

Generell geht es um:

- Aufgabengebiet und Umfeld des angestrebten Arbeitsplatzes,
- Arbeitsmarktsituation (Stimmung, Gewinner, Verlierer, Zusammenhänge), neuere Entwicklungen,
- wichtige Eckdaten zur Position des Unternehmens (der Institution): Wer tut was, wie lange, mit welchem Erfolg?

Gesprächsablauf und Fragenrepertoire

Hier informieren wir Sie, welche Fragen an welcher Stelle des Gesprächs gestellt werden können, und bereiten Sie darauf vor, wie Sie am besten darauf antworten.

Abgesehen von der Begrüßungs- und Verabschiedungsphase kann die Reihenfolge der Themen (siehe Seite 165) variieren. Auch müssen nicht gleich beim ersten Vorstellungsgespräch alle Themen ausführlich behandelt werden. Wir haben folgende Vorgehensweise vorbereitet:

> was für Fragen auf Sie zukommen können (Frage)

> was der jeweilige Fragenhintergrund ist (Hintergrund)

> was Sie bei der Beantwortung bedenken sollten (Hinweise)

> was Sie besser nicht sagen (Schlecht geantwortet)

> was besser klingen würde und wie Sie Ihre Antwort optimieren (Besser)

Und selbstverständlich berücksichtigen wir dabei immer wieder Ihre besondere gesundheitliche Situation.

 Jedes Bewerbungsinterview verläuft, je nach Branche und angestrebter Position, etwas unterschiedlich. Die wesentlichen Frageinhalte sind jedoch in folgender Aufstellung – egal ob sie sich als Sekretärin, Ärztin, Dachdecker oder kaufmännischer Angestellter bewerben – im Wesentlichen in den Gesprächsphasen 2–6 gleich.

Sollten Sie sich aus der Arbeitslosigkeit heraus bewerben oder nach längerer Unterbrechung wieder in den Beruf einsteigen wollen, sind im Vorstellungsgespräch einige besondere Aspekte zu berücksichtigen (siehe Seite 230). Weiterhin beschäftigen wir uns außerdem mit Fragen, die speziell an Azubis gestellt werden (siehe Seite 228). Auch für ältere Bewerber gibt es einiges zu berücksichtigen (siehe Seite 234).

Sie bestimmen im Vorstellungsgespräch aktiv mit, was wie abläuft. Sie als Bewerber beeinflussen wesentlich den Gesprächsverlauf. Der Beweis: Wetten, dass ein ausgefallenes Hobby wie z. B. Schneidern oder Reptilienzucht, das Sie in Ihrem *Lebenslauf* erwähnt haben, Ihr Gegenüber dazu veranlasst, nachzufragen?

Das mag ein wenig konstruiert klingen, aber es geht uns darum, Ihnen zu verdeutlichen, dass ein Teil der Fragen im Vorstellungsgespräch sich von Ihren Angaben im Bewerbungsanschreiben, *Lebenslauf* und den Anlagen (z. B. Arbeitszeugnissen) ableiten lässt. Die (*Lebenslauf*-)Tatsache beispielsweise, dass Sie Ihre beiden letzten Arbeitgeber jeweils bereits nach einem Dreivierteljahr wieder verlassen haben, wird unweigerlich Nachfragen provozieren.

Machen Sie sich während es Vorstellungsgesprächs unbedingt Notizen. Wenn Sie zu einem zweiten Gespräch eingeladen werden, können Sie sich noch gezielter vorbereiten. Außerdem behalten Sie so wesentliche Informationen, die Ihnen mitgeteilt werden. **Tipp!**

Ihre besondere Ausgangssituation

Solange Ihr Gegenüber nichts von Ihrem Handicap weiß, Sie allein aufgrund Ihrer schriftlichen (und vielleicht auch telefonischen) Bewerbung eingeladen hat, wird das Vorstellungsgespräch in den meisten Fällen ganz klassisch verlaufen, so wie wir es Ihnen hier im Anschluss auch vorstellen. Sollten Sie aber den Arbeitsplatzanbieter über Ihre besondere Situation (Behinderung ab 50 Prozent) vorab informiert haben oder Ihr Handicap deutlich sichtbar und erkennbar sein, kommt eine neue Variable ins Spiel.

Der Unterschied im ersten Fall: Hat ein behinderter Bewerber vorab schriftlich informiert und ist eingeladen worden, kann er nicht sicher wissen, was das Motiv des Gegenübers ist. Der Einladende könnte sich gesetzlich dazu verpflichtet fühlen, den Bewerber aus Gründen des AGG (siehe Seite 11) einzuladen, weil er ansonsten befürchten muss, verklagt zu werden. Wenn er den Bewerber aber (nur pro forma) einlädt, ein kurzes Gespräch anbietet und dann zu dem Eindruck gelangt, der Bewerber sei absolut nicht geeignet (... hätte nicht die erforderlichen Kompetenzen; Gründe auch außerhalb der Gesundheit lassen sich immer finden), ist er juristisch so gut wie „unangreifbar".

Eine schwierige Situation für alle, inklusive der Staatsanwaltschaft, die sich öfter mit Anzeigen behinderter Bewerber auseinandersetzen muss, die wegen einer Nichteinladung eine Diskriminierung beklagen, mittels Unterstützung eines Anwalts auf Schadensersatz (1– 3 Monatsgehälter plus Kosten) bestehen und in den meisten Fällen auch gewinnen.

Sind Sie jedoch ohne Vorab-Information zu Ihrer besonderen gesundheitlichen Situation eingeladen und erkennt man erst im direkten Kontakt mit Ihnen Ihr Handicap, liegt es in der Hand Ihres Gesprächspartners, wie er damit umgeht. Die einen zeigen sich betroffen und reagieren einfühlsam, vorsichtig bis zurückhaltend, die anderen reagieren eher vorwurfsvoll und beklagen, „sich hinters Licht geführt zu fühlen", Sie hätten doch gleich über Ihr Handicap informieren müssen.

Das kann, muss aber nicht die Gesprächsatmosphäre dominieren.

Im Prinzip gibt es drei Möglichkeiten, wie das Vorstellungsgespräch ablaufen kann:

> Das Gespräch verläuft weitestgehend freundlich zugewandt und neutral, Ihr Gegenüber weiß und ahnt nichts. Eine gute Ausgangsbasis ...

> Das Gespräch verläuft neutral bis kühl, weil es nur pro forma geführt wird – der Arbeitsplatzanbieter sieht sich dazu gezwungen (Stichwort AGG). Die Würfel sind längst gefallen, Sie werden

den Job nicht angeboten bekommen. Aber es gibt sogar hier etwas Gutes: Sie üben das Vorstellungsgespräch!

> Das Gespräch bekommt aufgrund der Konfrontation mit Ihrem Handicap (weil es sichtbar ist oder weil Sie es direkt zu Beginn mitgeteilt haben) eine besondere Wendung. Diese kann, muss aber nicht negativ sein. Helfen Sie Ihrem Gegenüber, angemessen mit der Situation umzugehen und soziale Kompetenz zu beweisen. Letztlich kann das für Sie nur von Vorteil sein.

Zusammengefasst Die Art und Weise, wie Sie antworten, wie glaubwürdig und nachvollziehbar, was Sie wie ausführlich und in welchem Stil – auch über Ihre gesundheitlichen Voraussetzungen – mitteilen, hat einen deutlichen Einfluss auf den weiteren Verlauf des Gesprächs.

Und jetzt fangen wir an ...

0. Der erste Moment Ihrer Begegnung und der Start des Gesprächs

Darum geht's:
In dieser ersten Gesprächsphase, wo schon wesentlich die Sympathieweichen gestellt werden, kommt es darauf an, einen guten Eindruck zu vermitteln, durch Begrüßung, Händedruck, Vorstellung und Dank für die Einladung.

Hintergrund erster Eindruck, Kontaktaufnahme, Äußeres, Umgangsformen, Auftreten und erste Überprüfung der Anpassungsfähigkeit. Beurteilung der Sicherheit des Auftretens, der Pünktlichkeit etc.

Hinweise Die eben genannten Aspekte der ersten Minuten des Vorstellungsgesprächs deuten es bereits an: Wer dem Personalchef unpünktlich, abgehetzt und verschwitzt gegenübertritt oder sichtlich gelangweilt, vielleicht sogar genervt wirkt, weil er/sie 20 Minuten warten musste, reagiert auf den „Eröffnungszug" des Arbeitgebers sehr ungeschickt.

Ein zu kräftiger Händedruck (Marke „Knochenbrecher") oder verschämte Laschheit („tote Hasenpfote") erzeugen wenig Sympathie in den ersten wichtigen Sekunden dieser für Sie bedeutsamen Begegnung mit Ihrem potenziellen Arbeitgeber. Sie sollten nicht verschämt nach unten blicken, sondern Ihr Gegenüber freundlich anlächeln und die Begrüßung angemessen erwidern. Sprechen Sie Ihren Namen deutlich aus und merken Sie sich den Namen Ihres Gesprächspartners, um ihn später im Gespräch gelegentlich zu verwenden. Auch für spätere Nachfragen im weiteren Verlauf des Bewerbungsprozesses muss man unbedingt wissen, mit wem man gesprochen hat.

Tipp! Bedanken Sie sich ... für die Einladung, die Zeit, die Organisation etc.!

Schlecht gestartet
Ja, hier bin ich nun, äh, was wollen Sie denn nun so alles wissen ...

Besser
Haben Sie vielen Dank für die Einladung, ich freue mich heute bei Ihnen sein zu dürfen.

Darum geht's:
Anmoderation / Small Talk (Ihr Gegenüber: Schön, dass Sie gekommen sind. Haben Sie leicht hierher gefunden ... was für ein Wetter ... Parkplatzprobleme ... und jetzt Sie: Ganz wunderbar, alles hat ganz prima geklappt ...)

Hintergrund   Ihre Gesprächspartner wollen sich selbst und Sie in einer ersten Phase auflockern, eine freundliche Gesprächsatmosphäre herstellen und Ihre evtl. Anspannung (Prüfungsangst) abbauen.

Hinweise   Das Small-Talk-Angebot sollten Sie nicht ablehnen (*Wie, interessiert Sie das Wetter wirklich?*), sondern diplomatisch, mit Höflichkeit und angemessener Zurückhaltung darauf eingehen.

Auch an dieser Stelle können Sie sich bedanken oder ein Kompliment machen, wie z. B., wie wunderbar schnell sich der Termin finden ließ, wie gut alles organisiert war (z. B. falls Sie eine längere Anreise hatten) oder wie schön die Räumlichkeiten hier sind etc. Denn: Wer hört nicht gerne ein Kompliment? Es darf nur nicht gelogen sein, sondern sollte halbwegs passen. Dann wird es Ihnen helfen, eine gute Einstiegsatmosphäre Ihrerseits herzustellen.

Schlechter Auftakt
Nun lassen Sie uns mal anfangen, Sie wollen doch sicher etwas von mir wissen ...

Besser
Ja, das hat alles wunderbar geklappt, Ihre Sekretärin war so nett und hat mir ... Das ist ja hier ein ganz toller Ort / ein schönes Gebäude / eine sehr interessante Gegend ...

Frage
Möchten Sie etwas trinken (Wasser, Kaffee, Alkohol) oder rauchen?

Hintergrund Dies gehört ebenfalls zur Bemühung, eine entspannte Atmosphäre herzustellen, und dient gleichzeitig der Beobachtung Ihrer Reaktion. Vielleicht nicht immer, aber auch nicht selten!

Hinweise Rauchen sollten Sie nur, wenn ein Aschenbecher vorhanden ist und Ihr Gegenüber offensichtlich ebenfalls Raucher ist. Alkohol ist in jedem Fall abzulehnen. Äußern Sie besser keine komplizierten Getränkewünsche wie: *Mineralwasser, aber bitte medium und nicht zu kalt ...*

Schlechter Start
Hätten Sie vielleicht auch einen Kamillentee, wissen Sie, ich hab´s mit dem Magen ...

Besser

Danke, das ist wirklich sehr freundlich. Ein Mineralwasser (oder was immer Ihnen angeboten wurde) würde ich gerne nehmen, vielen Dank ... sehr gerne ...

Tipp! Versuchen Sie auch zu klären, wie viel Zeit für das Vorstellungsgespräch eingeplant ist.

Wenn Sie ein sichtbares oder leicht erkennbares Handicap haben

Sollten Sie mindestens dreimal wöchentlich schwere Migräneattacken zu bewältigen haben, sieht man Ihnen das auf den ersten Blick vermutlich nicht an. Wenn Sie aber beispielsweise Rollstuhlfahrer sind, ihr Handicap also deutlich sichtbar ist und Sie es vorab bis zu diesem Zeitpunkt nicht erwähnt haben, sollten Sie auf Rückfragen schon zu Beginn des Gesprächs vorbereitet sein.

Es ist sehr unwahrscheinlich, dass man direkt mit Ihnen ins Gespräch kommt und gleich als Erstes Ihren Rollstuhl anspricht, z. B.: *Ich kann mich jetzt gar nicht erinnern, dass ich in Ihren Unterlagen gelesen habe, Sie sind Rollstuhlfahrer ...* (oder setzten Sie ein anderes Handicap ein wie z. B. Blindheit). Wenn das aber passiert, dann dürfen Sie Ihr Gegenüber freundlich anlächeln und mit Unschuldsmine und sehr sanfter Stimme in nahezu verständnisvollem Ton fragen: *Ist das ein Problem für Sie?* Ihr (hoffentlich geschultes) Gegenüber wird sich wahrscheinlich beeilen, sein Erstaunen im Zaum zu halten, mit *Nein* antworten und sich sofort sehr freundlich einem anderen Thema zuwenden.

Es könnte aber auch sein, das Ihr Gegenüber fassungslos reagiert: *Nein, so können Sie hier nicht arbeiten.* Aber: Sie haben sich vorbereitet und können jetzt Ihre Argumente vortragen, warum Sie sich doch in dieser Situation als bestmöglicher Problemlöser sehen. Ihr Vorgehen dabei sollte zunächst dadurch gekennzeichnet sein, dass Sie Ihrem Gegenüber die Chance geben, seine Überraschung in den Griff zu bekommen. Die Spiegeltechnik hilft dabei. Mehr dazu finden Sie unter *www.berufsstrategie-plus.de*.

www.

1. Nach Begrüßung und erstem Small Talk: die Frageeröffnung

Darum geht's:
Wie und was berichten Sie in den ersten Minuten über sich?
Welches Gefühl kommt dabei auf? Welcher Eindruck entsteht?

Frage
Wir wollen Sie gerne kennenlernen, erzählen Sie uns etwas über sich.
Wie würden Sie sich kurz charakterisieren?
Was sollten wir über Sie persönlich wissen?
Was wissen wir trotz Ihrer ganz ausführlichen schriftlichen
Bewerbung noch nicht über Sie?
Was meinen Sie – wie würde Sie ein Freund / ein Gegner / Ihr
Vorgesetzter beschreiben?
Auf welche menschlichen Qualitäten legen Sie bei sich / bei
anderen besonderen Wert?
Was haben Sie sich vorgenommen uns nicht zu erzählen?
Und nun ... jetzt dürfen Sie, ... Sie sind dran ...

Hintergrund   Eine offene Frage, die so harmlos daherkommt und
doch immer wieder die Befragten verwirrt. Einige Bewerber erzählen daraufhin etwas aus ihrer Kindheit oder zitieren ihre Frau oder
ihren Mann. Hier kann man sich ganz leicht vergaloppieren.

Hinweise   Es ist nicht unwichtig, sich darauf vorzubereiten und
sehr bewusst zu entscheiden, was Sie in diesem Moment von sich
vermitteln wollen. Es geht um eine der ganz zentralen Fragen des
Vorstellungsgesprächs: Passt der Bewerber in unser Unternehmen?

Schlecht geantwortet
*Na, was wollen Sie denn hören ... Ich bin geboren am ... hei-
ße ... meine Eltern ... ich bin aufgewachsen in ... meine Behinderung ...*

Besser
*Ich habe ... gelernt und habe zuletzt bei ... gearbeitet. Meine Auf-
gabenschwerpunkte sind aktuell ...*

Sprechen Sie bei sogenannten offenen Fragen wie dieser immer erst die berufliche Ebene an und später – wenn überhaupt notwendig – die private.

Spezialfragen zu einem sichtbaren oder durch Sie offengelegten Handicap bei der Gesprächseröffnung

Frage: *Was haben Sie denn da?* So oder so ähnlich wird bisweilen (fast schon hilflos) gefragt. Hier wünscht sich Ihr Gesprächspartner – wenn auch etwas ungeschickt – Informationen zu Ihrem Handicap / Ihrer Behinderung. Da Sie darauf vorbereitet sind, können Sie in wenigen Sätzen prägnant Auskunft geben (ohne Medizinerlatein!) und beruhigend auf die Zweifel Ihres Gegenübers einwirken.

2. Fragen zu den Motiven Ihrer Bewerbung und Ihrer Leistungsbereitschaft

Darum geht's:
Aus welcher Situation heraus bewerben Sie sich? Was treibt Sie wirklich an?

Frage
Wie ist es zu Ihrer Bewerbung bei uns gekommen?
Was reizt Sie an dieser Aufgabe? Warum wollen Sie dies gerade bei uns machen?
Was machen Sie, wenn es bei uns nicht klappen sollte?

Hintergrund Es geht um das Prüfen von Motivation und Interesse. Was bewegt Sie wirklich? Wie fundiert ist beides? Wie sieht Ihre Situation aus: Ist der Arbeitsplatz erste Wahl oder nur eine Kompromisslösung?

Hinweise Auf diese Standardfragen müssen Sie flüssig und überzeugend antworten können. Es handelt sich um die wichtigsten Fragen im ganzen Gespräch. Wem hier nichts Besseres einfällt als *Ihre Anzeige hat mich angesprochen ...*, der wird den Job vermutlich nicht bekommen.

Schlecht geantwortet

Gute Frage, da muss ich nachdenken … lassen Sie mich mal überlegen … Oder: Ich brauche das Geld … Bei uns in der Firma herrscht Einsparwahn … der Chef/mein Vorgesetzter/die Kollegen (jetzt folgt eine negative Aussage) …

Besser

Ich suche nach x Jahren wieder/endlich eine neue Herausforderung … will meinen beruflichen Horizont erweitern … wünsche mir ein anderes Umfeld (Achtung: auf Nachfragen vorbereitet sein! WARUM – lautet immer die sich anschließende Frage).

Frage

Aus welchen Gründen wollen Sie den Arbeitsplatz wechseln?
Weshalb wollen Sie Ihre jetzige Tätigkeit/Position aufgeben?
Was schätzen Sie/missfällt Ihnen an Ihrem aktuellen/alten Arbeitsplatz?
Was würden Sie (bezogen auf Ihren aktuellen/alten Arbeitsplatz) ändern, wenn es in Ihrer Macht stünde?
Warum streben Sie eine Veränderung an?

Hintergrund   Hier findet eine Motivanalyse Ihrer Bewerbung statt, Ihre Ausgangs- und Hintergrundsituation wird ausgeleuchtet. Wie unzufrieden sind Sie mit Ihrer aktuellen Situation und was ist der Grund dafür?

Hinweise   Nun kommt es auf eine plausibel klingende, überzeugende Präsentation an. Verlieren Sie sich nicht im Detail und beklagen Sie sich nicht über Ihren jetzigen (früheren) Arbeitgeber. Was gern gehört wird: Vorankommen wollen, Herausforderung, Reiz einer neuen Aufgabe.

Schlechter geantwortet

Unser Betrieb hat Probleme … ich habe Schwierigkeiten mit Vorgesetzten, Kollegen etc. Ich habe die Nase voll, werde nicht gerecht behandelt/bezahlt …

Besser

Das, was ich von Ihnen gelesen habe, klang sehr interessant und da dachte ich ... Ich suche eine neue Herausforderung (dann aber bitte auf Nachfrage gut begründen können, was, warum und wie Sie sich das vorstellen).

Frage

Was reizt Sie an der neuen Aufgabe?
Was verbinden Sie mit der von uns angebotenen Position/Aufgabe?
Warum wollen Sie gerade bei uns arbeiten?
Was ist aus Ihrer Sicht das Besondere an uns?
Was versprechen Sie sich von einer Mitarbeit hier?

Hintergrund   Wie steht es um ihre Motivation, wie gut haben Sie sich vorbereitet, wie realistisch sind Ihre Einschätzungen? Kommt bei Wiederholungsfragen Widersprüchliches zutage?

Hinweise   Wieder müssen Sie überzeugend argumentieren, auch bei den Wiederholungsfragen Geduld zeigen und sich nicht verstricken. Sind die von Ihnen angeführten Gründe nachvollziehbar? Machen Sie deutlich, dass Sie sich auf die beruflichen Aufgaben und den potenziellen Arbeitgeber gut vorbereitet haben. Gern gehört sind Stichworte wie „Zukunftschancen" und „Image der Firma" – aber vermeiden Sie zu plumpe Schmeicheleien.

Schlecht geantwortet

Schweigen... *Lassen Sie mich mal überlegen, das Gehalt... weil ich meine jetzige Firma verlassen will ...*

Besser

Das ist gar nicht so einfach zu beantworten, es sind mehrere Dinge, die da zusammenkommen ...

Frage

Haben Sie einen besonderen Bezug zu unserem Unternehmen?
Was wissen Sie über uns und unsere Produkte/Dienstleistungen?

Kennen Sie Mitarbeiter aus unserem Haus?
Was haben die Ihnen denn so alles über uns erzählt?
Wo haben Sie sich Informationen über uns eingeholt/geben lassen?

Hintergrund   Man versucht, Ihre Wertschätzung für die Firma in Erfahrung zu bringen. Woher beziehen Sie Ihre Informationen? Wissen Sie, was man wie sagt und was man lieber für sich behält?

Hinweise   Ein persönlicher Bezug zum Unternehmen kann von Vorteil sein. Bereiten Sie sich auf eine glaubwürdige Aussage vor. Lassen Sie sich nicht dazu verleiten, aus der internen Firmen-Gerüchteküche zu plaudern. Bevor Sie aber angeben, jemanden aus dem Unternehmen zu kennen, müssen Sie wissen, wie dessen Position und Ansehen ist.

Schlecht geantwortet
Zugegeben, ich weiß nur das, was auch in der Anzeige steht ...

Besser
Ich habe mich schlau gemacht, im Internet umgeschaut, Ihre Seite besucht, mit Freunden und Kollegen über dies und das, was Ihr Unternehmen macht, wofür es steht usw. gesprochen, mich ausgetauscht ... alles sehr positiv, beeindruckend ...

Frage
Haben Sie zurzeit noch andere Bewerbungsverfahren?
Gibt es konkrete Verhandlungen bzw. Ergebnisse?
Wie stark ist Ihr Bemühen, den Arbeitsplatz zu wechseln?
Warum (so stark/nur so schwach?)

Hintergrund   Wiederum geht es um Ihre Motivation, die Ernsthaftigkeit Ihres Wunsches nach genau diesem Arbeitsplatz und darum, wie viel Druck oder auch Ehrgeiz hinter Ihrem Anliegen steckt. Aber auch die Wertschätzung gegenüber dem potenziellen neuen Arbeitgeber findet in der Antwort Ausdruck.

Hinweise Diese Frage könnte sich als Falle herausstellen. Wie hoch ist Ihre Identifikation mit dem laufenden Bewerbungsverfahren und genau diesem Arbeitsplatzanbieter? Also: Kein Wort über Absagen und Fehlschläge und besser nichts über parallele Verhandlungen, und wenn, weil realistischerweise notwendig, dann deutlich „herunterspielen"!

● **Schlecht geantwortet**
Lassen Sie mich mal nachrechnen, also 25 im letzten Monat, seit Beginn des Jahres etwa 150, … äh, nein ich will nicht lügen, also nur 145, und letzte Woche …

○ **Besser**
Ich habe mich schon hin und wieder mal umgeschaut, also ein, zwei Bewerbungen in der letzten Zeit geschrieben, beide sind aber noch offen …

Frage
Könnten Sie sich vorstellen, zu einem späteren Zeitpunkt in die alte (jetzige) Firma zurückzukehren?
Was bewog Sie damals, im Jahre 200X und 200Y, den Arbeitsplatz zu wechseln?
Was müsste passieren, damit Sie nicht wechseln?

Hintergrund Wechseln oder wechselten Sie im Frieden oder Unfrieden? Gibt es sich wiederholende Motive, die Sie zum Wechseln veranlassen? Spielen dabei in Ihrer Person begründete Probleme eine Rolle (vor denen der Arbeitgeber sich bewahren möchte)?

Hinweise Die Beantwortung der ersten Frage hängt stark davon ab, was Sie vorher über Ihre berufliche Situation und die Motive Ihrer Wechselabsicht gesagt haben. Sie sollten gut vorbereitet sein und auch frühere Arbeitsplatzwechsel in Ihrem Berufsleben plausibel darstellen und erklären können. Schuldzuweisungen oder über ehemalige Firmen, Vorgesetzte und Kollegen „schlecht zu sprechen" kommt extrem negativ bei Ihrem Gegenüber an. Selbstverständlich ist das jetzt auch nicht der Moment, um sein gesundheitliches Schicksal zu beklagen, das vielleicht zu einem Wechsel geführt hat ... Also bloß nicht!

● **Schlecht geantwortet**
Zurückkehren? Nein, das käme nicht infrage, und warum ich damals von dort nach dort gewechselt bin, das weiß ich jetzt doch nicht mehr. Oder: Darüber möchte ich nicht sprechen.

○ **Besser**
Ich glaube, das ist eher unwahrscheinlich, aber man sollte ja nichts ausschließen. Ich werde jedenfalls keine „verbrannte Erde" hinterlassen, wenn ich ausscheide ... so habe ich es schon immer gehalten, und der Wechsel damals hatte diesen Grund ... z. B.: Ich bin angesprochen worden, ob ich Interesse hätte, diese oder jene Aufgabe zu übernehmen, und das habe ich mir damals überlegt und dann zugesagt. Und zur Wechselmotivation von damals: *Nun, ich bekam einen Tipp, ich solle mich doch mal dort vorstellen ... und dort war man sehr interessiert an mir, ich bekam ein sehr gutes Angebot ...*

Frage
Was hat für Sie Priorität (erste Wichtigkeit) bei Ihrer Arbeit?
Wie stellen Sie sich im Idealfall Ihre Arbeit vor?
Was sind aus Ihrer Sicht Vor- und Nachteile der angebotenen Arbeit und wie wollen Sie damit umgehen?
Nach welchen Kriterien suchen Sie sich einen neuen Arbeitsplatz / neue Aufgaben aus?

Hintergrund   Wie intensiv haben Sie diese Themen bereits durchdacht? Wie realistisch sind Ihre Einschätzungen? Was für ein „Mitarbeiter" sind Sie? Wie präsentieren Sie sich? Welche Merkmale zeigen Sie? Welche Vorhersage kann man aus Arbeitgebersicht aufgrund Ihrer Antworten machen?

Hinweise   Stellen Sie sich geschickt an im Umgang mit schwierigen Themen. Verlieren Sie sich nicht in Details und behalten Sie das realistische Mittelmaß in der Darstellung Ihrer Persönlichkeit und Fähigkeiten. Wer an dieser Stelle einen 10-minütigen Vortrag hält oder Extrempositionen vertritt, ist schell „aus dem Rennen".

Schlecht geantwortet
Hauptsache, die Bezahlung stimmt, ich muss keine Überstunden und werde immer fair behandelt ... Mein Traumjob ist, Vorgesetzter zu sein und Aufgaben zu delegieren ... Nachteile, da kann ich mir nichts vorstellen, ich sehe nur Vorteile ...

Besser
Mir ist bei meiner Arbeit wichtig ... Eigenverantwortung, ein klar umrissenes Aufgabengebiet, ein gutes Miteinander, ein gutes Klima (gute Kommunikation) unter den Mitarbeitern und auch zum Vorgesetzten. Jede Arbeit hat Vorteile und gelegentlich auch Schattenseiten. Die Vorteile sehe ich darin, dass ... als Nachteil fällt mir jetzt ein ... aber damit kann ich leben, mich gut arrangieren.

Frage
Sie haben sich bei uns für die Aufgabe / Position XY beworben.
Wir können Ihnen diese nicht anbieten, dafür aber etwas anderes in unserem Haus – wären Sie interessiert?
Gibt es – ganz allgemein – auch noch andere Aufgaben / Positionen, die interessant für Sie wären (welche und warum)?
Wie kompromissbereit / -fähig, wie zielstrebig sind Sie?
Was könnte Sie „verführen"?

Hintergrund Wieder geht es um Leistungsmotivation, Zielstrebigkeit und Anpassungsbereitschaft.

Hinweise Auch hier befinden Sie sich mit Ihrer Antwort auf einer Gratwanderung. Mögliche Gefahren bei der Antwort sind: Erstens: Ihre Motivation für die aktuelle Bewerbung erscheint als zu gering, auch Ihre Zielstrebigkeit lässt Zweifel aufkommen. Zweitens: Flexibilität und Anpassungsbereitschaft erscheinen unterentwickelt.

Antwortempfehlung in der Tendenz: *Ich habe mich zwar auf die konkrete Position beworben, würde aber unter Umständen auch für Ihr Unternehmen arbeiten, wenn Sie eine akzeptable Alternative zu XYZ anbieten.*

Natürlich gibt es noch andere Aufgaben und Positionen, die Sie interessieren – aber Vorsicht, nicht verplaudern.

Schlecht geantwortet
Aber ja doch, bieten Sie mir etwas an und wir werden ja sehen, wie das klappt. Generell bin ich offen für alles... ich hab ja sonst keine anderen Möglichkeiten...

Besser
Das fände ich sehr schade, ich könnte mir die ausgeschriebene Aufgabe gut vorstellen... Aber was wäre denn die neue Position, die Sie mir anbieten würden?

Frage
Auf welche Ihrer beruflichen Leistungen und Erfolge sind Sie besonders stolz? – Und nun zu Ihren Misserfolgen!
Was ist Ihnen in letzter Zeit besonders gut gelungen, was nicht?

Hintergrund   Was haben Sie als Leistungsnachweis anzubieten? Nebenbei: Wie gehen Sie mit komplexen Fragen um?

Hinweise   Während bei den Erfolgsberichten nicht gespart werden muss – insbesondere bei den Teamleistungen –, gilt es bei den Misserfolgen, zurückhaltend und eher bei sich selbst zu bleiben, ohne wirklich gravierende, irreparable Schäden zu beichten.

Schlecht geantwortet
Also, Sie stellen ja Fragen... da muss ich erst überlegen. So richtig stolz bin ich eigentlich auf nichts... also mein größter Erfolg war, als ich damals, das ist jetzt schon so etwa 20 Jahre her...

Besser

Ich hatte im letzten Jahr die Aufgabe bekommen, mich intensiv um ... (bitte setzen Sie hier Ihre Geschichte ein!) *zu kümmern. Das Ergebnis war dann ... und mein Chef war sehr zufrieden und hat mich wegen der guten Resultate mehrfach gelobt, sogar vor den Kollegen, was mir fast schon ein bisschen unangenehm war ... Ja, und Misserfolge, also natürlich ist schon mal das eine oder andere* (bitte hier besser nichts einsetzen!) *nicht ganz so gelaufen, wie man sich das gewünscht hat. Aber es gab keine Katastrophen ...* Lediglich auf intensive Nachfrage erzählen Sie, wie vielleicht ein interessanter Auftrag (oder Ähnliches) durch die Konkurrenz weggeschnappt wurde, weil diese dann doch den Preis unterboten hat etc.

Frage

Wie sehen Sie Ihre Zukunft?

Was sind Ihre Ziele?

Was möchten Sie in 3, in 5 und was in 10 Jahren erreicht haben?

Wenn Sie an die Zukunft denken, was fällt Ihnen spontan ein?

Hintergrund   Es geht um Leistungsbereitschaft und Motivation, um „Biss", Drive, visionäre Begabung und Zukunftsplanung.

Hinweise   Als leistungsmotivierter Mitarbeiter sind Sie zuversichtlich, was Ihren beruflichen Werdegang angeht. Aber: Übertreiben Sie nicht zu sehr, damit man nicht denkt, Sie würden gleich alles „umkrempeln" wollen, oder man gar vor Ihnen Konkurrenzangst bekommt und glaubt, Sie würden gleich die Säge am Stuhl Ihres Vorgesetzen ansetzen ...

Schlecht geantwortet

Die Zukunft sieht sicherlich nicht so ganz einfach aus ... Na, das ist ja aber noch lange hin ... Also mein Ziel wäre es zunächst, so eine Aufgabe wie die Ihre zu schaffen ...

Besser

Ich bin Optimist ... Mein berufliches Ziel in x Jahren ist ... Zunächst einmal möchte ich aber den Einstieg schaffen und beweisen, was ich leisten kann.

Bei diesen Fragen möchte Ihr Gegenüber Ihr Arbeitsverhalten, Ihre Arbeitsweise oder Problemlösungskompetenz erkunden. Wie gehen Sie an Aufgaben heran? Handlungsorientierung, Flexibilität, Gewissenhaftigkeit und auch Einfallsreichtum sind hier die entscheidenden Stichworte!

Spezialfragen zu einem sichtbaren oder durch Sie offengelegten Handicap zum Thema Leistungsbereitschaft

Frage

Sie sind / haben ... (hier kommt eine sprachlich harmlose Benennung / Feststellung / Etikettierung Ihres offensichtlichen Handicaps / Ihrer Behinderung). Inwieweit hat das Einfluss auf Ihr berufliches Wirken?
War das mit Ihrem / Ihrer ... schon immer so?
Wie ist es dazu gekommen?
Wie kommen Sie damit klar?
Was machen Sie, wenn ...?
Trauen Sie sich diese Arbeitsbelastung wirklich zu?
Welche Erfahrungen haben Sie an Ihrem letzten Arbeitsplatz diesbezüglich gemacht?

Hintergrund   Ihr Gegenüber macht sich Sorgen und hat gewisse Ängste, die Ihr Handicap betreffen.

Hinweise   Jetzt kommen Ihnen Ihre intensive Vorbereitung und Auseinandersetzung mit diesem Thema voll zugute. Sie können in wenigen, verständlichen Sätzen sagen (bitte kein Medizinerlatein, keine Arztdiagnosen!), wie es zu diesem Handicap gekommen ist, was unter Umständen bereits erfolgreich dagegen unternommen wurde und beispielsweise welche enormen Fortschritte Sie laufend verbuchen können. Und überhaupt, dieses kleine Handicap macht Ihnen und Ihrer Leistungsfähigkeit natürlich gar nichts aus ... und Ihrem Auswähler doch auch nicht, oder?

● **Schlecht geantwortet**
Mein Status als Rollstuhlfahrer/Diabetiker hat gewisse Auswirkungen, bringt leider folgende Probleme mit sich ... Mein Arzt meint immer ... meine gesundheitliche Zukunft sieht sicherlich nicht so ganz rosig/einfach aus ...

○ **Besser**
Ich habe mich gut damit arrangieren können, bin Optimist ... Mein berufliches Ziel ist ... Ich habe schon vielen beweisen können, was ich trotz dieses kleinen Handicaps alles leisten kann.

3. Ihr beruflicher Werdegang, Ihre Aus- und Weiterbildung

Darum geht's:
Der Arbeitsplatzanbieter möchte prüfen, ob Ihr Lebensweg zu diesen Thema eine nachvollziehbar positive Entwicklung zeigt. Haben Sie in Ihrer Erst- oder ggf. als notwendig werdenden Zweitausbildung (z. B. nach Ihrer Erkrankung/Ihrem Unfall) beruflich etwas erlernt, das Ihnen entspricht, mit dem Sie sich identifizieren, das Sie jetzt gerne in der Arbeitspraxis einsetzen/anwenden möchten etc.

Frage
Wie verlief Ihr bisheriger Berufsweg?
Aus welchen Gründen haben Sie sich für die Arbeitsplätze X, Y und Z, den Ausbildungsgang X, den Beruf Z entschieden?
Warum haben Sie so oft/so selten Ihren Arbeitgeber gewechselt?

Hintergrund Planung oder Zufall? Auf- oder Abstieg? Ist ein roter Faden bei Ihren Beweggründen (Motiven) für Arbeitsplatz- und Aufgabenwechsel erkennbar?

Hinweise   Was Sie in Ihren Bewerbungsunterlagen kunstvoll zu Papier gebracht haben, müssen Sie jetzt überzeugend und ggf. auch ausführlich darstellen und begründen können. Dabei kommt es auf die Präsentation eines logischen Zusammenhangs zwischen einzelnen beruflichen Stationen an.

Mit dem gereizten Hinweis *Das steht doch alles in meinen Unterlagen* katapultieren Sie sich aus dem Bewerbungsverfahren.

Schlecht geantwortet
Alles prima gelaufen, mehr oder weniger, wie das eben so ist. Und warum ich mich damals für die Firma X und die Aufgabe Y entschieden habe, kann ich heute nicht mehr so genau sagen ...

Besser
Nach meiner Ausbildung habe ich dieses und jenes verfolgt und dabei dies und das gelernt. Sehr dankbar bin ich für die Erfahrungen, die ich bei XYZ machen durfte, das hat mir viel gebracht ... Der Wechsel von A nach B hatte den Hintergrund, dass ich nach so und so vielen Jahren auch noch ein anderes Unternehmen kennenlernen wollte, um zu sehen, wie machen die das ...

Frage
Nennen Sie wichtige Aspekte Ihrer bisherigen Tätigkeiten / Ausbildungsgänge.
Was haben Sie an Ihrem jetzigen Arbeitsplatz für das Unternehmen erreicht?
Haben Sie schon mal so etwas wie Spuren hinterlassen?

Hintergrund   Wissen Sie, worauf es bei der Arbeit ankommt, und gelingt es Ihnen, komplexe Sachverhalte überzeugend auf den Punkt zu bringen? Passt dies inhaltlich zu der angebotenen Stelle? Welche Selbsteinschätzung haben / zeigen Sie?

Hinweise   *Weil ich das und das gelernt, gearbeitet, geleistet habe, bin ich für diese Position gut geeignet* – ohne dies wörtlich auszusprechen, sollte etwa so der Tenor sein, mit dem Sie diese Frage beantworten.

Schlecht geantwortet
Na, Sie stellen ja Fragen, das müsste doch besser mein Chef beantworten ...

Besser
Hauptsächlich habe ich mich um dies und das gekümmert, das verfolgt etc. Und die wichtigsten Resultate im letzten Jahr waren beispielsweise ...

Frage
Wie würden Sie sich heute entscheiden, wenn Sie nochmals die Möglichkeit hätten, Ihre berufliche Laufbahn zu planen?
Was würden Sie anders machen?
Würden Sie sich als ein (un-)zufriedener Berufsvertreter bezeichnen? Warum (nicht)?

Hintergrund　Wie zufrieden sind Sie, wie stark ist Ihre Identifikation mit Ihrer derzeitigen Berufstätigkeit?

Hinweise　Weder satte Selbstzufriedenheit noch starke Selbstzweifel sollten hier die Antwort bestimmen. Wichtig ist klarzumachen, dass man an seinem beruflichen Werdegang im Prinzip nichts Wesentliches ändern wollen würde.

Schlecht geantwortet
Ja, wenn ich noch mal ganz von vorne anfangen könnte, ja dann ...

Besser
Ich bin eigentlich sehr zufrieden, so wie die beruflichen Dinge gelaufen sind, und mit dem, was ich jetzt beruflich mache ...

Frage
Was haben Sie zuletzt an Ihrem Arbeitsplatz genau gemacht – was gerne und was ungern?
Schildern Sie uns mal einen typischen Arbeitstag.
Was beschäftigt Sie gerade an Ihrem Arbeitsplatz?

Hintergrund   Es geht um den tieferen Einblick in Ihre derzeitigen Aufgaben und die Überprüfung, ob der gute Eindruck aufgrund Ihrer schriftlichen Unterlagen Bestand hat. Mit anderen Worten: Man versucht, Ihre beruflichen Schwachstellen zu enttarnen.

Hinweise   Diese auf den ersten Blick harmlos klingenden Fragen sind schwieriger zu beantworten, als Sie glauben. Deshalb erfordern sie eine besonders gute Vorbereitung. Wer z. B. bei seinem aktuellen Arbeitsplatz alles gut und gerne macht, lügt ausgesprochen ungeschickt. Warum dann wohl der Wechsel?

Schlecht geantwortet
Gar nicht so einfach, das jetzt hier zu erzählen ... Was mache ich denn so den lieben langen Tag ... also in der Früh, wenn ich komme, dann begrüße ich erst mal die Kollegen, und die Kollegin Müller ist immer schon früher da und Mayer kommt häufig auch vor mir und dann trinken wir erst mal Kaffee und sprechen über dies und das und dann ...

Besser
Meine Hauptaufgabe besteht darin, mich um dies und das zu kümmern ... Diese Sorte von Problem, Arbeiten sind es, für die ich speziell verantwortlich bin ... Am besten, ich schildere Ihnen mal, was gestern / letzte Woche / letzten Monat zu tun war ...

Frage
Warum haben Sie diesen beruflichen Werdegang eingeschlagen? Warum haben Sie diesen Beruf / diese Arbeitsaufgaben gewählt? Wie sind Sie das geworden, was Sie sind?

Hintergrund   Wie überzeugend können Sie sich und Ihre Leistungen präsentieren? Gibt es ein stimmiges Bild, spürt man das richtige Maß an Zufriedenheit und Energiepotenzial?

Hinweise   Hier gilt es, den Eindruck von Zufälligkeit und „Schicksal" zu vermeiden. Überlegen, Planen und vorausschauendes Handeln sind die wichtigsten Schlüsselwörter.

● **Schlecht geantwortet**

Das hat sich so ergeben, wissen Sie, das war auch ein bisschen Zufall und Glück und so ... Mein Großvater mütterlicherseits und meine Mutter, die waren auch schon ... Und dann haben meine Eltern, die sind beide schon lange tot, gesagt, mach doch das ...

○ **Besser**

Ich hatte schon seit frühester Jugend den Wunsch, dies und das zu tun, und so habe ich mich besonders für solche Tätigkeiten interessiert, bei denen es um ... geht, und das war ausschlaggebend für meine Berufswahl/den Aufgabenschwerpunkt ...

Frage
Warum haben Sie Ihren Arbeitgeber häufig bzw. selten gewechselt? Was könnte Sie an einem Arbeitsplatz halten? Und nun das Gegenteil ...

Hintergrund   Ihr Gegenüber will Schwachstellen aufdecken, den Bewerber durch diese Fragen mit einer schwierigen, unter Umständen peinlichen Situation konfrontieren und beobachten.

Hinweise   Es ist wichtig, gut vorbereitet zu sein, gut argumentieren zu können und eine glaubwürdige Darstellung zu liefern, auch mit dem Bekenntnis eigener Fehler. Lassen Sie sich nicht aus der Ruhe bringen, reagieren Sie weder unfreundlich noch aggressiv.

● **Schlecht geantwortet**

Wissen Sie, da gab es nach meinen Fähigkeiten doch eine enorme Nachfrage ... Ganz ehrlich, ich habe nicht gewusst, wo ich hätte sonst arbeiten sollen ... Ich war froh dort bleiben zu dürfen ...

○ **Besser**

Das liegt sicher immer auch im Auge des Betrachters. Aus Ihrer Sicht habe ich vielleicht zu häufig/schnell gewechselt. Für mich waren da folgende Argumente entscheidend ... Sie wundern sich wie lange ich da war. Nun, ich fühlte mich wohl, war hoch angesehen, meine Leistungen wurden geschätzt ...

Frage
An welchen Fortbildungsmaßnahmen haben Sie teilgenommen – initiiert durch Ihre Firma oder Sie selbst?
Was tun Sie für Ihre berufliche Weiterentwicklung?

Hintergrund   Ihre Kompetenz und Leistungsmotivation werden überprüft. Machen Sie Fortbildungen aus Eigeninitiative oder nur auf Anordnung, weil Sie müssen?

Hinweise   Wenige Sätze reichen aus. Es kommt darauf an, dass Ihr Gegenüber merkt, dass Sie etwas zu berichten wissen. Auch Fachliteratur und Austausch mit Kollegen können hier aufgeführt werden. Besser sind natürlich Tagungen, Messen, Fortbildungsveranstaltungen.

Schlecht geantwortet
Fortbildung, darum habe ich mich / hat sich bei uns im Unternehmen niemand gekümmert …

Besser
Im letzten Jahr habe ich die und die Messen / Kongresse / Veranstaltungen besucht … Ich lese regelmäßig die Fachpresse (bitte benennen können, auch die letzten Artikel, die Sie beeindruckt haben) *und war auf dieser Fortbildung / auf diesen internen Schulungsmaßnahmen etc*

Frage
Haben Sie Personen kennengelernt, die für Sie Vorbildcharakter hatten? Erzählen Sie uns ausführlicher darüber! Gab / Gibt es auch Negativbeispiele?
Gibt es an Ihrem jetzigen Arbeitsplatz einen Menschen, den Sie wegen seines Erfolges / Könnens bewundern? Und weshalb?
Haben Sie berufliche Ideale?
Wie sieht Ihre berufliche Wertewelt aus?

Hintergrund   Hier findet die Überleitung zur „Erforschung" Ihrer Persönlichkeitsstruktur in Bezug auf den Beruf statt. Von der Art der Vorbilder werden – im positiven wie im negativen Sinne – Rückschlüsse auf Sie gezogen. Wie möchten Sie gerne sein, wie nicht? Was erachten Sie an anderen als wichtig und was als unwichtig?

Hinweise Signalisieren Sie, die Bedeutung der Vorbildfunktion zu kennen und wertzuschätzen (mit Beispielen). Benennen Sie Stärken und auch kleinere Schwächen von anderen und denken Sie gleichzeitig daran, dass Ihr Urteil auch über Sie etwas aussagt.

Schlecht geantwortet
Nein, damit kann ich nicht dienen ... Ich habe mir darüber noch nie Gedanken gemacht ...

Besser
Ich habe während meiner Ausbildung/Schulzeit sehr diese und jene Person bewundert (bitte begründen, warum!) *und dieser Mensch hat schon Einfluss auf meine berufliche Entwicklung/auf mein Denken und Handeln gehabt ...*

Frage
Fühlen Sie sich in Ihren beruflichen Leistungen von Ihren früheren/jetzigen Vorgesetzten angemessen beurteilt?
Thema Gerechtigkeit – was fällt Ihnen dazu bezogen auf Ihre Arbeitserfahrungen und Ihren aktuellen/letzten Arbeitgeber ein?

Hintergrund Wie gehen Sie mit dem heiklen Thema Leistungsbeurteilung um? Lassen Sie sich provozieren und verteilen Sie Schuldzuweisungen?

Hinweise Halten Sie sich bedeckt und gehen Sie nicht auf die Provokation ein. Vermeiden Sie vor allem Klagen über Ihre früheren/jetzigen Vorgesetzten/Kollegen und ersparen Sie sich damit eine unglückliche Selbstdarstellung.

Schlecht geantwortet
Ach, da könnte ich Ihnen stundenlang Sachen erzählen ... Das wollen Sie doch gar nicht alles wissen ...

Besser

Ja, im Wesentlichen unbedingt. Natürlich gab es auch, aber nur sehr, sehr selten, unterschiedliche Einschätzungen bezüglich ..., aber wir konnten uns immer darüber verständigen ...

Frage

Was würden Sie an Ihrem jetzigen Arbeitsplatz verändern, wenn Sie Veränderungen durchführen könnten, wie Sie wollen?
Wie müsste man sich Ihren idealer Arbeitsplatz /
Aufgabenbereich / Vorgesetzten / Kollegen vorstellen?

Hintergrund　　Sind Sie ein notorischer Besserwisser oder gar ein „Revolutionär"? Ein reiner Provokationstest – es geht nicht um Ihre Kreativität.

Hinweise　　Natürlich gibt es Dinge, die veränderungswürdig sind, aber dies ist hier nicht der Rahmen, angemessen die Probleme eines anderen Arbeitsplatzes zu diskutieren. Halten Sie sich bedeckt und fallen Sie nicht auf diesen Provokationstest herein!

Schlecht geantwortet

Ja, unbedingt! Lassen Sie mich überlegen, wo fange ich an, da gibt es wirklich eine ganze Menge, da ist viel im Argen, da müsste man ...

Besser

Im Prinzip bin ich mit den meisten Dingen und Handhabungen doch recht zufrieden, wir führen auch regelmäßige Gespräche, was so ansteht, was man verbessern könnte, und wenn jemand Probleme hat, dann kann er diese in der Runde offen ansprechen ... Das machen Sie doch sicherlich hier in diesem Betrieb ähnlich ... Ich für mein Teil wünsche mir jetzt eine neue Herausforderung ...

Frage

Bei Ihrem beruflichen Werdegang: Warum haben Sie z. B. nicht XYZ gemacht?

Wie erklären Sie sich die Probleme an Ihrem jetzigen Arbeitsplatz? Was für gravierende Probleme/Sorgen/Nöte/Auseinandersetzungen haben Sie in Ihrer beruflichen Laufbahn schon kennengelernt – und erfolgreich (oder nicht) bewältigt? Warum?

Hintergrund   Wie reagieren Sie auf Vorhaltungen nach der Art eines Stress-Interviews. Bei Ihrer Antwort wird mehr auf das Wie als auf das Was geachtet.

Hinweise   Man fühlt Ihnen auf den Zahn, und das kann schmerzhaft sein. Von Problemen haben Sie (hoffentlich) nichts erzählt. Bleiben Sie auf jeden Fall gelassen und moderat und sprechen Sie an dieser Stelle nicht Ihr Handicap an.

Schlecht geantwortet
Das weiß ich auch nicht, aber ich denke darüber nach ... Meinen Sie, ich habe da einen Fehler gemacht ...

Besser
Aus meiner Sicht war das der richtige Weg, die beste Entscheidung ... Man kann es vielleicht auch anders sehen ... Wissen Sie, Probleme wird es immer geben, es kommt darauf an, wie man damit umgeht, ich für mein Teil sehe es als nicht so problematisch an ...

Frage
Sind Sie der Meinung, auf Ihre neue berufliche Aufgabe gut vorbereitet zu sein? Warum? Bitte erklären Sie das?
Ab wann, schätzen Sie, sind Sie voll einsatzfähig?
Und was wollen/werden Sie selbst dafür tun?

Hintergrund   Wie stark ist Ihr berufliches Selbstwertgefühl ausgeprägt?

Hinweise   Ohne arrogant und eitel zu wirken, ist hier eine Gelegenheit gegeben, selbstbewusst aufzutreten. Wenn Sie selbst sich die Sache nicht zutrauen, wer denn sonst?

Schlecht geantwortet
Na, so wie Sie mich fragen, kommen mir jetzt doch echte Zweifel... Alternativ und genauso ungünstig: Aber absolut, was denken Sie denn!

Besser
Ja, mit einer gewissen Einarbeitungszeit kann ich mir gut vorstellen, dass ich die neue Aufgabenstellung erfolgreich bewältige...

Frage
Was war bisher Ihr schlimmstes/unangenehmstes (Arbeits-)Erlebnis?
Erzählen Sie uns mal von einem richtig kniffligen Problem!

Hintergrund   Dies ist ein Persönlichkeitstest, bei dem evtl. Widersprüche zu bisherigen Misserfolgen aufgedeckt werden sollen.

Hinweise   Aufgepasst – was war Ihre Antwort bei der Frage nach Ihrem größten Misserfolg? Welches Bild geben Sie von sich ab? Lassen Sie Ihre Leichen im Keller.

Schlecht geantwortet
Da muss ich Ihnen mal erzählen, wie...

Besser
So eine richtige Katastrophe habe ich noch nicht erlebt... Unangenehm war mir, als ich einmal etwas vergaß... (oder sonstiges, harmloses „Erzählmaterial", das dann aber immer mit der Einsicht und dem, was Sie daraus gelernt haben, endet; Sie sollten dazu unbedingt etwas vorbereitet haben!)

Es geht bei diesen Fragen um die sozialen Komponenten: Ihr Sozialverhalten, Ihre Teamfähigkeit, Kontaktfähigkeit und ihr Einfühlungsvermögen, darum also, wie Sie mit anderen umgehen und auskommen.

Spezialfragen zu einem sichtbaren oder durch Sie offengelegten Handicap zum beruflichen Werdegang

Frage

Welche Art von Problemen / Schwierigkeiten sind im Zusammenhang mit Ihrer Ausbildung / Ihrem beruflichem Werdegang aufgetreten? (Dabei wird evtl. Ihr Handicap nicht an- bzw. ausgesprochen! Es steht aber „im Raum".)
Seit wann haben Sie diese Behinderung / Einschränkung / das Problem?
Wie oft mussten Sie wegen gesundheitlicher Beschwerden Ihre Ausbildung / Arbeit unterbrechen?
Welche berufliche Richtung hätten Sie eingeschlagen, wenn Sie nicht diese gesundheitlichen Probleme hätten?

Hintergrund Ihr Gegenüber will Ihnen konkreter auf den Zahn fühlen, evtl. Widersprüche aufdecken, angeleitet von der Angst, Sie könnten die erforderliche Leistung nicht bringen.

Hinweise Aufgepasst – wie argumentieren Sie, welches Bild geben Sie von sich ab? Lassen Sie ruhig einen gewissen Restzweifel zu, Sie werden in einem ersten Gespräch verständlicherweise nicht alle Sorgen Ihres Gegenübers beseitigen können.

Schlecht geantwortet
Da muss ich Ihnen jetzt mal etwas erzählen, wie viel Zeit haben wir ...

Besser
Zugegeben, ganz einfach und ohne jedes Problem war es nicht, aber ich habe immer mein Bestes gegeben ... Sie sollten auf diese Frage unbedingt vorbereitet sein!

Frage

Zu welchem Prozentsatz ist der häufige Arbeitgeberwechsel / aber auch Nicht-Wechsel oder Ihre lange Arbeitslosigkeit der Tatsache geschuldet, dass Sie ein gesundheitliches Problem haben?

Welche Probleme im Zusammenhang mit Ihrer Erkrankung /
Behinderung sind bisher aufgetreten?
Und wie hat Ihr (ehemaliger) Arbeitgeber / Ausbilder etc.
reagiert?

Hintergrund   Man möchte mehr über Sie und Ihr spezielles Handicap und dessen Konsequenzen für Ihre Arbeitsleistung wissen.

Hinweise   Jetzt kommt es auf Ihre gute Vorbereitung an, was Sie
wie sagen und was nicht. Generell ist es wichtig, einen realistischen,
glaubwürdigen und optimistischen Eindruck zu machen.

Schlecht geantwortet
*Alles kein Problem, glauben Sie mir, das hat nichts mit meinem
Handicap zu tun, überhaupt nicht, wie kommen Sie nur darauf...*

Besser
Da muss ich Ihnen mal erzählen, wie...

4. Ihr persönlicher, familiärer und sozialer Hintergrund

Darum geht's:
Diese drei Bereiche werden hinterfragt, darüber sollten Sie Auskunft geben. Wer und wie sind Sie (auch im Hinblick auf Ihr Handicap, wenn dies bekannt ist)? Mit wem leben Sie zusammen,
und wie sind diese Personen? Wie sieht Ihr erweitertes soziales
Umfeld aus? Und ggf.: Wie verhält es sich bei alledem mit Ihrem
Handicap?

Zu Ihrer Person

Frage
Wir wollen Sie gerne kennenlernen, erzählen Sie etwas über sich.
Wie würden Sie sich kurz charakterisieren?
Was würden uns Ihr Vorgesetzter und Ihre Kollegen über
Sie berichten? Und was eher nicht?
Und jetzt sind Sie dran ... bitte ... (Ihr Gegenüber schweigt!)

Hintergrund Ein unverstellter Versuch, in die Schränke und Schubladen Ihrer Persönlichkeit zu schauen. Es geht um die zentrale Frage: Passt der Bewerber in unser Unternehmen?

Hinweise Beginnen Sie bei sogenannten offenen Fragen wie dieser immer erst damit, die berufliche Ebene anzusprechen und später – wenn überhaupt notwendig – die private.

Schlecht geantwortet
Wie ich wirklich bin, wenn Sie mich also richtig kennenlernen wollen, finden Sie das am besten heraus, wenn Sie mich einstellen ...

Besser
Mein (letzter) Chef fand des Öfteren positive Worte dafür, dass ... Meine Kollegen schätzen mich dafür, dass ich ..., meine Freude dafür ... und meine Familie ...

Frage
Was sind Ihre Stärken, was Ihre Schwächen?
Was ist Ihr größter Erfolg / Misserfolg (beruflich / privat)?
Was war bisher in Ihrem Leben Ihr schlimmstes Erlebnis?
Und wovon wollen Sie uns überzeugen?
Worüber sollen wir Sie möglichst nicht befragen?
Was möchten Sie uns lieber nicht erzählen?
Warum verstummen Sie jetzt?
Was verbergen Sie?

Hintergrund Wie stellen Sie sich bei solchen Fragen an? Wie glaubwürdig wirken Sie? Kann man Schwächen entdecken?

Hinweise Sie sollten mit Gelassenheit sowohl die positiven als auch einige harmlose negative Dinge darstellen und vertreten.

 Hier kommt es auf die professionelle Handhabung der beiden Erzählebenen, die berufliche und die private, an. Überlegen Sie genau, welche Offenheit Sie sich bei Schwächen und Misserfolgen leisten können. So könnten Sie, wenn es nicht gerade um einen

Arbeitsplatz in einer ausgesprochen technischen Branche geht, z. B. unter der Rubrik „Schwächen" anführen, dass Sie bedauerlicherweise nicht dazu in der Lage sind, Ihr Auto allein zu reparieren. Oder dass Sie Mühe haben, Kompositionen von Bach und Händel richtig zuzuordnen. Auch sind Sie vielleicht noch immer mit Ihren Spanischkenntnissen unzufrieden, obwohl Sie schon das dritte Mal in Spanien Urlaub gemacht haben. Durch diese Antwortstrategie haben Sie von der offiziellen Ebene auf die eher private gewechselt. Denn dass Sie nicht musikalisch begabt sind oder Ihre Spanischkenntnisse bescheiden sind, hat (hoffentlich!) nichts mit dem aktuell angestrebten Job zu tun. Zuzugeben, dass Sie ein unpünktlicher Mitarbeiter sind, Ihren PC nicht beherrschen oder Ihr Konversations-Englisch radebrechend ist, obwohl Sie des Öfteren mit ausländischen Gästen zu tun haben, wäre dagegen ziemlich ungeschickt.

Schlecht geantwortet
Meine Schwächen, Misserfolge, dazu kann/will ich nichts sagen…

Besser
Zu meinen Stärken zähle ich: 1…, 2…, 3…. Vorgesetzte, Kollegen und Kunden schätzen an mir, so wurde mir berichtet…
Zu meinen Schwächen… also ich nasche gerne… bin leider musikalisch unbegabt…

Stecken Sie vor dem Vorstellungsgespräch den Rahmen ab, was und wie Sie etwas über sich aussagen oder erzählen wollen. Dazu gehört in erster Linie Berufliches, aber auch ein gewisses Maß an Privatem. So können Sie in jeder Gesprächssituation souverän bleiben und aktiv entscheiden, ob Sie auf der beruflichen oder der privaten Ebene antworten wollen. **Tipp!**

Frage
Was schätzen Sie an anderen (Arbeitskollegen, Vorgesetzten, Freunden, Bekannten), was nicht?
Haben Sie Leitbilder?

Hintergrund „Persönlichkeits-Check-up" (siehe auch entsprechende Fragen im vorigen Abschnitt).

Hinweise Warum nicht positiv über Vorbilder nachdenken und diesen dann gezielt die Eigenschaften anfügen, für die auch Sie stehen? So können Sie indirekt sehr viel Positives von sich selbst vermitteln, wenn Sie sich überwinden.

Schlecht geantwortet
Mein Leitbild sind meine Eltern ...(geht höchstens bis zu einem Alter von 14 Jahren und schon da wäre es etwas auffällig). An anderen schätze ich, wie raffiniert sie lügen können, da muss ich noch viel üben ...

Besser
Ich bewundere z. B. die Kompetenz meines Kollegen XY und die Ruhe und die Gelassenheit der Kollegin Z, auch die gerechte und faire Art meines (ehemaligen) Vorgesetzten, der hat meinen Respekt und Bewunderung ...

Frage
Warum sollten wir gerade Sie einstellen?
Was spricht für Sie? Aus Ihrer und aus unserer Sicht?

Hintergrund Ein fundamentaler Test Ihres Selbstbewusstseins und Selbstvertrauens. Sind Sie in der Lage, die für Sie sprechenden Eigenschaften und Fähigkeiten prägnant zusammenzufassen?

Hinweise Obwohl diese Frage zu den absoluten Standardfragen gehört, trifft sie viele Bewerber völlig überraschend und unvorbereitet. Also: Bereiten Sie sich vor, aber bitte keinen 20-minütigen Monolog (Vorschlag: 1. Argument ..., 2. Argument ..., 3. Argument ..., siehe Seite 47).

Schlecht geantwortet
Na, das sollten Sie schon selber herausfinden / beurteilen, da kann ich nicht viel zu sagen ...

Besser
Aus meiner Sicht spricht für mich: 1. ..., 2. ..., 3. ...

Frage
Wir wollen Sie als Menschen kennenlernen. Welche Interessen, welche Hobbys haben Sie?
Wie tanken Sie auf? Wie oder wo laden Sie Ihre Batterien auf?
Wofür können Sie sich so richtig begeistern?
Wofür schlägt Ihr Herz?
Achtung: Das kann in diesem Zusammenhang ganz schnell auch mit umgekehrten Vorzeichen abgefragt werden.

Hintergrund Es geht um das Kennenlernen des Interessenspektrums, der Besonderheiten, Hobbys, kulturellen Aktivitäten. Denken Sie auch an körperliche Fitness.

Hinweise Die Beantwortung sollten Sie nicht dem Zufall überlassen. Bedenken Sie: Zu viel Engagement bei Ihren Hobbys ist leider wegen der begrenzten Freizeit nicht möglich.

Schlecht geantwortet
Mein Herz schlägt für ..., also eine richtige Leidenschaft von mir, wobei ich alle Zeit der Welt vergessen kann ... am liebsten würde ich das den ganzen Tag / einen Beruf daraus machen ... aber leider ... man muss ja noch Geld verdienen / arbeiten gehen ...

Besser
Ich tanke am besten auf und gewinne neue Kräfte und Ideen dadurch, dass ich Sport mache / mich dieser oder jener Sache widme / entspanne bei ... Ich spiele ein Instrument / Schach ...

Frage
Was bedeutet Teamarbeit für Sie?
Was spricht aus Ihrer Sicht / Erfahrung gegen Teamarbeit / Einzelkämpferdasein?

Hintergrund   Sind Sie lieber Einzelkämpfer oder Gruppenmensch?

Hinweise   Was wäre wohl bei der angestrebten Aufgabe eher gewünscht? Heutzutage werden insbesondere teamfähige Leute gesucht – auch wenn dann später in der Realität oftmals jeder gegen jeden antritt.

Schlecht geantwortet
Ja, absolut – nein, überhaupt nicht ...

Besser
Es kommt darauf an, in vielen Dingen kann ein gutes Team sehr viel mehr schaffen als jeder für sich allein ... Solche Teams habe ich schon kennengelernt, ... ich bin selbst in solchen Teams gewesen ...(jetzt müssen Sie aber auch auf Nachfragen etwas erzählen können ...)

Frage
Mit welchen Menschen arbeiten Sie gern / ungern zusammen?
Hatten Sie schon mal Schwierigkeiten mit Kollegen / Vorgesetzten?
Wenn ja: Warum? Wie sind Sie damit umgegangen?
Welche Konsequenzen haben Sie daraus gezogen?
Was für Konflikte mit Ihrem Team / Ihren Kollegen kennen Sie?

Hintergrund   Es geht ganz unverstellt zur Sache: Wie ist es um Ihr Konflikt(lösungs)potenzial bestellt? Inwieweit können Sie sich anpassen oder haben Schwierigkeiten mit anderen?

Hinweise   Wenn es Ihnen bei diesen Fragen die Sprache verschlägt, spricht das gegen Sie. Jeder Mensch bevorzugt bestimmte Arbeitspartner und hat schon mal Schwierigkeiten mit anderen gehabt. Gerade jetzt müssen Sie wissen, was Sie darüber preisgeben wollen und auf welche Weise.

Schlecht geantwortet
Ob ich schon mal Ärger hatte, na und ob ... Mein Vorgesetzter war aber auch ein sehr schwieriger Mensch ...

Besser

Das gibt es wohl überall, meistens klappt die Zusammenarbeit, aber manchmal auch nicht (die Realität ist vielleicht eher andersherum, jedoch ...). *Ärger, so richtigen, nein ... das haben wir immer gemeinsam lösen können ...*

Frage

Worüber können Sie sich so richtig ärgern?
Was macht Sie wütend?
Was bereitet Ihnen Sorgen?
Was kann Ihnen die Laune / Stimmung verderben?

Hintergrund   Wie gehen Sie mit diesen Fragen um, kann man Sie damit ärgern oder verängstigen?

Hinweise   Weichen Sie in diesem Teil eines Stress-Interviews nicht auf, sondern aus! Z. B. auf Unverfängliches (und damit eher auf die private Ebene) wie die letzte Heimniederlage Ihres Lieblingsfußballclubs, Ihre Schwiegermutter, den lauten Nachbarn usw. Ärger- und Sorgenthemen müssen Sie geschickt umschiffen.

Schlecht geantwortet

Nichts. / Haben Sie wirklich so viel Zeit, dass ich jetzt mal ausholen darf ...

Besser

Da gibt es immer etwas, worüber man sich so richtig aufregen könnte, jedoch frage ich mich oft, lohnt es sich, und überlege dann, und nehme diese Energie lieber dafür, etwas zu verändern ... z. B. neulich in unserem Verein ...(hier zunächst eher etwas aus der privaten Ebene anbieten).

Frage

Wie gehen Sie mit Kritik um?
Wie verhalten Sie sich, wenn Sie angegriffen / ungerecht behandelt werden?

Hintergrund   Wieder eine Persönlichkeitstestfrage.

Hinweise   Es kommt sicherlich immer darauf an, wer Sie wann, wie und weshalb kritisiert. Kritik bringt Sie nicht um, aber vielleicht weiter.

Schlecht geantwortet

Kritik, an mir ... wieso, können Sie mir das mal erklären, wie kommen Sie darauf ... Was wollen Sie mir damit eigentlich sagen/vorwerfen ... Ich, ich bin doch stets offen für Kritik ...

Besser

Wenn ich die Kritik nachvollziehen kann, bin ich vielleicht nicht froh darüber, aber kann es doch verstehen und einsehen, und vor allem daraus lernen und etwas ändern ...

Frage

Angenommen, Zeit und Geld spielten überhaupt keine Rolle: Wie würden Sie Ihr Leben gestalten?
Stellen Sie sich vor, Sie gewinnen mehrere Millionen im Lotto. Wie verändert sich Ihr Leben?

Hintergrund   Die psychologische Ausleuchtung!

Hinweise   Bleiben Sie ruhig auf dem Teppich, aber kommen Sie runter von der Couch!

Schlecht geantwortet

Oh, ich würde sofort kündigen und mich auf die Bahamas absetzen ...

Besser

Kann ich mir nur sehr schwer vorstellen, ich glaube, ich würde gar nicht so viel ändern wollen, ich mag das, was ich tue und bin eigentlich recht glücklich ...

Zu Ihrer Familie

Frage
Wie sieht Ihre aktuelle Lebenssituation aus?
Erzählen Sie uns mal, wie Sie leben!

Hintergrund   Mit wem leben Sie zusammen? Mit Ihrem Lebens-
oder Ehepartner? Und wie stehen die zu Ihrer Arbeit? Oder sind Sie
Single?

Hinweise   Verliebt, verlobt, verheiratet? Alles Themen, die den Arbeitgeber eigentlich absolut nichts angehen.

Schlecht geantwortet
*Besuchen Sie mich doch mal zu Hause, ich stelle Ihnen dann
meine Familie gerne vor ... Worauf wollen Sie eigentlich hinaus?*

Besser
*Ich bin glücklich liiert / verheiratet ... Wir haben zwei Kinder,
einen Hund ...*

Frage
Stellen Sie uns bitte Ihre Familie vor. (Gegenfrage: Welche?
Meine Ursprungsfamilie oder meine jetzige?)
Welche Menschen in Ihrer Umgebung sind für Sie von
großer Bedeutung?

Hintergrund   Der Personalverantwortliche hat ein Wissens- und
Informationsbedürfnis über den Bewerber und das Milieu, das ihn
umgibt und aus dem er kommt. Im Klartext: Ist bei Ihnen alles ok?

Hinweise   Gehen Sie nicht zu sehr ins Detail, Sie müssen sich
nicht rechtfertigen. Alles ist bestens!

Schlecht geantwortet
*Also, da ist meine 96-jährige Mutter, die lebt mit uns, und der
Sohn meiner Lebensgefährtin hat seine Freundin bei uns ein-
fach einquartiert, die ist ja so was von ...*

Besser

Meine Partnerin / Frau / Mein Partner / Mann ... macht das und das, die Kinder gehen zur Schule .. (denken Sie sich etwas Nettes, aber auch Unauffälliges aus, bloß keine Probleme erkennen lassen).

Frage

Was macht Ihre Frau / Ihr Mann denn beruflich und wo? Arbeitet / trägt sonst noch jemand in Ihrer Familie zum Lebensunterhalt bei?

Hintergrund   Es geht um das Prüfen der sozialen Verhältnisse. Devise: Zeig mir deinen Partner und ich weiß ein bisschen genauer, wer und wie du bist.

Hinweise   Seien Sie sich darüber im Klaren, dass Sie eine relativ konfliktfreie, problemlose, heile Welt präsentieren müssen.

Schlecht geantwortet

Warum interessiert Sie das ... Was geht denn Sie das an ... Dem wurde gerade gekündigt ...

Besser

Der geht voll und ganz in seinem Beruf auf, ist sehr zufrieden / erfolgreich ... hat immer Verständnis für meine beruflichen Pläne und unterstützt mich ....

Frage

Was sagt Ihr Lebenspartner zu Ihren Plänen? Wie ist denn die Meinung Ihrer Lieben zu all Ihren beruflichen Plänen?

Hintergrund   Werden Sie unterstützt? Ist Ihr Lebenspartner mit Ihren Plänen einverstanden oder gibt es da Hemmnisse? Könnten bei einem möglichen Umzug oder wegen der Arbeitszeiten Probleme entstehen?

Hinweise Wer hier nicht überzeugend positiv auftritt oder gar zugeben muss, noch nichts besprochen zu haben, könnte einen negativen Eindruck schaffen.

Schlecht geantwortet
Na, der ist nicht so glücklich…

Besser
Ich werde voll und ganz unterstützt, der/die stehen alle hinter mir…

Frage
Wie sind Ihre Kinder versorgt, während Sie arbeiten?
Wie sieht Ihre Familienplanung aus?

Hintergrund Kann man mit Ihnen planen? Wie oft werden Sie ausfallen? Wie souverän gehen Sie mit diesen Fragestellungen um?

Hinweise Besonders Frauen werden im Vorstellungsgespräch häufig mit unzulässigen Fragen dieser Art konfrontiert. Schwangerschaft, Partnerbeziehung und Familienleben gehen den Arbeitgeber nichts an! (siehe dazu Seite 38). Daher: Bleiben Sie ruhig, lassen Sie sich nicht provozieren und greifen Sie, falls es die Situation erfordert, lieber zu einer Notlüge.

Schlecht geantwortet
Ich lebe für meine Familie, die kommt zuerst und wird bestens von mir versorgt, insbesondere für meine Kinder, und vielleicht werden es bald noch mehr…

Besser
Ich habe bei meinen Kindern enorme Unterstützung durch… (bei meiner Frau/meinem Mann, den Großeltern, weiteren Familienangehörigen/Verwandten, Nachbarn etc.). Meine Kinder sind bestens versorgt, darum kümmern sich unter anderem… Meine Kinder sind aus dem betreuungsintensiven Alter hinaus, sehr selbstständig…

209

Frage
Wollen Sie sich wirklich beruflich engagieren, oder ...?

Hintergrund   ... oder wollen Sie sich lieber der Familie widmen?
Wie ist Ihre Motivation für diesen Job?

Hinweise   Dies ist eine Frage, mit der vor allem Frauen zu rechnen haben. Sagen Sie ganz sachlich, wie es ist: Sie wollen vorankommen, sich im Beruf verwirklichen und Geld verdienen.

Schlecht geantwortet
Ich verstehe Ihre Frage nicht ... worauf wollen Sie hinaus, glauben Sie, ich scherze hier mit Ihnen ...

Besser
Mir ist diese Bewerbung sehr ernst ... Ich möchte gern meine beruflichen Erfahrungen fortsetzen; mir fehlte mein Job während der Kindererziehung sehr und nun möchte ich die Chance nutzen, wieder motiviert einzusteigen ...

Zu Ihrem sozialen Hintergrund

Frage
Gibt es etwas, wofür Sie sich neben Ihrem
Beruf besonders engagieren?
Wofür schlägt Ihr Herz?
Wofür können Sie sich so richtig begeistern?

Hintergrund   Wie sieht es mit politischem oder sozialem Engagement aus (Parteien, Gewerkschaften, Bürgerinitiativen, Kirche, Vereine, Hobbys, soziale Institutionen)?

Hinweise   Machen Sie sich bewusst, welches Bild Sie von sich entwerfen, wenn Sie sich zu dem einen oder anderen (sozialen) Engagement bekennen.

Schlecht geantwortet

Das geht Sie gar nichts an ... Ich schaue immer fern ... bin aktiv in der Gewerkschaft ... haha, nur ein kleiner Scherz ... da haben Sie aber eben geguckt ...

Besser

Natürlich, meine Familie/Partner/-in, die Kinder ... Ich bin aktiv im Sport-/Gesangsverein ...

Frage
Mit welchen Menschen sind Sie gerne zusammen und
was verbindet Sie mit diesen?
Wen in Ihrer näheren Umgebung bewundern Sie und warum?

Hintergrund   „Zeige mir deine Freunde und ich sage dir, wer du bist" – Informationen über Dritte sind Informationen über Sie selbst.

Hinweise   Wie sehen Ihre sozialen, zwischenmenschlichen Beziehungen aus? (Natürlich harmonisch!)

Schlecht geantwortet

Was soll ich Ihnen da sagen, was/wie genau wollen Sie es eigentlich wissen, ich habe eigentlich seit dem letzten Umzug keine wirklichen Freunde mehr ...

Besser

Ach, da gibt es eine ganze Menge netter Menschen, die ich kenne, also angefangen bei unserer/meiner Familie, die Nachbarn, Freunde, ehemalige Kollegen ...

Spezialfragen zu einem sichtbaren oder durch Sie offengelegten Handicap bezogen auf Ihren persönlichen Hintergrund

Frage
Wie kommen Sie damit klar? (Setzen Sie für „damit" Ihr Handicap ein!)
Welche Unterstützung erwarten Sie von uns?
Wer unterstützt Sie, wer hat Sie unterstützt?

Welchen Einfluss hat Ihr Problem / Handicap auf
Ihr sonstiges Leben?
Von wem hätten Sie sich mehr Hilfe und Unterstützung
versprochen / gewünscht?

Hintergrund   Ihr Gegenüber hegt die Befürchtung, Sie bringen
Ihre Leistung nicht, aber dafür den Betrieb durcheinander etc.

Hinweise   Hier fragt kein Arzt und kein Seelsorger, also ist in jedem Fall verhaltener Optimismus angezeigt.

● **Schlecht geantwortet**
Das ist kein leichtes Schicksal ... (Klage, Jammer etc.)

○ **Besser**
*Es stellt gewisse Herausforderungen an mich ... aber diesen
habe ich mich bisher immer erfolgreich gestellt, und das werde
ich auch in Zukunft so handhaben ...*

Frage
Was würden Sie machen, wenn Sie dieses Problem / Handicap
nicht mehr hätten?
Was bedrückt Sie bei Ihrem Problem / Handicap / Behinderung
am meisten?

Hintergrund   Was für Fantasien hört man da, was an geheimen
Wünschen, klingt Wehmut, Pessimismus durch etc.?

Hinweise   Sie müssen vorsichtig sein mit Ihrer Antwort, aber
schweigen können Sie auch nicht. Tendenz: nur nicht bitter.

● **Schlecht geantwortet**
*Oh, lassen Sie mich überlegen, dann würde ich das und das ma-
chen, alles ganz anders, endlich könnte ich einmal ... etc.*

○ **Besser**
*Gute Frage, darüber muss ich erst einmal nachdenken, gar nicht
so einfach ...*

Frage
Wie offen gehen Sie überhaupt mit Ihrem Handicap um?
Können Sie mit den Menschen in Ihrer Umgebung problemlos
über Ihr Leiden / Ihre Behinderung sprechen?
Wer weiß und wer weiß nicht von Ihrer Behinderung und warum?
Was hindert Sie, offen mit Ihrer Behinderung / Erkrankung
umzugehen?

Hintergrund Hier äußert der Arbeitsplatzanbieter die Sorge, Sie
seien wegen Ihres Handicaps blockiert, brächten nicht Ihre volle
Leistung etc.

Hinweise Verdeutlichen Sie Ihrem Gegenüber, dass Sie sich
schon alle Gedanken zu diesem Thema gemacht haben.

Schlecht geantwortet
Äh, wie, äh, ich verstehe nicht, wie meinen Sie das?

Besser
Ich habe gelernt, mich nicht nur selbst damit auseinanderzu-
setzen, sondern auch aktiv meine soziale Umwelt, meine Fami-
lie, Freunde und Bekannten angemessen mit einzubeziehen.

Bei diesen Fragen kommt Ihre psychische Konstitution, Ihr gesam-
ter Seelenzustand auf den Prüfstand: Wie stabil, wie gesund sind
Sie? Demonstrieren Sie Selbstbewusstsein, emotionale Stabilität,
Belastbarkeit und auch Ihr Sympathiemobilisierungs-Potenzial!

5. Fragen zu Ihrem Gesundheitszustand

Darum geht's:
Dieses Thema beschäftigt uns ja schon die ganze Zeit, steht quasi bei
allen Überlegungen zum Vorhaben „Arbeitsplatzeroberung"/Bewer-
bung im Zentrum. Wenn Sie bisher noch nichts von Ihrem Handicap
erzählt haben, kann hier natürlich der Moment gekommen sein. Wir
empfehlen Ihnen aber dennoch, gerade an dieser Stelle eher nicht
das besondere Thema zu eröffnen. Sie bekommen sofort eine sehr

spezielle Tiefe in dieses Thema, wohingegen Sie zu einem anderen Zeitpunkt im Bewerbungsgespräch ein klein wenig mehr die Chance haben, dass man Ihren „Bericht" in seiner möglichen Tragweite nicht richtig erkennt ... Wunschdenken, mag sein, und es ist auch immer abhängig, worum es geht. Eines ist jedenfalls sicher: Hier erwartet Ihr Gegenüber, dass Sie alles beschönigen und nicht umfangreiche Geständnisse machen. Enttäuschen Sie diese Erwartung nicht!

Frage
Haben Sie ein chronisches Leiden?
Waren Sie schon mal ernstlich erkrankt?
Gibt es gesundheitliche Einschränkungen mit beruflichen Auswirkungen?
Hatten Sie Krankenhausaufenthalte, Unfälle, haben Sie Allergien, sonstige Probleme oder ein Handicap?
Was hat Ihr Arzt Ihnen gesagt / geraten bei Ihrem letzten Besuch ...?

Hintergrund   Wie steht es um Ihre uneingeschränkte gesundheitliche Leistungsfähigkeit?

Hinweise   Lassen Sie keine Zweifel daran aufkommen, dass es bei Ihnen keine berufsrelevanten Beeinträchtigungen gibt (siehe auch Standpunkte zum Ver-Schweigerecht, Seite 39).

 Beginnen Sie nicht gleich, Ihre gesamte Krankengeschichte zu erzählen. Sie müssen vorher entschieden und sich eine klare Strategie erarbeitet haben, ob Sie überhaupt und wenn ja, was genau und wie viel Sie erzählen wollen. Und das, wie gesagt, am besten zu einem anderen Zeitpunkt im Vorstellungsgespräch.

Schlecht geantwortet
Wissen Sie, neulich, da hatte ich so ein Reißen in der Schulter, da hat meine Frau gesagt, geh doch wieder mal zum Doktor ...

Besser
Lassen Sie mich überlegen, also nein, Unfälle, nein, ernsthafte Erkrankungen, nein, Allergien, alles nichts ...

Frage
Waren Sie im letzten Jahr mehr als zweimal beim Arzt?
Wer ist Ihr Hausarzt?
Wie oft müssen Sie zum Arzt / zu Kontrolluntersuchungen?
Wie gut, wie lange schon kennen Sie Ihren Arzt?

Hintergrund   Dies sind Fangfragen zur Überprüfung des Gesundheitszustandes im Hinblick auf zukünftig befürchtete Fehlzeiten.

Hinweise   Achtung aufgepasst – nicht verplappern! Das sind Rhetoriktricks, auf die man leicht hereinfallen kann.

Schlecht geantwortet
Lassen Sie mich mal rechnen ... also bei Herrn Dr. Heinze, da waren wir dreimal, nein vier ... und dann noch der Dr., äh, wie hieß der bloß, von dem ich ins Krankenhaus eingewiesen wurde ...

Besser
Wissen Sie, in diesem Jahr, nein noch nicht, und im letzten Jahr, ich kann mich nicht erinnern ... wir haben wohl einen Hausarzt, aber da muss ich mal meine Frau / meinen Mann fragen ... Nur zu Vorsorgeuntersuchungen ...

Spezialfragen zu einem sichtbaren oder durch Sie offengelegten Handicap beim Thema Gesundheit

Frage
Wie gehen Sie mit Ihrem Problem / Handicap / mit Ihrer
Erkrankung etc. um?
Unter was für Symptomen / Einschränkungen leiden Sie?
Wie müssen wir uns Ihr Leiden / Ihre Einschränkungen vorstellen?
Wie häufig tritt so etwas auf?

Hintergrund   Man ist in Sorge und will wissen, wie es um Ihre eingeschränkte Leistungsfähigkeit steht, wie Sie selbst damit klarkommen, auch mental.

Hinweise   Wenn Sie hier nicht Optimismus und positives Denken vermitteln (zumindest den Eindruck davon!), wer denn sonst? Und das überträgt sich auf Ihren Gesprächspartner. Im Positiven wie im Negativen. Ergo: Strahlen Sie Zuversicht aus, geben Sie keinen Anlass dafür, evtl. über Sie zu denken, Sie hätten mit Ihrem Handicap ein Problem ...

Schlecht geantwortet
Ich bin dann in dieser / jener Lage / Situation, das müssen Sie sich so vorstellen, als ob ... (Schreckensszenario!)

Besser
Wissen Sie, ich lebe jetzt damit schon so lange / seit ... ich weiß gar nicht, wie es anders sein könnte, wäre ...

Frage
Hätten oder haben Sie sogar eine Idee, einen wichtigen Vorschlag, Hinweis etc., wie man Ihre Behinderung / Erkrankung / das Problem hätte verhindern können?
Was wäre passiert, wenn ... oder wenn nicht ...?

Hintergrund   Sie denken jetzt hoffentlich nicht, Sie seien als Experte gefragt und könnten endlich Ihr geballtes Wissen in Ihrer Angelegenheit nützlich weitergeben. Es geht hier immer auch um die Frage der Schuldzuweisung. Haben Sie für sich einen „Schuldigen", Verantwortlichen (z. B. Ärzte, die versagt haben) gefunden? Evtl. sogar Sie selbst?

Hinweise   Unbedingt vorsichtig mit Schuldzuweisungen umgehen, am besten keine vornehmen, selbst wenn beispielsweise ein betrunkener Autofahrer den Unfall verursacht haben sollte, bei dem Ihr Handicap entstanden ist ...

Schlecht geantwortet
Ich verstehe nicht, worauf Sie hinaus wollen ...? Oder: Na, Schuld daran hat doch ganz klar ...

Besser
Das ist sicher nicht ganz einfach zu beantworten. Ich sehe jedenfalls keine „Schuldigen"…

Frage
Was für Krankheitssymptome kennen Sie bei sich, wenn es Ihnen nicht gut geht?
Wie müssen wir uns das vorstellen, wenn Sie akuten Schmerz, einen Anfall etc. haben?
Wie häufig werden Sie ausfallen? Wie war das bisher?
Wie sind Sie, wenn Sie krank sind?

Hintergrund Was erzählen Sie jetzt und was kann man daraus schließen?

Hinweise Hoffentlich haben Sie sich unter Kontrolle …

Schlecht geantwortet
Ja, wo beginne ich da am besten jetzt, also … nehmen wir mal meine Rückenbeschwerden …

Besser
Was meinen Sie damit, Schnupfen oder Kopfschmerzen, also eigentlich weiß ich nicht so recht, was ich Ihnen da jetzt erzählen könnte …

6. Überprüfung Ihrer beruflichen Kompetenz und Eignung

Darum geht's:
Vermitteln Sie den Eindruck, wirklich Ahnung von Ihrem Beruf und vor allem so etwas wie Liebe zur Materie zu haben? Sind Sie vorbereitet, haben Sie sich mit den (inhaltlichen) Herausforderungen dieser Aufgabe nachweislich (intelligent) auseinandergesetzt?

Frage

Was haben Sie in dieser und in jener Firma (oder bei der Ausbildung) gemacht, wie und warum?
Berichten Sie uns doch bitte mal, wie der Arbeitsalltag da und dort aussieht/aussah.

Hintergrund   Noch einmal wird überprüft, was Sie vielleicht vorher schon gesagt haben, jetzt ins Detail gehend, auf Widersprüche achtend ...

Hinweise   Sie haben sich gut vorbereitet und können fließend und begeistert von Ihrer Arbeit erzählen. Falls man Sie daraufhin fragt, warum Sie eigentlich wechseln wollen/gewechselt haben, wissen Sie auch zu antworten ...

● **Schlecht geantwortet**
Da muss ich mal nachdenken ...

○ **Besser**
Nun, bei XY war das so ..., ich habe ..., meine Aufgabe bestand darin ...

Frage

Wie gut kennen Sie sich in unserer Branche, in unserem Metier aus?
Wie schätzen Sie die aktuelle/zukünftige Marktsituation ein?
Was fällt Ihnen zu unserer Branche/Unternehmen/den Mitbewerbern ein?

Hintergrund   Wie sieht Ihr aktueller Wissensstand aus? Können Sie kompetent mitreden, einschätzen, beurteilen?

Hinweise   Es gilt das schon mehrfach zum Thema Vorbereitung Gesagte. Sollten Sie bei einer Frage trotz guter Vorbereitung nicht genug Hintergrundwissen haben, bekennen Sie sich dazu. Es macht Sie nicht unsympathisch, wenn Sie in Maßen Kenntnislücken zugeben.

Schlecht geantwortet

Da fragen Sie jetzt aber den Falschen ... Sehr negativ, wenn Sie meine ehrliche Meinung hören wollen ... gar nicht gut ...

Besser

Nun, ich bin optimistisch, deshalb schätze ich die Situation so und so ein ...

Frage

Kennen Sie ... (dieses Verfahren, die Person, die Diskussion um etc.)?
Wie ist Ihre Meinung zu ...?
Wie beurteilen Sie ...?
Was würden Sie machen, wenn ...?

Hintergrund   Dies ist ein Test zu Informationsstand und Fachwissen, bis hin zur Aufforderung, spontan im Gespräch eine „Mini-Arbeitsprobe" abzulegen.

Hinweise   Geben Sie ruhig zu, wenn Sie etwas nicht wissen. Das wirkt authentischer, als wenn Sie wild drauflos fantasieren.

Schlecht geantwortet

Äh, nein, das sagt mir überhaupt nichts, was wollen Sie wissen?

Besser

Ich denke / schätze das so ein, natürlich kann ich mich irren, da ich nicht den ganzen Überblick habe ... aber aus meiner Sicht spricht einiges dafür, dass ...

Frage

Auf welchem Gebiet lag Ihr Ausbildungsschwerpunkt und
wie kam es dazu?
Was würden Sie als Ihren aktuellen Arbeitsschwerpunkt
bezeichnen?
Können Sie uns einmal kurz die Ergebnisse Ihrer Arbeit darstellen?

Hintergrund   Wie kompetent können Sie sich und Ihr Arbeitsgebiet, Ihre Arbeitsleistungen und Ergebnisse darstellen?

Hinweise   Fragen nach Ihrer Ausbildung und der Einstiegsposition sollen Ihre Identifikation mit Ihrem Beruf/Ihrer Tätigkeit überprüfen. Beim gestandenen Praktiker ist vor allem die Verbindung von Vergangenheit und Gegenwart (wie kam ich dazu?) von Bedeutung.

Schlecht geantwortet
Ich verstehe Ihre Frage nicht. Was wollen Sie wissen?

Besser
Mein jetziger Arbeitsschwerpunkt liegt da und da ... Das kam so ... und seitdem ich es so und so mache, hat sich dies und das positiv entwickelt ...

Tipp!   Bedenken Sie: Auch die Art und Weise Ihres „Vortrages" wird mitbewertet. Denn: Die Wahrnehmung und Beurteilung einer Person wird zu mehr als 55 Prozent durch den äußeren Eindruck geprägt (Kleidung und Körpersprache), zu über 30 Prozent durch die Art und Weise, wie Sie etwas sagen (Mimik, Gestik und Sprechweise), und nur zu etwa 10 Prozent durch das inhaltlich Gesagte. Erstaunlich!

Frage
Was würden Sie machen, wenn ...? (Pleiten, Pech und Pannen, Unglücksfälle, Katastrophen, Weltuntergänge, beruflicher, aber auch privater Natur, alles ist hier vorstellbar ...)
Können Sie sich bitte mal mit der und der Situation auseinandersetzen?

Hintergrund   Wie reagieren Sie auf Probleme/Herausforderungen, die Ihnen vorgestellt/zugemutet werden? Verschlägt es Ihnen die Sprache, verlassen Sie – schweigend oder unter Protest – den Raum, dozieren Sie wie ein Professor oder stellen Sie sich als Besserwisser und Oberlehrer dar? Reagieren Sie mit Angst und Überforderung oder können Sie glaubhaft aufzeigen, sich mit dem

Problem auseinandersetzen zu können und um eine gute Lösung bemüht zu sein?

Hinweise Überrascht dürfen Sie sein – sprachlos bis ängstlich oder gar mürrisch bis aggressiv bitte nicht. Ansonsten fallen Sie durch den „Test", den man Ihnen zumutet, um Ihr zukünftiges Verhalten besser abschätzen zu können.

Schlecht geantwortet
Na, Sie stellen ja vielleicht Fragen ... Wo haben Sie das bloß gelernt?

Besser
Nun, das ist in der Tat eine besondere Situation / Problem / Herausforderung, da kommt es darauf an, dass man gut nachdenkt / besonnen reagiert etc. Oder: Lassen Sie mich bitte einmal nachdenken ... Habe ich Sie richtig verstanden ... Jetzt fällt mir noch ein ...

Frage
Können Sie uns noch einmal verdeutlichen: Was spricht für und was gegen Sie? Warum sollten wir gerade Sie einstellen?
Wovon wollen Sie uns überzeugen?
Sie sind doch flexibel, können schnell umdenken, umschalten, also beweisen Sie uns mal ... Warum sind Sie nicht der richtige Kandidat für uns?

Hintergrund Dies ist abermals ein Test zur Selbsteinschätzung und -darstellung.

Hinweise Starten Sie immer mit einer Kurzzusammenfassung der Argumente, die für Sie sprechen. An Argumenten gegen Sie fällt Ihnen höchstens eines, maximal anderthalb ein. Natürlich nur etwas Harmloses, was jeder potenzielle Arbeitgeber leicht entkräften könnte. Sie brechen doch nicht selbst den Stab über sich.

Schlecht geantwortet
Wenn Sie das nach diesem Gespräch noch nicht wissen, kann ich es auch nicht ändern ... Habe ich Sie etwa nicht überzeugt ...

Besser
Nun, das sind erstens ..., zweitens ... und drittens ... und jetzt fällt mir noch ein ...

Frage
Was machen Sie, wenn Sie den Arbeitsplatz bei uns nicht bekommen, wenn wir uns für einen anderen Bewerber entscheiden? Wie sehen Sie Ihre berufliche Zukunft, wenn wir hier nicht zusammenkommen?

Hintergrund Wie gehen Sie mit Frust um und inwieweit zeigen Sie Ihre Enttäuschung?

Hinweise Weder sind Sie völlig zerknirscht und am Boden zerstört noch heilfroh und glücklich darüber, dass Ihnen dieser Job erspart bleibt. Bringen Sie zum Ausdruck, dass Sie eine Entscheidung gegen Sie als Kandidaten bedauern, aber akzeptieren würden. Sie sind beruflich/im Leben gut verankert und keinesfalls auf den neuen Arbeitsplatz absolut angewiesen.

Schlecht geantwortet
Dann bringe ich mich um ... war nur ein Scherz!

Besser
Das fände ich schon sehr schade, ich würde mich fragen, was dafür den Ausschlag gegeben hat und ob ich etwas verbessern könnte ...

Spezialfragen zu einem sichtbaren oder durch Sie offengelegten Handicap in Bezug auf die berufliche Eignung

Frage

Ich stelle mir das sehr schwer vor, bei Ihrem Handicap, dieses / jenes hier bei uns im Unternehmen zu machen / zu leisten ...
Wie wollen Sie das bei Ihrem Handicap / Ihrer Erkrankung nur schaffen?
Trauen Sie sich das bei uns auch wirklich zu?

Hintergrund   Wie reagieren Sie auf diese Provokation?

Hinweise   Jetzt bloß die Ruhe bewahren, wirkliche Einwände werden nie so offen direkt benannt, das ist nur ein Test!

Schlecht geantwortet
Ja, Herrgott, was soll ich denn machen ...

Besser
Darf ich Sie ganz offen fragen, wo sehen Sie denn die größten Herausforderungen für mich an diesem Arbeitsplatz ...

Frage

Ich kann mir gut vorstellen, dass Sie bei Ihrem Problem / Handicap / Ihrer Erkrankung sich mit diesem oder jenem nicht so richtig auskennen, wenig Erfahrung haben ...
Darf ich ganz offen sein, ich glaube, diese Tätigkeit ist nichts für Sie ...
Ich sehe da große Probleme auf Sie und uns zukommen ...

Hintergrund   Wie sieht Ihre Reaktion auf diese Provokation aus?

Hinweise   Lassen Sie sich auch jetzt nicht aus der Ruhe bringen, es ist eine gezielte Provokation. Wenn Sie jetzt sehr heftig reagieren, haben Sie verloren ...

Schlecht geantwortet
Was erlauben Sie sich, wie können Sie das beurteilen?

Besser

Helfen Sie mir bitte zu verstehen, wie Sie das konkret meinen ... Und dann nicht gleich widersprechen, sondern aushalten! Den anderen sprechen lassen, auch mal etwas schweigen!

7. Informationen für Sie als Bewerber

Darum geht's:
Früher oder später kommt der Moment, in dem Ihr Interviewpartner Sie ausführlich über die Firma, den möglichen Arbeitsplatz und die Aufgaben informieren will. Das ist eine wichtige Gesprächsphase, in der es vor allem auf Ihre demonstrative Zuhörfähigkeit ankommt.

Hintergrund Es geht um Selbstdarstellungslust und Imagepflege auf Arbeitgeberseite.

Hinweise Hören Sie aufmerksam zu, unterbrechen Sie nicht leichtfertig, fragen Sie nach und eröffnen Sie Ihrem Gegenüber auf diese Weise neue Möglichkeiten zur Selbstdarstellung. So sammeln Sie Sympathiepunkte!

Schlecht geantwortet

Das weiß ich alles schon ...

Besser

Das ist ja sehr interessant ... ach, wirklich, hätte ich jetzt nicht gedacht, sehr schön, ja wirklich ... Sehr viele Stichworte geben einem Personalauswähler die Gelegenheit, sich und sein Unternehmen vorteilhaft zu (re)präsentieren. Lassen Sie das zu! Ermutigen Sie sogar!

8. Zu möglichen Arbeits- und Vertragskonditionen

Darum geht's:
Dieser Abschnitt umfasst die Besprechung verschiedener Aspekte, die sowohl Rahmen- als auch inhaltliche Bedingungen des Arbeitsplatzes betreffen, z. B. Aufgabengebiet, Arbeitszeit, Probezeit, Kündigungsfristen, Kompetenzen und Vollmachten, Urlaubsregelung, Bezahlung, sonstige Abmachungen wie z. B. Altersversorgung, Umzugskosten etc. Detailliert verhandelt werden diese Aspekte jedoch erst, wenn Sie in die engere Wahl gekommen sind. Hinzukommen könnte bei Ihnen evtl. der Sonderstatus.

Spezialfragen zu einem sichtbaren oder durch Sie offengelegten Handicap bei den Vertragskonditionen

Frage
Wie stellen Sie sich eine Beschäftigung mit Ihrem Problem / Handicap / Ihrer Erkrankung bei uns eigentlich ganz konkret vor? Ich fürchte, wir können Ihnen keinen normalen Arbeitsvertrag anbieten ...

Hintergrund   Wie klug gehen Sie mit dieser Frage um? Sie stellt eine Mischung aus Provokation und Aufforderung, Ihre Fantasie zu demonstrieren, dar, auch um zu sehen, wie „kompliziert" es mit Ihnen möglicherweise sein wird.

Hinweise   Bleiben Sie locker und eher zurückhaltend und vorsichtig.

● **Schlecht geantwortet**
Na, hören Sie mal, das ist doch nicht meine Aufgabe, mein Problem, Sie müssen doch wissen, da gibt es speziell für Behinderte, also für mich ...

○ **Besser**
Was schlagen Sie vor?

225

Frage
Ich muss/wir müssen uns das mit Ihnen noch einmal
wirklich gut überlegen ...
Bitte haben Sie Verständnis dafür, dass ich jetzt noch nichts
zu unserer Entscheidung sagen kann.

Hintergrund   Hier äußern sich bei Ihrem Gegenüber Verunsicherung und Angst.

Hinweise   Die Reaktion ist mehr oder weniger verständlich, je
nach Position ...

Schlecht geantwortet
Na, dann denken Sie mal nach ...

Besser
Das muss ich akzeptieren ... haben Sie noch Fragen an mich ...?

9. Ihre Fragen an das Unternehmen

Darum geht's:
An intelligenten Fragen erkennt man den motivierten und kompetenten Bewerber. Sollten Sie mit Fragen auffallen, die Sie im Vorfeld
hätten klären können oder durch aufmerksames Zuhören an einer
anderen Stelle des Gesprächs längst hätten speichern müssen, erzielen Sie einen negativen Effekt. Wer zuallererst nach Pausenre-
gelung und Urlaub fragt, vermittelt einen schlechten Eindruck.

Sinnvolle Fragen können sich auf folgende Aspekte beziehen:

> Aufgabengebiet

> Zuständigkeit

> Verantwortung

> Kooperationspartner

> evtl. Weiterbildung

> evtl. auch schon die Bezahlung etc.

Notieren Sie sich vorab in Ruhe Ihre Fragen und ziehen Sie diesen Zettel nun zurate. Das wirkt professionell und gut vorbereitet! **Tipp!**

10. Der Abschluss des Gesprächs und Ihre Verabschiedung

Darum geht's:
Zum Schluss geht es um das angenehme Ende des Gesprächs, auch um Imagepflege des Arbeitgebers / des Unternehmens. Man wird sich bei Ihnen für den Besuch, die Bewerbung und das Interesse an der Firma / Institution bedanken. Wichtig ist auch eine Klärung, wie es weitergeht, wer wann voraussichtlich zu welcher Entscheidung gelangt und damit erneut Kontakt aufnimmt.

Zusammengefasst Es geht um maximal zehn Themengebiete. Die Mehrzahl der Fragen steht fest. Sie kann nicht mehr viel überraschen, wenn Sie sich auf die wichtigsten vorbereiten, sich überlegen, was Sie darauf antworten wollen und können. Und selbst Ihre Fragen an Ihr Gegenüber können Sie sich vorab überlegen.

Spezialfragen zu einem sichtbaren oder durch Sie offengelegten Handicap beim Gesprächsabschluss

Frage
Schaffen Sie das?
Kommen Sie zurecht?
Sollen wir Ihnen helfen?
Wie kommen Sie jetzt nach Hause, zu Ihrem Auto ... brauchen Sie Hilfe ...?

Hintergrund Vielleicht das schlechte Gewissen, vielleicht auch nur ein Test.

Hinweise Gelassenheit und Dank sind angebracht!

Schlecht geantwortet
Danke, ich finde den Weg auch allein ...

227

Besser

Vielen herzlichen Dank, Sie sind sehr liebenswürdig, machen Sie sich bitte keine Gedanken ...

Frage

Versprechen Sie uns, Sie denken auch noch einmal nach, ob Sie sich das wirklich antun wollen, sich nicht übernehmen ...

Hintergrund   Man möchte sich nochmals absichern und sehen, wie Sie reagieren: Weinen Sie oder platzt Ihnen jetzt der Kragen?

Hinweise   Auch hier ist Gelassenheit gefordert, bleiben Sie ruhig.

Schlecht geantwortet

Wo denken Sie hin, das ist nicht nötig, ich weiß schließlich, was ich kann ...

Besser

Ich danke Ihnen für Ihre Fürsorglichkeit, aber lassen Sie mich Ihnen bitte noch einmal versichern, sehr gern würde ich ...

Antwortstrategien für Azubis, Arbeitslose, Ältere

Besonderheiten im Vorstellungsgespräch für einen Ausbildungsplatz

Hier lesen Sie, worauf Sie im Vorstellungsgespräch besonders achten müssen, wenn Sie sich für einen Ausbildungsplatz bewerben. Wir behandeln hier jedoch nur die Fragenabschnitte, die sich von der Bewerbung um eine „klassische" Arbeitsstelle unterscheiden.

Bewerbung und Berufswahl

Ergründung von Motivation, Interesse und Informationsstand zum gewünschten Beruf durch Fragen wie:

> Warum bewerben Sie sich für den Beruf der/des .../die Ausbildung für ...? (Die wichtigste Frage im ganzen Gespräch!)

> Wie sind Sie darauf gekommen und seit wann interessieren Sie sich für diesen Beruf?

> Welche Vor- und Nachteile sehen Sie an diesem Beruf?

> Und natürlich: Wie passt das mit Ihrem Handicap zusammen? (falls bekannt/sichtbar!)

Schule, Ausbildung und bisherige Tätigkeiten

(Interessen, Neigungen – Zusammenhang mit der Berufswahl)
In welchen Schulfächern haben Sie gute und in welchen schlechte Noten und warum?

> Wie sind Sie mit Lehrern und Mitschülern ausgekommen?

> Welche praktischen Erfahrungen haben Sie bereits machen können?

> Und natürlich wieder: Wie passt das mit Ihrem Handicap zusammen? (falls bekannt/erkennbar!)

Persönlicher, familiärer und sozialer Hintergrund

(Testen des sozialen Umfeldes, etwa nach dem Motto: „Zeige mir deine Familie und Freunde, und ich sage dir, wer und wie du bist!")

> Fragen nach Beruf und Arbeitgeber der Eltern, Geschwister und sogar der Freunde, bis hin zu tiefgehenden Einbrüchen in die Intimsphäre („Seit wann sind denn Ihre Eltern geschieden? – Welche Rolle spielt Alkohol in der Familie?"), Fragen nach Lektüre (Welche Tageszeitung? Welche Bücher?)

> Haben Sie einen Freund/eine Freundin? Wollen Sie heiraten?

> Und natürlich: Wie gehen Sie mit Ihrem Handicap um, wie geht Ihre Umwelt damit um? Was sagen die zu Ihren Plänen? (falls bekannt/sichtbar!)

Achtung   In dieser Fragerubrik werden die meisten aus arbeitsrechtlicher Sicht unzulässigen Fragen gestellt.

Spezielle Test- und Prüfungsfragen

(Informiertheit, allgemeines und berufsbezogenes Wissen, evtl. unzulässige Erkundung der politischen Meinung)

> Welche tagespolitischen Ereignisse beschäftigen Sie?

> Wie könnte man die Arbeitslosigkeit abbauen? Wie stehen Sie zur Atomenergie?

> Fragestellungen aus dem künftigen Arbeitsgebiet, z. B.: Wie stellen Sie sich einen ganz normalen Arbeitstag bei uns vor? Oder z. B. bei der Bewerbung als Bankkaufmann: Was machen Sie, wenn ein Kunde ein Konto eröffnen will?

> Aber auch hier wieder: Wie werden Sie das alles mit Ihrer Behinderung/Ihrem Problem schaffen?

Tipp! Verdeutlichen Sie Ihrem Gegenüber, wie sehr Sie sich auf diese Berufsausbildung vorbereitet haben, wie gerne Sie diesen Beruf erlernen möchten und dass aus Ihrer Sicht dem nichts im Wege steht.

Mit welchen Fragen Sie als (Langzeit-)Arbeitsloser rechnen müssen

Sollten Sie sich aus einer längeren Arbeitslosigkeit heraus bewerben (deutlich über 15 Monate), erwarten Sie einige besondere Fragen, u. a.:

Frage
Wie kam es zu der Arbeitslosigkeit?

Hintergrund   Welche Verantwortung tragen Sie oder Ihr Handicap (falls bekannt/erkennbar) für Ihre Arbeitslosigkeit? Haben Sie mehr oder weniger daran Schuld? Was ist mit Ihnen los?

Hinweise   Bleiben Sie bei diesen Fragen gelassen, auch wenn es schwerfällt. Seien Sie auf Fragen dieser Art vorbereitet und überzeugen Sie durch eine glaubwürdig und plausibel klingende Argumentation. Bloß keine Schuldzuweisungen oder Gejammer ...

Schlecht geantwortet

Ich weiß nicht, womit ich das verdient habe, aber mein Chef/Vorgesetzter/die Kollegen hat/haben mich verraten/im Stich gelassen ... total ungerecht, ging nicht mit rechten Dingen zu ...

Besser

Das Unternehmen hatte Schwierigkeiten ... eine Umstrukturierung hatte zum Ergebnis, dass unter anderem auch mein Arbeitsgebiet aufgegeben wurde ... auf meine Mitarbeit verzichtet werden musste ... ich habe eine angemessene Abfindung bekommen ... habe für mich entschieden, so lieber nicht weiterarbeiten zu wollen ... bin das Risiko eingegangen ...

Frage

Wie lange dauert diese Arbeitslosigkeit bereits an?
Wie oft haben Sie sich schon erfolglos beworben?

Hintergrund   Ihr Gegenüber sucht Schwachstellen und will überprüfen, wie engagiert Sie sind.

Hinweise   Einerseits gilt es zu zeigen, dass Sie sich aktiv um einen neuen Arbeitsplatz bemüht haben, andererseits sind 100 Ablehnungen keine Empfehlung. Finden Sie das für Sie und Ihren Interviewpartner richtige Maß – etwa auch so: *Einige Bewerbungen laufen noch, die Ergebnisse stehen noch aus.*

Schlecht geantwortet

Gefühlte 100 Jahre ... lassen Sie mich aber mal etwas genauer nachrechnen, 97-mal, nein 98, also noch nicht ganz 100-mal habe ich bisher beworben ...

Besser

Zu lange, deswegen suche ich jetzt auch sehr intensiv ... schon einige Male, aber meine Bewerbung bei Ihnen ist mir besonders wichtig/am wichtigsten ...

Frage
Was haben Sie zwischenzeitlich gemacht?

Hintergrund   Was für ein Mensch sind Sie (aktiv/ruhig)? Haben
Sie etwas unternommen (Bewerbungen) und/oder sich fortgebil-
det? Oder hängt das alles mit Ihrem Handicap zusammen (falls be-
kannt/erkennbar)?

Hinweise   Wer von langem Ausschlafen, Urlaub und Wohnungs-
renovierung erzählt, hat keine Chancen. Berichte von Aushilfsjobs
bis Schwarzarbeit werden je nach Gesprächspartner und Tempe-
rament Ihr Image und damit Ihre Chancen für den Arbeitsplatz beeinflussen. Berichte über Fortbildungsmaßnahmen kommen auf
jeden Fall gut an (z. B. Volkshochschulkurse). Und Berichte zu Ihrem
Gesundheitszustand während der Zeit der Arbeitslosigkeit sind
hier völlig fehl am Platz!

Schlecht geantwortet
*Nun, anfangs habe ich erst mal die ganze Wohnung renoviert,
und dann noch bei meinem Nachbarn geholfen ... spät auf-
gestanden, weil ich abends nicht früh ins Bett gehen konnte,
Schlafstörungen ...*

Besser
Um mich weiterzubilden habe ich ... (wenigstens:) *die Fachpresse gelesen, Messen oder Ähnliches besucht, mich mit ehemaligen Kollegen regelmäßig getroffen, um auf dem Laufenden zu
bleiben, viel im Internet recherchiert ... den Markt beobachtet ...*

Frage
Sind Sie förderungsberechtigt durch das Arbeitsamt?

Hintergrund   Zahlt das Arbeitsamt dem Arbeitgeber Geld für
Sie? Lohnt sich für den Arbeitgeber das „Experiment", Sie einzustellen?

Hinweise Informieren Sie sich beim Arbeitsamt. Hier sollten Sie, falls Ihr potenzieller Arbeitsplatzanbieter eine Chance hätte, Zuschüsse für Sie zu bekommen, im eigenen Interesse bestens informiert sein.

Schlecht geantwortet
Da fragen Sie den Falschen, woher soll ich denn das wissen ...

Besser
Ich habe bereits darüber mit meiner zuständigen Sachbearbeiterin gesprochen ...

Frage
Trauen Sie sich die Aufgabe wirklich zu?

Hintergrund Wie ist Ihr Selbstwertgefühl, Ihr Selbstbewusstsein trotz Ihrer schwierigen Situation?

Hinweise Verdeutlichen Sie, warum Sie sich die gestellten Aufgaben zutrauen können, ohne überheblich zu wirken. Bleiben Sie, obwohl es Ihnen sicherlich schwerfällt, (wenigstens) äußerlich ruhig und gelassen (und natürlich höflich). Und bezogen auf Ihr Handicap: Falls bekannt / erkennbar, versichern Sie Ihrem potenziellen Arbeitsplatzanbieter, dass Sie sich diese Art der Tätigkeit problemlos zutrauen.

Schlecht geantwortet
Wenn Sie mich so fragen, was soll ich da sagen ...

Besser
Ein klares JA von meiner Seite! Wenn Sie sich für mich entscheiden, werden Sie sehen, dass ich engagiert die Leistungen erbringe, die Sie sich wünschen ...

Verdeutlichen Sie Ihrem Gegenüber, wie sehr Sie motiviert sind, wie stark Sie sich schon jetzt mit dieser neuen Aufgabe identifizieren.

Strategietipps für Ihre Bewerbung und das Vorstellungsgespräch mit 50plus

Spricht man Personalverantwortliche darauf an, welche Eigenschaften ein wertvoller Mitarbeiter (ohne Erwähnung des Alters!) mitbringen muss, liegen Arbeitsmoral/-disziplin, Qualitätsbewusstsein und Erfahrungswissen auf den Plätzen 1, 2 und 3. Das sind die Fähigkeiten, die Sie als etwas älteren Bewerber besonders auszeichnen und die es ihrem Gegenüber zu vermitteln gilt. Im Vergleich mit jüngeren Kollegen sind Ihre beruflichen Stärken:

> verschiedenartige Arbeitsabläufe besser integrieren zu können

> einen sehr guten Überblick über Ihr Arbeitsgebiet zu haben

> Ihr gut organisiertes Wissen leicht einzubringen

> effektive Handlungsstrategien zu entwickeln

> sich mit der Arbeit und dem Arbeitsplatz stark zu identifizieren

> über eine hohe Arbeitsmotivation zu verfügen

> und eine Vorbildfunktion für jüngere Kollegen zu haben.[3]

Verfügen ältere Bewerber zudem über Flexibilität, Teamfähigkeit und Kreativität, sind sie als Mitarbeiter nahezu perfekt. Diese drei Fähigkeiten, die eher jüngeren Mitarbeitern zugeordnet werden, spricht man den Älteren natürlich nicht ab, solange sie geistig jung geblieben sind und dies auch vermitteln können.[4]

Gehen Sie mit einer positiven Einstellung an Ihre Bewerbung, Ihr Auftreten ist entscheidend: Tragen Sie die Eigenschaften, die Sie auszeichnen, so nach außen, dass sich viele Vorurteile bei Ihrem Anblick erübrigen – und das betrifft Ihr Äußeres, Ihre Haltung und Ihre Einstellung.

Präsentieren Sie sich schon durch Ihr Äußeres und Ihr Auftreten als lebendigen Gegenbeweis für das Vorurteil, dass Ältere weniger leistungsfähig wären. Zeigen Sie, wie engagiert, motiviert und selbstbewusst Sie sind. Wichtig ist vor allem Ihr Umgang mit sich selbst in der Vergangenheit, Gegenwart und Zukunft. Körperliche und geistige Aktivität sind die besten Voraussetzungen, um flexibel und fit zu bleiben.

Gleiches gilt für Ihre Eignung für einen Arbeitsplatz. Präsentieren Sie sich bereits in der Bewerbung als selbstbewusst, aufgeschlossen und kompetent und bestätigen Sie diesen Eindruck durch Ihr persönliches Auftreten, stellt sich die Frage nach einer zu großen Verantwortung überhaupt nicht. Man wird Ihnen zutrauen, den Job in den Griff zu bekommen, und wenn nicht diesen, dann einen anderen. Erscheinen Sie dagegen als Opfer Ihres biologischen Alters, was man Ihnen an Kleidung, Haltung und verbalen Hinweisen darauf ansieht („Ich bin zwar schon älter, aber ..."), sind Sie ganz schnell aus dem Rennen.

Präsentieren Sie sich als belastbar: Möglichen Vorurteilen eines potenziellen Arbeitgebers begegnen Sie am besten mit großer Gelassenheit. Wenn Sie dabei sich ein gewisses Körnchen Wahrheit eingestehen müssen, behalten Sie das für sich und versuchen Sie es zu ändern. Lassen Sie anderenfalls Ihr Gegenüber reden und beweisen Sie ihm durch Ihr gelassenes Zuhören und überlegtes Antworten, dass möglicherweise er derjenige ist, der falsch liegt.

Zeigen Sie Initiative und Motivation: Sie haben es in der Hand, wie motiviert Sie auf Ihren Arbeitgeber wirken. Eine Initiativbewerbung ist für jeden Personalchef ein Zeichen von Motivation. Wenn Sie auch noch auf die Bedürfnisse der Firma zugeschnitten ist und nicht als Standardschreiben quer durch die Branche verschickt wurde, haben Sie viele gute Trümpfe in der Hand.

Flexibilität und Kompromissbereitschaft sind wichtig. Eine wesentliche Rolle, die auch über eine Einstellung entscheiden kann, spielt Ihre persönliche Flexibilität. Viele Personalchefs sind der Meinung, dass ältere Bewerber nicht mehr anpassungsfähig und nicht mehr „gut zu handhaben" seien, weil sie sich weniger sagen ließen als jüngere Kollegen.

Natürlich ist es verständlich, wenn sich jemand mit Ihrer Erfahrung nicht mehr alles gefallen lässt und Anweisungen eines Vorgesetzten fast schon automatisch auf ihren Sinn überprüft. Die Frage ist aber, wie Sie Ihre Kompetenz vermitteln. Wie so oft im Leben gilt: „Der Ton macht die Musik". Daher: Seien Sie auch hier kompromissbereit und versuchen Sie offen zu sein für Neues.

Heben Sie Ihr Interesse an Weiterbildung hervor. Um dem Vorurteil entgegenzuarbeiten, dass Ihr Wissen, insbesondere im technischen Bereich, veraltet ist, können Sie beispielsweise in Ihrer Bewerbung oder im Vorstellungsgespräch von sich aus darauf verweisen, dass Sie sich für technische Neuerungen interessieren, sich selbst um eine Weiterbildung in diesem Bereich gekümmert oder sich zumindest eingehend damit beschäftigt haben und bereit sind dazuzulernen.

Beweisen Sie Ihre Teamfähigkeit und Ihren Weitblick, wenn es um die Zusammenarbeit von Jüngeren und Älteren geht. Bewerben Sie sich auf eine Stelle, wo Sie als Mitarbeiter älter sind als der Vorgesetzte, so liegt es natürlich an beiden Seiten, sich so zu zeigen, dass keine Befürchtungen in die eine oder andere Richtung aufkommen. Präsentieren Sie sich von vorneherein als jemand, der gerne bereit ist, seine Erfahrung einzubringen, ohne den Eindruck zu erwecken, an Stühlen zu sägen oder gleich die ganze Firma „umkrempeln", ja vereinnahmen zu wollen. Allein durch Körpersprache und Haltung können Sie zeigen, dass Sie sich als beste Wahl für das Unternehmen, nicht als potenzielle Gefahr und als „Alpha"-Tier (Platzhirsch), von dem es nur eines im Revier geben kann, erweisen.

Seien Sie offen für die Möglichkeiten der Förderung durch die Agentur für Arbeit, es gibt ja die verschiedensten Angebote. Zeigen Sie sich ein Stück weit kompromissbereit, verweisen Sie jedoch selbstbewusst auch auf Ihre bisherigen Leistungen. Erkundigen Sie sich vorab über die verschiedenen Fördermöglichkeiten und präsentieren Sie diese im Vorstellungsgespräch. Oder verhandeln Sie beispielsweise ein Modell, das anfangs weniger Gehalt, dafür aber die Finanzierung einer Weiterbildungsmaßnahme umfasst.

Und natürlich wieder: Verdeutlichen Sie (falls bekannt/erkennbar), dass Ihr Handicap so gut wie keine Rolle spielt ... Sie haben das gut im Griff ... sind gewohnt ... Wirken Sie beruhigend auf Ihr Gegenüber ein, ohne es jedoch mit Worten zu erschlagen, denn das könnte eher Misstrauen erzeugen.

Verdeutlichen Sie Ihrem Gegenüber, wie fit und motiviert Sie sind und wie sehr Sie sich auf diese neue Herausforderung freuen, um allen noch einmal zu beweisen, was in Ihnen steckt!

Gesprächsführung

Wie Ihr Vorstellungsgespräch verläuft, können Sie wesentlich mitbestimmen. Dazu haben wir Ihnen einige bewährte Verhaltensregeln zusammengestellt und vermitteln Ihnen hier alles, was Sie über Frage- und Antworttechniken wissen müssen.

Hilfreiche rhetorische Tipps und Tricks

Zunächst sollte geklärt werden, wie viel Zeit für das Vorstellungsgespräch vorgesehen ist. Ob Sie 15 Minuten oder gut eine Stunde Zeit für Ihren „Auftritt" haben, macht einen wesentlichen Unterschied in der Gestaltung, in Ihrer „Inszenierung". Generell gilt: Führen Sie das Gespräch vorsichtig, Sie sind der Bewerber, der die Fragen zu beantworten hat. Versuchen Sie nicht, die Rollen umzukehren und z. B. immer wieder mit Gegenfragen zu kontern. Bereiten Sie sich gut vor.

> Hören Sie gut zu und erkennen Sie den Fragehintergrund, d. h. die zugrunde liegende Absicht des Fragenden.

> Fragen Sie ggf. nach, ob Sie die Frage richtig verstanden haben (Sie gewinnen dadurch Zeit und wissen besser, „wohin der Hase läuft").

> Nehmen Sie sich Zeit zum Überlegen, damit Ihre Antwort Ihr Ziel (Ihre gewünschte Selbstdarstellung) erreicht.

> Verdeutlichen Sie sich selbst, auf welcher Ebene Sie antworten, etwas über sich preisgeben wollen, ob auf der offiziellen oder auf der privaten Ebene (siehe Seite 205).

> Antworten Sie überzeugend und relativ knapp, aber gut formuliert. Fordert man Sie durch die Formulierung einer offenen Frage wie „Wir wollen Sie gerne kennenlernen, erzählen Sie uns bitte etwas über sich" direkt zu mehr Ausführlichkeit auf, können Sie detaillierter antworten (aber immer noch beruflich-zielorientiert und nicht ausschweifend!).

> Offene Fragen („Was ist wichtig in Ihrem Leben?") sind möglichst immer in Bezug auf den angestrebten Arbeitsplatz und seine Aufgaben zu beantworten (die offizielle Ebene). Etwas von Ihrer privaten Sphäre preisgeben sollten Sie nur, wenn es für Sie günstiger erscheint.

> Bleiben Sie stets höflich und freundlich, interessiert und kooperativ, egal welche Formen das Gespräch annimmt.

Tipp! Alle Fragethemen lassen sich vorbereiten, selbst sehr unangenehme Situationen können Sie vorher „üben". Wenn Sie wissen, worauf es ankommt, können Sie anders auftreten und so leichter überzeugen.

Wie Sie mit unangenehmen Fragen umgehen

Welche Fragen fürchten Sie im Vorstellungsgespräch? Welche Themen und Nachfragen könnten Sie peinlich berühren? Machen Sie sich vorab eine Liste unangenehmer Fragen und versuchen Sie – mit einem Seitenblick auf die oben genannten Kriterien –, sich Antworten zurechtzulegen.

Reagieren Sie z. B. sehr zurückhaltend auf die Frage „Was spricht gegen Sie als Kandidaten für diese Aufgabe?". Stellen Sie an dieser Stelle eher noch einmal heraus, was für Sie spricht, und bieten Sie nach wohlkalkuliertem Zögern ein, maximal zwei Punkte an, die aber nicht wirklich gegen Sie sprechen. Diese sollten Sie sich optimalerweise vorher überlegt haben. So machen Sie in einer derartigen kritischen Situation den bestmöglichen Eindruck.

Im Grunde genommen geht es bei dieser Fragetechnik (z. B. „Was ist Ihr größtes Manko/Defizit/Schwäche?"), in der auch „Katastrophenszenarien" beschrieben werden (Was täten Sie, wenn Sie die Probezeit nicht überstehen?), immer darum zu sehen, ob und wie Sie Gelassenheit bewahren und mit solchen Themen und Bemerkungen umgehen können. Sie könnten solchen Überprüfungsfragen wie „Was würden Sie sagen, wenn wir Ihnen den Arbeitsplatz nicht anbieten, weil …" geschickt den Wind aus den Segeln nehmen, indem Sie folgendermaßen reagieren: „Darauf würde ich Ihnen antworten, dass ich Ihre Entscheidung einerseits akzeptiere, andererseits anführen möchte, dass Ihre vorhin angeführten Einwände aus meiner Sicht völlig grundlos sind, weil …"

Wirkliche Einwände gegen Ihre Person wird man nie in einem Vorstellungsgespräch mit Ihnen diskutieren. Deshalb sollten Sie an diesem Punkt nicht verzagen, sondern selbstbewusst Ihre Chancen nutzen und ruhig und sachlich argumentieren! Wenn Sie mit vielen unangenehmen, provokativen Fragen konfrontiert werden, die bewusst Ihre Intimsphäre verletzen, sollten Sie darüber nachdenken, ob dieser Arbeitgeber auch der richtige für Sie ist. Wollen Sie langfristig bei jemandem arbeiten, der seine Bewerber so behandelt?

Wie Sie Schweigesituationen gut überstehen

Neben der gezielten Form, jemanden durch provokative und beleidigende Fragen zu kränken und aus der Reserve zu locken, gibt es auch die Interview-Möglichkeit, den Bewerber durch Passivität zu verunsichern. Lange Schweigepausen des Interviewers oder eine abwartende, desinteressierte Haltung sollen Sie dazu bringen, viel zu reden, von sich zu erzählen und etwas preiszugeben. Ihr Verhalten in einer Schweigesituation wird damit getestet. Halten Sie durch. Zeigen Sie, dass Sie sich abgrenzen können. Schweigen Sie auch für einen Moment und fragen Sie nach, wenn Sie nicht länger abwarten können, ob das alle Fragen Ihres Gegenübers waren.

Was noch wichtig ist

„Wie du kommst gegangen, so wirst du auch empfangen." Dieses Sprichwort hat natürlich bis heute seine Gültigkeit nicht verloren. Wie Sie sich kleiden, macht einen wesentlichen Teil des Eindrucks aus, den Sie im Vorstellungsgespräch bei Ihrem Gegenüber hinterlassen. Und wie Sie auftreten, können Sie natürlich beeinflussen. Nicht zu vergessen: Wie „kommen Sie eigentlich gegangen" – wie reisen Sie zu Ihrem Vorstellungsgespräch an?

Kleidung

Die Kleidung – unsere zweite Haut – ist wesentlicher Signalträger und -geber unserer Befindlichkeit. Worin spiegelt sich unser Selbstbild deutlicher als in unserer Kleidung, unserem Outfit?

Verdeutlichen Sie sich, dass Sie nach den Bewerbungsunterlagen mit Ihrem Erscheinungsbild eine weitere Arbeitsprobe und Visitenkarte abgeben. Vermeiden Sie es möglichst, besser gekleidet zu sein als Ihr Gegenüber, und verzichten Sie auf Extravaganz, also auf eine grelle, übertriebene Maskerade (auch Make-up). Gehen Sie kein unnötiges Risiko ein. Machen Sie eine Generalprobe und stimmen Sie sich selbst vor dem Spiegel in Ihre Rolle ein, aber auch in Ihre „Verkleidung". Ihr Selbstwertgefühl wird es Ihnen danken.

Generell gilt: Heutzutage kleidet man sich für ein Vorstellungsgespräch wieder gediegen, zurückhaltend-vornehm und eher konservativ. Gefragt ist auch bei Damen die schlichte Eleganz.

Tipp! Schauen Sie sich typische Berufsvertreter in der von Ihnen angestrebten Position an und orientieren Sie sich für Ihr Outfit an deren Kleidung. Ihre Garderobe darf dann zum Vorstellungsgespräch ein wenig eleganter sein.

Sollten Sie zu einem Vorstellungsgespräch von weit her anreisen müssen, gilt es auch, an Ersatz-Vorzeigekleidung zu denken, falls z. B. im Flugzeug eine Tasse Kaffee auf Ihrem Kostüm / Anzug „landet". Ersparen Sie sich den Stress, noch in letzter Minute ein neues Outfit kaufen oder eine Schnellreinigung ausfindig machen zu müssen.

Und noch ein kleiner Hinweis: Auch kleidungstechnisch könnte es Ihnen gelingen, Ihr Handicap (das Sie vielleicht haben) etwas mehr oder eben gerade etwas weniger in den Vordergrund zu setzen. Überlegen Sie mal und lassen Sie sich ggf. beraten ...

Und auch, wie Sie das, was Sie sagen, mit Ihrer Körpersprache, mit Gestik und Mimik unterstützen, ist im Vorstellungsgespräch ganz wesentlich. Mehr dazu finden Sie unter *www.berufsstrategie-plus.de.*

Anreise

Planen Sie genügend Zeit für Ihre entspannte Anreise ein, mit Berücksichtigung evtl. auftretender Verzögerungen (Staus etc.). Sollten Sie zu einem Vormittagstermin eingeladen sein und das Gespräch findet nicht an Ihrem Wohnort oder in unmittelbarer Nähe statt, ist es von Vorteil, einen Tag oder spätestens am Abend vorher am Zielort zu sein.

Bedenken Sie insbesondere bei längeren Autofahrten die Risiken: Stau, Panne, Unwetter, Glatteis, Unfall auch z. B. infolge mangelnder Konzentration – eben wegen der Prüfungssituation, in der Sie sich befinden.

Wenn irgend möglich, schauen Sie sich den Ort dieses für Sie bedeutsamen Treffens vorab von außen an. So kennen Sie nicht nur den „Anreiseweg" und Wegezeiten, wissen, wo Sie parken können und in welchem Gebäude das Vorstellungsgespräch stattfindet, sondern haben sich mental und auch emotional schon ein wenig eingestimmt.

Auf diese Weise können Sie sich psychisch ganz anders vorbereiten, haben Sie doch eine realistische Vorstellung, wie das äußere Szenarium aussieht. Lassen Sie die Atmosphäre auf sich einwirken, schauen Sie sich um. Aus vielen Details werden Sie sich ein Bild zusammensetzen können, das Ihnen hilft, den Geist des Hauses, der Firma, des potenziellen neuen Arbeitgebers besser zu erfassen.

Handelt es sich um futuristische Architektur oder ein Gebäude der Jahrhundertwende, dessen dicke Mauern langsam zu zerbröseln drohen? Ist der Zaun von der Art, wie man ihn um Gefängnisse baut, oder hat er mehr dekorativen als funktionalen Charakter? Alles Hinweise, Mosaiksteine für ein vorläufiges Bild, das am Tag der Begegnung zumindest keine negativ irritierende Überraschung mehr bei Ihnen auslöst.

Tipp! Auch wenn Sie glauben, den Weg gut zu kennen, können Sie nicht sicher sein, z. B. in einem labyrinthischen Bürogebäudekomplex, gleich den kürzesten Weg und das richtige Zimmer zu finden. Daher ist es besser, Sie sind eine viertel Stunde zu früh da als zehn Minuten zu spät. Natürlich dürfen Sie nicht übertreiben. Insbesondere sollten Sie im Vorzimmer des Geschehens nicht mehr als fünf Minuten vor dem vereinbarten Termin eintreffen. Wer zwanzig Minuten zu früh „aufkreuzt", macht einen schlechten Eindruck.

Entscheidend ist ferner, so ausgeruht wie möglich zu sein. Sollten Sie sich wider Erwarten an einem so wichtigen Tag krank fühlen – aus welchen Gründen auch immer – ist es sinnvoller, den Termin abzusagen, als beispielsweise mit allen sichtbaren und unsichtbaren Beeinträchtigungen durch eine schwere Erkältung anzutreten und sich nicht optimal präsentieren zu können.

Und noch ein besonderer Hinweis: Ist das Vorstellungsgespräch für Sie mit Fahrt-, Verpflegungs- und Unterbringungskosten verbunden, so gilt für die Erstattung folgende Regelung: Bei einer Einladung zum Vorstellungsgespräch muss der potenzielle Arbeitgeber für alle angemessenen Kosten aufkommen, die Ihnen entstehen, egal, ob ein Arbeitsvertrag zustande kommt oder nicht.

Sollte ein potenzieller Arbeitgeber dazu nicht bereit sein, so muss er Ihnen diesen Sachverhalt vorher ausdrücklich mitteilen. Wenn Sie allerdings anfangen, bei der Abrechnung der Ihnen entstandenen Kosten das Parkhaus-Ticket oder den Fahrschein des öffentlichen Nahverkehrs in Rechnung zu stellen, lassen Sie – gelinde gesagt – den angemessenen Blick für die Verhältnismäßigkeit vermissen. An der Art und Weise, wie Sie Ihre Abrechnungsunterlagen zusammenstellen und die Gegenseite die Zahlungsabwicklung gestaltet, ist wechselseitig viel abzulesen. Hier sieht man schnell, mit wem man es zu tun hat. Das gilt für Bewerberwie Unternehmensseite.

Stellen Sie sich bei einem Arbeitgeber aus Eigeninitiative vor, ohne die ausdrückliche Verabredung, dass dieser für die Reisekosten aufkommt, müssen Sie alle Auslagen selbst tragen.

Nachfassen mit ...

... Absage-Antwortbrief oder -E-Mail

... Absage-Antworttelefonat

Hauptsache: Dranbleiben!

Plan B

Wie Sie klug und überzeugend auf eine Absage reagieren

Überlegen Sie, ob sich ein freundlicher Antwortbrief auf ein Absageschreiben lohnt. Das hängt davon ab, wie wichtig, wie interessant Ihnen die angebotene Position war bzw. ist und ob Sie weiterhin überzeugt sind, geeignet für diesen Aufgabenbereich zu sein.

Geben Sie in diesem Antwortbrief Ihrem Bedauern Ausdruck und deuten Sie an, dass das Unternehmen sicher im besten Interesse entschieden hat. Fassen Sie noch einmal kurz zusammen, warum Sie gerade an dieser Arbeitsstelle besonders interessiert sind und was Sie Ihrer Meinung nach zum Erfolg der Firma / der Institution hätten beitragen können.

Dranbleiben mit einem Antwortbrief, einer Antwort-E-Mail, einem Antworttelefonat

Egal ob Ihnen nach dem Vorstellungsgespräch abgesagt wurde oder Sie gar nicht zum Vorstellungsgespräch eingeladen wurden: Ein Absage-Antwortbrief ist unter mehreren Aspekten sinnvoll:

> Sie waren ein Grenzfall bezüglich einer Einladung zum Vorstellungsgespräch und geben durch Ihren Nachfassbrief den positiven Ausschlag für eine Kontaktaufnahme.

> Von den Wunschkandidaten ziehen einige kurzfristig ihre Bewerbung zurück, erscheinen nicht zum Vorstellungsgespräch etc., und man möchte mehr Bewerber sehen und vergleichen. Sie bieten sich durch Ihren Brief erneut an und zeigen besondere Leistungsmotivation und Persönlichkeit.

> Später: Während der Probezeit erweist sich die Einstellung eines Mitbewerbers als Fehlentscheidung, Sie sind durch Ihr Engagement in positiver Erinnerung geblieben.

> Der Personalchef empfiehlt Sie weiter, für andere Positionen im Unternehmen, die evtl. ebenfalls zu Ihnen passen.

Auch der Griff zum Telefonhörer kann nach einer Absage einen Versuch wert sein. Über dieses Medium bekommen Sie leicht heraus, wie sich die Bewerberlage beim Arbeitsplatzanbieter darstellt. Sind wirklich 200 und mehr Bewerbungsunterlagen eingegangen, relativiert sich Ihr Unglück, nicht unter den ausgewählten Kandidaten zu sein.

Zusätzlich bekommen Sie vielleicht Informationen über die Auswahlkriterien und können diese für spätere Bewerbungsaktivitäten nutzen. Ein gut verlaufendes Telefonat kann auch andere Türen öffnen und vielleicht Interesse an Ihrer Person für andere Positionen im Unternehmen wecken. Nur Mut, es lohnt sich!

Nachfassen!

Stellen Sie sich in der Bewerbungsphase auf eine rasante Berg- und Talfahrt Ihrer Emotionen ein. Ihre Grundhaltung sollte optimistisch sein und möglichst auch bleiben. Wer von vornherein denkt *Ich bewerbe mich da mal, denn irgendetwas muss ich ja unternehmen, um aus meiner Situation herauszukommen. Aber eigentlich hat das alles keinen Sinn, denn die werden mich doch nicht nehmen*, kann sich den Aufwand, der mit Bewerbungen verbunden ist, sparen. Mit Ihren Bewerbungsaktivitäten werden Sie nur Erfolg haben, wenn Sie von Ihren Fähigkeiten überzeugt sind. Wie soll ein Arbeitsplatzanbieter Sie für geeignet halten, wenn ihm aus jeder Zeile Ihrer Bewerbungsunterlagen, aber auch in der persönlichen Begegnung, die Botschaft entgegenschlägt: „Ich bin nicht sicher/nicht ganz überzeugt/ich weiß nicht ...“?

Insgesamt gilt: Ziehen Sie sich nach Absagen nicht ins stille Kämmerlein zurück, sondern reden Sie mit anderen darüber. Erzählen Sie Ihren Freunden davon und bitten Sie um ehrliches Feedback. Mindestens genauso wichtig wie Gespräche mit Freunden und der Familie ist der Rat von Bewerbungsexperten. Wenden Sie sich an die Berufsberater der Arbeitsagentur oder auch an Personal- und Karriereberater, bevor Sie falsche Schlüsse aus Absagen ziehen bzw. Fehler ständig wiederholen.

Ferner sollten Sie nicht alles auf eine Karte setzen. Das Geheimnis erfolgreicher Bewerber liegt in der Flexibilität und Vielseitigkeit. Beschränken Sie Ihre Suche nicht auf wenige Unternehmen und Positionen. Außerdem ist es wichtig, immer am Ball zu bleiben. Es gibt keinen Ersatz für Beharrlichkeit, Ausdauer und Durchhaltevermögen. Diesen Satz können Sie gar nicht oft genug lesen, ebenso wie unser Lieblingsmotto: Wir sind nicht auf der Welt, um so zu sein, wie andere uns haben wollen.

Gehaltsverhandlungen

Wie Sie bekommen, was Sie verdienen

Bestandteil eines Bewerbungsgesprächs ist natürlich immer auch die Gehaltsverhandlung. Wie schon angedeutet, sollten Sie das Thema Geld nicht zu früh ansprechen. Oft wird es erst in einem zweiten Auswahlgespräch verhandelt.

Auch für die wichtige Gehaltsfrage ist eine gute Vorbereitung angesagt, insbesondere eine kleine Marktanalyse unter dem Aspekt: „Was wird gezahlt, wo liege ich dabei aufgrund meiner Kompetenz?"

Informationen dazu erhalten Sie bei den Berufs- und Interessen- **Tipp!** verbänden, bei den Industrie- und Handelskammern, Gewerkschaften sowie in den entsprechenden Fachzeitschriften für Ihre Berufsbranche.

Die einschlägigen Wirtschaftszeitungen und -zeitschriften bieten regelmäßig Übersichten, was in den verschiedenen Branchen und Positionen verdient wird. Aber auch im Internet finden Sie Gehaltslisten im Überblick.

Nun könnte es gut sein, dass Sie aufgrund Ihres Handicaps schon froh wären, selbst einen nur schlecht bezahlten Arbeitsplatz zu bekommen. Verständlich, aber eine falsche Einstellung, die eben leider nicht zu Ihrer Einstellung führt. Wenn Sie sich und Ihre angebotene Dienstleistung (Mitarbeits-Problemlösungs-Angebot) zu sehr zu einem „Schnäppchen" machen, wecken Sie unter Umständen Argwohn und Misstrauen, handeln sich eher neue Probleme ein.

Natürlich können Sie je nach Ausgangslage (Handicap sichtbar, bedeutsam für Ihre Arbeitsleistung, offen mitgeteilt oder eben nicht?) möglicherweise keinen Spitzenlohn für sich heraushandeln, vielleicht würden Sie sich sogar noch mehr unter Druck gesetzt und in einer besonderen Verpflichtung wähnen, wenn Sie das Gefühl einer üppigen Bezahlung Ihrer Dienste hätten und sich irgendwie doch eher in Ihrem Leistungsvermögen behindert fühlten.

Wichtig jedoch ist: Ihre Mitarbeit ist etwas wert. Sicher bestimmen auch Angebot und Nachfrage mit den Preis. Sich jedoch unter Preis anzubieten zahlt sich nicht aus (im doppelten Sinne!). Eine realistische Einschätzung der Bezahlung Ihrer Dienstleistung spricht für Sie und Ihr Angebot, eine falsche, zu stark nach oben oder unten abweichende, eher gegen Sie. Das zur Orientierung.

Besonders für Wiedereinsteiger (z. B. nach einer längeren Familienpause, aber auch nach einer Krankheitsphase) ist es sicherlich nicht ganz leicht, den Wert ihrer Arbeitskraft realistisch einzuschätzen. Recherchieren Sie daher besonders gründlich, was am Markt gezahlt wird.

Wenn Sie Ihren Arbeitgeber/-platz wechseln wollen, haben Sie es einfacher: Etwa 10 bis maximal 20 Prozent mehr als Ihr derzeitiges Gehalt sollten Sie sich schon von Ihrem neuen Arbeitgeber erbitten. Die Verbesserung um etwa 15 Prozent ist für den Um- bzw. Neueinstieg dabei der Regelfall. Eine erwünschte Steigerung um 5 Prozent führt von Seiten des Arbeitgebers eher zum Hinterfragen der Arbeitsmotivation, und Verbesserungen von mehr als 20 Prozent ziehen starken Leistungsdruck nach sich bzw. Gedanken auf Arbeitgeberseite, ob Sie die Investition auch wirklich wert sind.

Nun liegt es bei Ihnen, die eigenen Fähigkeiten, Ihren Erfahrungs-schatz zu „taxieren" und ein Preismarketing für Ihre „Ware" Ar-beitskraft vorzunehmen. Ob Sie nach der Maxime „Qualität hat ihren Preis" oder nach dem Motto „Bescheidenheit ist eine Zier" handeln, bestimmen Sie selbst. Erfahrungen zeigen: Wer sich als Bewerber eindeutig unter Wert anbietet, wird nicht geschätzt. Wer sich überschätzt, ist jedoch meist auch aus dem Rennen. Immer gilt jedoch: Gehen Sie nur gut vorbereitet in eine solche Gehalts-verhandlung. Das stärkt Ihr Selbstbewusstsein und erleichtert es Ihnen, Ihren Standpunkt angemessen zu vertreten.

Bis etwa 25 000 Euro Jahresgehalt, was ungefähr einem monatli-chen Bruttogehalt von 2 000 Euro entspricht (Brutto: noch vor den Abgaben von Steuern und Versicherungen), dürfen Sie sagen, was Sie monatlich verdienen möchten. Bei einer größeren Summe ver-handeln Sie immer über das Brutto-Jahresgehalt.

Gehen Sie mit einer genauen Gehaltsvorstellung in die Verhand-lung. Überlegen Sie sich vorher, wie viel Ihnen die Firma minde-stens bieten muss, damit Sie dort anfangen. Nur mit einem fest definierten Ziel vor Augen sind Sie in Ihrer Argumentation überzeu-gend. Denn: Sie können sich der direkten Frage nach den aktuellen Bezügen nur schwer verweigern. Andererseits sitzt Ihnen weder ein Finanzbeamter der Steuerfahndung noch Ihr Steuerberater gegenüber, sodass Sie etwas großzügiger und weniger präzise auf- bzw. abrunden können. So können Sie ggf. auf weitere Vergünsti-gungen, Sozialleistungen besonderer Art, Extras usw. hinweisen oder diese überschlagsartig mit einrechnen, um den Jahresein-kommensbetrag schön gerundet zu präsentieren.

Begehen Sie jedoch nicht den Fehler, bei der konkreten Nach-frage nach Ihrem Gehalt zu sehr zu mogeln – Personalchefs wis-sen in der Regel, was woanders gezahlt wird, und haben, falls Sie mitten im Jahr eingestellt werden, irgendwann auch Ihre Lohn-steuerkarte vor Augen.

Resümee

Auf Ihre gute Vorbereitung kommt es an

Zugegeben, den meisten Menschen fällt es nicht leicht, sich zu bewerben. Dazu tragen eine angespannte Arbeitsmarksituation und enorm hohe Erwartungen an die Bewerber bei. Für Kandidaten mit Handicap ist es unter Umständen noch schwieriger, die Verunsicherung noch stärker. Hinzu kommt, dass viele Bewerber die geheimen Spielregeln (noch) nicht kennen. Aber Sie kennen sie jetzt!

Der Bewerbungsprozess ist eine Art Prüfung, ein Ritual. Nicht nur Sie stehen auf dem Prüfstand, auch das Unternehmen, für das Sie evtl. arbeiten wollen, sollte von Ihnen sorgfältig geprüft werden. Auch Sie haben etwas zu entscheiden!

Auf Ihr Vorstellungsgespräch haben Sie sich bestens vorbereitet. Machen Sie es dem Personaler leicht, sich für Sie als den bestmöglichen Kandidaten zu entscheiden. Aber bleiben Sie sich dabei treu! Denken Sie daran:

Wir sind nicht auf der Welt, um so zu sein, wie andere uns haben wollen!

Anmerkungen

1 Vgl. http://www.internet-bewerbung.de/vorstellungsgespraech/
   fragerecht/

2 Wir danken der Rechtsanwaltskanzlei Hotze sehr herzlich für
   die Informationen, die uns für das Kapitel „Standpunkte zum
   Ver-Schweigerecht" zur Verfügung gestellt wurden (www.hotze-
   rechtsanwaelte.de).

3 Ergebnisse einer Umfrage der Universität Heidelberg unter
   750 Unternehmen zu ihrer beruflichen Leistungsfähigkeit. Von
   2005 bis 2007 lief dort übrigens ein Forschungsprojekt „Die Bedeutung von Arbeitsgestaltung und Personalentwicklung für
   Innovations- und Anpassungsfähigkeit älterer Arbeitnehmer."
   Es befasste sich mit der Frage, wie Betriebe die produktiven
   Potenziale Älterer nutzen können; vgl. http://www.psycholo-
   gie.uni-heidelberg.de/ae/abo/forschung/projekte/laufende/
   arbeitssysteme/index.html.

4 Vgl. „Chance oder Bedrohung – wie gut können Unternehmen
   mit einer alternden Gesellschaft umgehen? Eine Umfrage der
   CGC – Claus Goworr Consulting unter 600 deutschen Personal-
   entscheidern im Juli 2004, CGC – Claus Goworr Consulting, Seite 6.

Stichwortverzeichnis

Können wir noch mehr für Sie tun?

Unser erfahrenes Berater- und Trainerteam bietet Ihnen professionelle Beratung zu allen beruflichen Themen und Fragestellungen an. Wir wissen, worauf es ankommt und unterstützen Mitarbeiter und Führungskräfte bei der Umsetzung ihrer beruflichen Wünsche und Ziele. Ebenso beraten wir Berufsanfänger, Wiedereinsteiger, bei Veränderungen oder Kündigungen.

Jürgen Hesse und Hans Christian Schrade

Wobei benötigen Sie Unterstützung?

Gerne beraten wir Sie auc persönlich und telefonisc

Beratung & Coaching zu

- Karriereplanung
- Potenzialanalyse
- Coaching
- Bewerbungsstrategien
- Berufsorientierung
- Bewerbungsunterlagen
- Vorstellungsgespräche
- Assessment Center-Training
- Arbeitszeugnisse
- Outplacement & Kündigung

Seminare & Trainings zu

- Bewerbung & Karriereentwicklung
- Kommunikation & Arbeitstechniken
- Verhandeln & Verkauf
- Führung & Personal
- Umgang mit Anderen
- Gesund im Job

Sie finden auf unserer Homepage unte

www.berufsstrategie.de

viele Texte, praktische Tipps un Informationen zu Job & Beruf.

Außerdem können Sie sic dort über unsere individuelle Beratungsangebote und alle Semina termine informieren, E-Books un Mustervorlagen downloaden ode weitere Bücher von Hesse/Schrade bestellen.

Möchten Sie regelmäßig uns Hesse/Schrader-Telegramm erhalte Dann melden Sie sich gleich an:

www.berufsstrategie.de

Büro für Berufsstrategie Hesse/Schrad
Oranienburger Straße 4-5
10178 Berlin
Telefon 030 2888570
E-Mail info@berufsstrategie.de

Büro für Berufsstrategie
Hesse/Schrader
Die Karrieremacher.

Berlin · Frankfurt · Hamburg · München
Köln · Leipzig · Stuttgart · Wiesbaden